Jürgen Kocka (Hg.)
Bürgertum
im 19. Jahrhundert

Bürgertum im 19. Jahrhundert

Deutschland im europäischen Vergleich

Eine Auswahl

Band II

Wirtschaftsbürger und Bildungsbürger

V&R

VANDENHOECK & RUPRECHT
GÖTTINGEN

Bürgertum
im 19. Jahrhundert

Herausgegeben von
Jürgen Kocka

Band II

Wirtschaftsbürger und
Bildungsbürger

V&R

VANDENHOECK & RUPRECHT
GÖTTINGEN

Die Deutsche Bibliothek – CIP-Einheitsaufnahme

Bürgertum im 19. Jahrhundert:
Deutschland im europäischen Vergleich;
eine Auswahl / hrsg. von Jürgen Kocka. – Göttingen :
Vandenhoeck und Ruprecht
NE: Kocka, Jürgen [Hrsg.]

Bd. II. Wirtschaftsbürger und Bildungsbürger. – 1995
(Kleine Vandenhoeck-Reihe ; 1574)
ISBN 3-525-33598-9
NE: GT

Das Sammelwerk »Bürgertum im 19. Jahrhundert« ist zuerst 1988 im Deutschen Taschenbuch Verlag erschienen. Die Ausgabe in der Kleinen Vandenhoeck-Reihe enthält eine Auswahl von Beiträgen der Erstveröffentlichung.

Kleine Vandenhoeck-Reihe 1574

Umschlag: Hans-Dieter Ullrich
Druck und Bindung: Hubert und Co., Göttingen

Inhalt

Vorwort 7

YOUSSEF CASSIS
Wirtschaftselite und Bürgertum. England, Frankreich und Deutschland um 1900 9

RICHARD TILLY
Unternehmermoral und -verhalten im 19. Jahrhundert. Indizien deutscher Bürgerlichkeit 35

PATRICK FRIDENSON
Herrschaft im Wirtschaftsunternehmen. Deutschland und Frankreich 1880–1914 65

WOLFGANG KASCHUBA
Deutsche Bürgerlichkeit nach 1800. Kultur als symbolische Praxis 92

UTE FREVERT
Bürgerlichkeit und Ehre. Zur Geschichte des Duells in England und Deutschland 128

HANNES SIEGRIST
Die Rechtsanwälte und das Bürgertum. Deutschland, die Schweiz und Italien im 19. Jahrhundert 168

KONRAD H. JARAUSCH
Die unfreien Professionen. Überlegungen zu den Wandlungsprozessen im deutschen Bildungsbürgertum 1900–1955 200

Autorin und Autoren 223

Inhaltsverzeichnisse der Bände I und III auf den Seiten 225 und 226.

Vorwort

Im letzten Jahrzehnt ist die historische Bürgertumsforschung zu einem Wachstumssektor geworden, dessen zahlreiche Forschungen und neuen Ergebnisse unser Bild von der deutschen Geschichte in Europa im 19. und 20. Jahrhundert erheblich verändern. Das Untersuchungsgebiet ist weiter in Bewegung. Es findet breites Interesse, nicht nur bei Wissenschaftlern, Lehrern und Studenten, sondern auch beim nicht-spezialisiertem Publikum.

Der besondere Reiz der neueren Bürgertumsgeschichte liegt sicher zum Teil darin begründet, daß es ihr gelungen ist, herkömmliche Sozialgeschichte mit neuerer Kulturgeschichte zu verbinden und dabei den Anschluß an die großen Fragen der Wirtschafts- und Politikgeschichte – Industrialisierung, Kapitalismus, Demokratisierung, deutscher »Sonderweg«, Einheit und Vielfalt Europas – nicht zu verlieren. Die Geschichte der Bürger hat viel zur Geschichte der sozialen Ungleichheit wie auch zur Geschlechtergeschichte beizutragen. Sie geht in die Geschichte der bürgerlichen Gesellschaft über und mündet damit in die Diskussion grundsätzlicher Fragen der Gegenwart ein. Denn als »Bürgergesellschaft« oder »civil society« stellt das bürgerliche Projekt ein bis heute nirgends voll eingelöstes Versprechen dar, das seine kulturelle und politische Anziehungskraft nicht verloren hat. Gleichzeitig bündeln sich in der aus vielen Richtungen kommenden Kritik an Bürgertum, Bürgerlichkeit und bürgerlicher Gesellschaft oft grundlegende Einwände gegen die dunklen Seiten der Modernisierung westlichen Zuschnitts.

Die hier veröffentlichten Beiträge behandeln vor allem das 19. Jahrhundert, das zu Recht oft als das »bürgerliche« bezeichnet wird. Sie befassen sich mit der kleinen Minderheit – je nach Definition nur etwa 5 bis 15 Prozent der Bevölkerung –, die dieses Jahrhundert mehr als jede andere Sozialformation prägte, in Wirtschaft, Wissenschaft und Kultur, in der Form des Familienlebens, in der Lebensweise überhaupt, auf dem Gebiet der Moral, bisweilen sogar in der Politik. Es geht um Kaufleute, Bankiers und Fabrikunternehmer, um Ärzte, Anwälte, Professoren und Beamte, nur am Rand um das große Kleinbürgertum der Handwerker, Kleinhändler und Angestellten. Gefragt wird nach ihrem Verhältnis zu anderen sozialen Klassen und Gruppen, vor allem zum Adel und zu den unteren Schichten, einschließlich der Arbeiterschaft. Was hielt das Bürgertum als solches zusammen, worin bestand seine Kraft und wie gestalteten sich Aufstieg und Abstieg des Bürgertums im Zeitverlauf? Die Einleitung erweitert das Blickfeld bis an unsere Gegenwart heran. Die deutsche Entwicklung steht im Vordergrund des Interesses. Inwiefern glich das deutsche Bürgertum den Bürgertümern in anderen europäischen Ländern? Wodurch unterschied es sich? Einzelne Beiträge berichten im Überblick über die Geschichte der Bürger in England, Frankreich, Italien, Österreich, Ungarn und der Schweiz. Andere vergleichen.

Die folgenden Beiträge sind ursprünglich aus einer Forschungsgruppe hervorgegangen, die ein Jahr lang (1986/87) am Zentrum für interdisziplinäre Forschung (ZiF) der Universität Bielefeld arbeitete. Die Ergebnisse wurden veröffentlicht: Bürgertum im 19. Jahrhundert. Deutschland im europäischen Vergleich, hg. v. Jürgen Kocka und Ute Frevert, 3 Bände, München (dtv) 1988. Es folgten Ausgaben in Auswahl auf italienisch (Borghesia europee dell'ottocento, hg. v. A. M. Banti, Venedig 1989) und englisch (Bourgeois society in nineteenth-century Europe, Oxford 1993). Eine französische Teilausgabe ist in Vorbereitung. Von diesem Werk sind vielfältige Anstöße auf die historische Bürgertumsforschung ausgegangen.

Die deutsche Ausgabe ist vergriffen. Im folgenden werden in drei Bänden mit den Themenschwerpunkten »Einheit und Vielfalt Europas« (Bd. 1), »Wirtschaftsbürgertum und Bildungsbürgertum« (Bd. 2) und »Verbürgerlichung, Recht und Politik« (Bd. 3) 23 von ursprünglich 45 Beiträgen wieder zugänglich gemacht. In der aus Gründen des Umfangs nötigen Auswahl wurde jenen Beiträgen der Vorrang gegeben, die sich unmittelbar auf das Bürgertum (oder Teile davon) in den verschiedenen Ländern beziehen, vor jenen, die bürgerlichen Einflüssen und Problemen der »Verbürgerlichung« in den verschiedensten Bereichen (z. B. auf dem Gebiet der Romankunst oder des Erziehungswesens) nachgingen. Die Ergebnisse dieser hier leider nicht wieder abgedruckten Beiträge sind jedoch in der einleitenden Zusammenfassung des Herausgebers verarbeitet. Das einleitende Kapitel zu Band 1 (Das europäische Muster und der deutsche Fall) wurde intensiv überarbeitet, ergänzt und auf den neuesten Forschungsstand gebracht. Die anderen Beiträge werden unverändert neu abgedruckt. Ich danke Gunilla Budde für Hilfen bei der Vorbereitung dieser Ausgabe.

Stanford, Oktober 1994 Jürgen Kocka

Youssef Cassis

Wirtschaftselite und Bürgertum
England, Frankreich und Deutschland um 1900*

Unternehmer und Geschäftsleute sind zweifellos ein wichtiger Teil des Bürgertums. Eine eng gefaßte Begriffsbestimmung würde sogar ausschließlich die Besitzer von Produktionsmitteln als »Bürger« ansehen, und auch breiter angelegte Definitionsversuche betrachten das Wirtschaftsbürgertum als Kern des Bürgertums insgesamt und addieren ihm andere soziale Gruppen wie Akademiker, freie Berufe oder Beamte – in Deutschland meist unter dem Begriff »Bildungsbürgertum« zusammengefaßt – lediglich hinzu[1]. Die Bedeutung des Wirtschaftsbürgertums (Bourgeoisie) tritt noch deutlicher hervor, wenn man allein das Großbürgertum berücksichtigt. Die großen *dynasties bourgeoises,* wie sie E. Beau de Loménie dargestellt hat, oder die mythischen *deux cents familles* bestehen aus den auch gesellschaftlich und politisch einflußreichen großen Industriellen- und Bankiersfamilien[2]. Im folgenden soll die Position dieser Großunternehmer und Bankiers im Bürgertum Englands, Frankreichs und Deutschlands untersucht werden. Ziel der Analyse ist es, herauszufinden, ob – und gegebenenfalls in welcher Beziehung – diese Gruppe in Deutschland eine andere Position als in England oder Frankreich einnahm und ob diese Unterschiede aus den Eigenarten des deutschen Bürgertums erklärbar sind. Diese Frage verweist auf die Struktur der gesellschaftlichen Hierarchie insgesamt und wirft das Problem auf, inwieweit das Konzept »Bürgertum« geeignet ist, die Beziehungen verschiedener sozio-professioneller Gruppen, die man gemeinhin als bürgerlich bezeichnet, zu analysieren.

* Aus dem Englischen übersetzt von Hartwin Spenkuch.

1 Die genannten Differenzierungen entwickelt für den deutschen Fall J. Kocka, Bürgertum und Bürgerlichkeit als Probleme der deutschen Geschichte vom späten 18. zum frühen 20. Jahrhundert, in: ders. (Hg.), Bürger und Bürgerlichkeit im 19. Jahrhundert, Göttingen 1987, S. 21–63.

2 Vgl. v.a. E. Beau de Loménie, Les responsabilités des dynasties bourgeoises, 5 Bde, Paris 1977, eine kontroverse Interpretation der französischen Geschichte seit 1789, die den Einfluß einer Gruppe bürgerlicher Familien hervorhebt. Die politischen Implikationen dieser Sichtweise kritisiert J.-N. Jeanneney, L'argent caché. Milieux d'affaires et pouvoirs politiques dans la France du XXe siècle, Paris 1984[2].

Zur genauen Analyse gehört die Unterscheidung zwischen einzelnen Schichten innerhalb des Bürgertums. Die französische Geschichtsschreibung ist hier am weitesten fortgeschritten, was mit dem »bürgerlichen« Charakter der französischen Gesellschaft des 19. Jahrhunderts zusammenhängen mag. Im Gefolge Adeline Daumards differenzieren französische Historiker im allgemeinen zwischen *aristocratie financière, haute bourgeoisie, bonne bourgeoisie, bourgeoisie moyenne* und *bourgeoisie populaire*[3]. Derartig weitgehende Unterscheidungen sind in der englischen und deutschen Bürgertums-Forschung nicht üblich. Für England hat sich die Aufteilung des Bürgertums *(middle class)* in *upper middle class, middle middle class* und *lower middle class* durchgesetzt. In Deutschland trennt man das »Großbürgertum« vom »Bürgertum« und »Kleinbürgertum« und differenziert das »Bürgertum« darüber hinaus in Besitz- und Bildungsbürgertum[4]. Allen drei Ländern gemeinsam ist jedoch die Vorstellung von einer besonderen Oberschicht *(upper classes, classes supérieures)*, die im späten 19. und frühen 20. Jahrhundert die oberen Ränge des Bürgertums und die Aristokratie einschloß.

Bei Großunternehmern handelte es sich zweifellos um Mitglieder dieser bürgerlichen Oberschicht, die zugleich einen Teil der gesellschaftlichen Oberschicht ausmachte. Will man die soziale Stellung großer Unternehmer bestimmen, muß man sich folglich auch mit ihrem Verhältnis zum Adel befassen. Man kann jedoch darüber streiten, ob die Oberschicht im Rahmen des Gegensatzes von Großbürgertum und Adel analysiert werden sollte, oder ob nicht soziale und berufsbezogene Zuordnungskriterien vorzuziehen sind und man besser von Großgrundbesitzern, Großunternehmern, Spitzenpolitikern, hohen Beamten, herausgehobenen Freiberuflern und möglicherweise Intellektuellen sprechen sollte. Im letzteren Fall geben meines Erachtens die Begriffe »herrschende Klasse« oder »Elite« den Sachverhalt angemessener wieder als der Terminus »Bürger-

[3] A. Daumard, La bourgeoisie parisienne de 1815 à 1848, Paris 1963. Vgl. ebenso ihre Beiträge in: F. Braudel u. E. Labrousse (Hg.), Histoire économique et sociale de la France, Bde III/2 u. IV/1, Paris 1976. Eine Regionalstudie bietet J.-P. Chaline, Les Bourgeois de Rouen. Une élite urbaine au XIXe siècle, Paris 1982.

[4] Definitionen und Konzepte zur sozialen Formation Bürgertum stellt zusammen U. Haltern, Bürgerliche Gesellschaft. Sozialtheoretische und sozialhistorische Aspekte, Darmstadt 1985.

tum«. Wenn ich im folgenden von Elite spreche, meine ich jene sozio-professionellen Gruppen, die sozial und politisch an der Spitze der gesellschaftlichen Hierarchie stehen und dementsprechend einflußreich sind. Der Begriff »herrschende Klasse« bezeichnet ein sozial integriertes Kompositum wirtschaftlicher, politischer und Verwaltungs-Eliten[5]. Welchem Konzept – Bürgertum oder Elite – letztlich der Vorzug zu geben sein wird, hängt in erster Linie von der Stärke des Adels ab. Auf Frankreich und England, wo sich adelige und großbürgerliche Elemente um die Jahrhundertwende amalgamiert hatten, mag die Bezeichnung »Elite« oder »herrschende Klasse« eher zutreffen als auf den deutschen Fall.

Ihre gesellschaftliche Spitzenposition verdanken Großunternehmer im wesentlichen drei Faktoren: ihrer wirtschaftlichen Macht, ihrem sozialen Prestige und ihrem politischen Einfluß[6]. Optimal ausgestattet war demnach die Finanzaristokratie Englands und Frankreichs in der zweiten Hälfte des 19. Jahrhunderts: Lord Rothschild und Lord Revelstoke in der Londoner City, Alphonse de Rothschild und Rodolphe Hottinguer in Paris kombinierten ungeheuren Reichtum und ökonomische Macht mit ihrer Zugehörigkeit zu den vornehmsten Kreisen der Gesellschaft und enger, persönlicher Bekanntschaft mit Spitzenpolitikern[7]. Die drei Merkmale konnten auch unterschiedlich stark ausgeprägt sein, so daß die relative Schwäche eines Aktivpostens durch die anderen ausgeglichen wurde. Hohes gesellschaftliches Prestige kompensierte beispielsweise abnehmende wirtschaftliche Macht[8], und auch andere Kombinationen waren denkbar. Unsere Untersuchung der gesellschaftlichen Stellung der Wirtschaftselite wird also alle drei Ebenen in Be-

[5] Theoretische Literatur ist hierzu reichlich vorhanden. Vgl. bes. R. Bendix u. S. M. Lipset (Hg.), Class, Status and Power, London 1967; R. Dahrendorf, Class and Class Conflict in Industrial Society, London 1961; R. Aron, Social Class, Political Class, Ruling Class, in: European Journal of Sociology 1, 1960, S. 260 bis 282; A. Giddens, Elites in the British Class Structure, in: P. Stanworth u. A. Giddens (Hg.), Elites and Power in British Society, Cambridge 1974.

[6] Man könnte auch die Bourdieusche Unterscheidung nach *capital économique, capital social, capital culturel* etc. verwenden; vgl. ders. u. M. de Saint Martin, Le patronat, in: Actes de la recherche en sciences sociales, H. 20/21, 1978, S. 3–82; ders., Die feinen Unterschiede, Frankfurt 1982.

[7] Die Genannten standen den Bankhäusern N. M. Rothschild & Sons und Baring Brothers & Co., beide London, beziehungsweise De Rothschild Frères und Messrs. Hottinguer, beide Paris, vor.

[8] Dies traf beispielsweise auf Privatbanken im späten 19. und frühen 20. Jahrhundert zu.

tracht ziehen müssen. Die ökonomische Ebene umfaßt den Firmentyp, die Stellung des Unternehmers in der Firma sowie Einkommen und Vermögen. Die soziale Ebene beinhaltet den Grad der Integration in die Oberschicht, abzulesen an Variablen wie sozialer Herkunft, Bildung, Konnubium und gesellschaftlichen Kontakten. Auf der politischen Ebene ist danach zu fragen, wie eng die Beziehungen zur politischen Macht waren, ob es persönliche Kontakte zu Politikern gab oder ob sich ein Unternehmer mittels eines Interessenverbandes Einfluß verschaffte. Nachdem ich die wirtschaftliche, soziale und politische Position der Großunternehmer in England, Frankreich und Deutschland untersucht habe, werde ich die eingangs gestellten Fragen zu beantworten suchen. Unterschied sich die gesellschaftliche Stellung der deutschen Großunternehmer signifikant von derjenigen ihrer englischen oder französischen Kollegen? Ist das Konzept »Bürgertum« für diese Untersuchung überhaupt angemessen?

1. Wirtschaftliche Macht

Hier gilt es zunächst zu fragen, ob die Unterschiede in der Wirtschaftsorganisation der drei Länder mit Unterschieden in der sozialen Position der Großunternehmer verbunden waren. Bekanntlich hatten die wirtschaftliche Konzentration und die Entwicklung von Großunternehmen in Deutschland einen höheren Grad erreicht als in England, von Frankreich ganz zu schweigen. Die Bedingungen für die Entstehung eines Großunternehmertums waren jedoch mehr oder weniger gleich. Die Finanzaristokratien in allen drei Ländern knüpften ihre Geschäftsbeziehungen nach altem Stil auf der Grundlage familialer Netzwerke und Teilhaberschaften. Die größten Aktien-Banken Englands, Frankreichs und Deutschlands ließen sich größenmäßig durchaus vergleichen. Vor dem Ersten Weltkrieg beliefen sich ihre Aktiva auf jeweils ungefähr 2 Milliarden Goldmark[9]. Die Größenunterschiede der Industriefirmen fallen schon eher ins Auge. Tabelle 1 listet die zwanzig größten industriellen Arbeitgeber Großbritanniens und Deutschlands im Jahre 1907

[9] Die Einlagen beliefen sich 1913 bei der London City and Midland Bank auf 93,8 Mill. Pfund, bei der Lloyds Bank auf 91,5 Mill., beim Crédit Lyonnais auf 89 Mill. und bei der Deutschen Bank auf 79 Mill. Pfund.

auf; vergleichbare Daten für Frankreich gibt es leider nicht. Besonders im schwerindustriellen Sektor, bei Eisen, Kohle und Stahl, überstieg die Größe deutscher Unternehmen – zehn Firmen beschäftigten hier jeweils mehr als 20000 Personen – die britischer Firmen[10]. Immerhin aber gab es auch in England zwölf metallverarbeitende Betriebe, die 1905/10 über 4000 Beschäftigte auswiesen[11], und fünf Hüttenwerke, die 1913 jeweils mehr als 10000 Personen Arbeit gaben[12]. Definiert man Großunternehmen als jene Firmen, die mindestens 1000 Menschen beschäftigten[13], dann existierte selbst in Frankreich ein *grand patronat de la métallurgie*, der 1906 23 Firmen umfaßte, darunter die beiden Giganten Schneider und de Wendel mit jeweils über 15000 Beschäftigten am Vorabend des Ersten Weltkriegs. Ein *grand patronat* in 44 Fällen ist darüber hinaus auch in der Textilbranche zu konstatieren, obwohl familienbetriebliche Strukturen hier weiterhin prägend waren[14].

Die innerbetriebliche Stellung der Großunternehmer differierte sowohl funktional als auch sozial. Es ist immer schwierig, die leitende Funktion von Direktoren genauer zu qualifizieren, weil zwischen den diversen Firmen große Unterschiede bestanden und sich selbst innerhalb einer Firma über die Zeit hinweg Veränderungen ergaben. In Deutschland ist die Lage am einfachsten einzuschätzen, da hier zwei Gremien existierten: Vorstand und Aufsichtsrat. Ersterer war mit der Exekutivfunktion betraut und traf zumeist auch die strategischen Unternehmensentscheidungen. Letzterer begnügte sich, häufig unter dem Vorsitz eines Bankiers, mit einer beratenden Funktion vor allem bei Finanzierungs- oder Fusionierungsfragen und übte eine

[10] Vgl. J. Kocka u. H. Siegrist, Die hundert größten deutschen Industrieunternehmen im späten 19. und frühen 20. Jahrhundert, in: N. Horn u. J. Kocka (Hg.), Recht und Entwicklung der Großunternehmen im 19. und frühen 20. Jahrhundert, Göttingen 1979, S. 55–122.

[11] C. Shaw, The Large Manufacturing Employers of 1907, in: Business History, Jg. 25, 1983, S. 42–60.

[12] R. Church, The History of the British Coal Industry, Bd. 3: 1830–1913: Victorian Preeminence, Oxford 1986, S. 400.

[13] Horn u. Kocka, Recht, Einleitung, S. 12.

[14] F. Caron, Dynamismes et freinages de la croissance industrielle, in: Braudel/Labrousse, Histoire, Bd. IV/1, S. 263. Vgl. auch P. Fridenson, Die Arbeiterpolitik großer Unternehmen in Frankreich, in: J. Kocka (Hg.), Arbeiter und Bürger im 19. Jahrhundert, München 1986, S. 185–201.

Tabelle 1: Die zwanzig größten industriellen Arbeitgeber in England und Deutschland 1907[15]

ENGLAND

Rang	*Firma*	*Zahl der Beschäftigten*	*Branche*
1	Fine Cotton Spinners & Doublers Ass.	30000	Textilien
2	Sir W. G. Armstrong, Whitworth & Co.	25000	Stahl, Schiffbau, Rüstungsproduktion
3	Vickers, Sons & Maxim	22500	dto.
4	Calico Printers Ass.	20495	Textilien
5	John Brown & Co.	16205	Schiffbau
6	Metropolitan Amalgamated Railway Carriage & Wagon Co.	13868	Fahrzeugbau
7	Cooperative Wholesale Society	13203	Lebensmittel, Textilien, Leder
8	J. & P. Coats	12700	Textilien
9	Guest, Keen & Nettlefolds	12451	Eisen, Kohle, Stahl
10	Bleachers' Ass.	11280	Textilien
11	Platt Brothers	10600	Maschinenbau
12	Stewarts & Lloyds	10000	Eisen, Kohle, Stahl
13	United Alkali	9049	Chemie
14	Pilkington Brothers	9000	Glas
15	I. & R. Morley	9000	Bekleidung
16	Harland & Wolff	8500	Schiffbau
17	Workman, Clark & Co.	8000	Schiffbau
18	Rylands & Sons	8000	Textilien
19	G. Kynoch & Co.	8000	Eisen, Kohle, Stahl
20	Palmers Shipbuilding & Iron Co.	7500	Eisen, Stahl, Schiffbau
21	Bradford Dyers	7500	Textilien

DEUTSCHLAND

Rang	*Firma*		
1	F. Krupp	64 354	Eisen, Kohle, Stahl
2	Siemens & Halske/ Siemens-Schuckert-Werke	42 866	Elektroindustrie
3	Gelsenkirchener Bergwerks AG	31 252	Eisen, Kohle, Stahl
4	Phoenix	31 000	Eisen, Kohle, Stahl
5	AEG	30 667	Elektroindustrie
6	Harpener Bergbau	26 000	Kohle
7	Vereinigte Königs- und Laurahütte	23 224	Eisen, Kohle, Stahl
8	Gutehoffnungshütte	21 657	Eisen, Kohle, Stahl
9	Mansfeld'scher Kupferschieferbau	21 283	Eisen, Kohle, Stahl
10	Hibernia	19 212	Kohle
11	Deutscher Kaiser (Thyssen)	18 931	Eisen, Kohle, Stahl
12	von Giesches Erben	13 291	Zink, Kohle, Stahl
13	Hohenlohe Werke/Hohenlohe Hütte	12 367	Zink, Kohle, Stahl
14	Felten & Guilleaume-Lahmeyer	11 760	Elektroindustrie
15	Union AG	11 605	Eisen, Kohle, Stahl
16	Oberschlesische Eisenbahnbedarf AG	11 500	Eisen, Kohle, Stahl
17	Kattowitzer AG	10 968	Eisen, Kohle, Stahl
18	Bochumer Verein	10 867	Eisen, Kohle, Stahl
19	– Deutsch-Luxemburgische	je 10 000	Eisen, Kohle, Stahl
	– Rheinische Stahlwerke		Eisen, Kohle, Stahl
	– Schlesische AG für Bergbau u. Zinkhüttenbetrieb		Eisen, Kohle, Stahl
	– Borsig		Lokomotivbau

[15] Zusammengestellt nach Kocka/Siegrist, Industrieunternehmen, S. 106–112 (Deutschland); Shaw, Employers, S. 52f. (England). Staatsunternehmen wie Royal Dockyards und Royal Ordnance Factories mit 25 000 bzw. 15 651 Beschäftigten sowie Eisenbahngesellschaften wie Great Western oder North Eastern mit 17 710 bzw. 10 000 Beschäftigten wurden nicht aufgenommen.

allgemeine Aufsicht aus[16]. Englische und französische Firmen verfügten dagegen nur über ein Gremium, das hauptsächlich über die strategischen Optionen entschied, die tägliche Routine aber angestellten Managern überließ. Sein Aufgabenbereich war zwischen dem deutscher Vorstände und Aufsichtsräte angesiedelt, wenngleich das britische Gremium in der Regel bei den Routinegeschäften stärker involviert war als ein französischer *conseil d'administration*. In einigen Fällen, besonders bei Industriefirmen, ähnelte die Rolle dieser Gremien derjenigen des deutschen Vorstandes: Der *board of directors* beim Rüstungsproduzenten Vickers war dem Kruppschen Vorstand weitestgehend vergleichbar. Beide Gremien setzten sich aus Technikern, Kaufleuten, Finanzexperten, Marineoffizieren und Beamten, die für staatliche Rüstungsaufträge unentbehrlich waren, zusammen[17]. Die Rolle der *boards* einiger Londoner Geschäftsbanken ließ sich hingegen gut mit der deutscher Aufsichtsräte vergleichen[18].

Wie prägten sich diese Unterschiede im gesellschaftlichen Bereich aus? In England war die soziale und berufliche Trennlinie zwischen den Direktoren mit Sitz im *board* und den Managern (einschließlich des *general manager*) ohne einen solchen scharf markiert. Manager rekrutierten sich zumeist nicht aus den Kreisen der Firmen-Eigentümer, sondern entstammten der *middle class* oder der *lower middle class*. Sie traten jung in die Firma ein, besaßen gewöhnlich weder wissenschaftliche noch technische Fachbildung und stiegen Stufe um Stufe bis zur Spitzenposition auf. Solange ihnen nicht ein Sitz im *board* zugestanden wurde, was beim Ausscheiden aus der Manager-Position gelegentlich als besondere Belohnung für ihre Dienste gewährt wurde, gehörten sie nicht zur Wirtschaftselite[19]. Die Mitglieder von Vorstand und Aufsichtsrat besaßen hingegen in Deutschland den gleichen Sozialstatus. Angehörige der Kontrollfami-

[16] Vgl. O. Jeidels, Das Verhältnis der deutschen Großbanken zur Industrie, München 1913; H. Pogge von Strandmann, Unternehmenspolitik und Unternehmensführung. Der Dialog zwischen Aufsichtsrat und Vorstand bei Mannesmann 1900 bis 1919, Düsseldorf 1978; W. Mosse, Jews in the German Economy. The German-Jewish Economic Elite 1820–1935, Oxford 1987.

[17] Vgl. C. Trebilcock, The Vickers Brothers. Armaments and Enterprise, 1854–1914, London 1977.

[18] Y. Cassis, Management and Strategy in the English Joint Stock Banks, 1890–1914, in: Business History 27, 1985, S. 301–315.

[19] Vgl. etwa D. C. Coleman, Gentlemen and Players, in: Economic History Review 26, 1973, S. 92–116.

lien saßen im Vorstand von Thyssen, Siemens, Bayer oder Stollwerck, um je ein Beispiel aus vier Branchen zu nennen[20]. Daraus folgte eine größere Integration und Homogenität der Wirtschaftselite, die auch die angestellten Unternehmer einschloß, wie die wohlbekannten Beispiele Albert Ballin, Emil Kirdorf und Emil Rathenau beweisen[21]. Die Position der französischen Manager, der *directeurs*, stand der englischer Manager näher als der deutscher Vorstandsmitglieder, wobei die *directeurs* allerdings über mehr formale Vorbildung als englische *managers* verfügten. Vor allem in der Industrie waren die meisten Ingenieure und hatten eine der *grandes écoles* erfolgreich absolviert[22]. Dies bedingte nähere soziale Kontakte mit der Unternehmensführung, den *administrateurs*. Im Jahre 1910 hatten beispielsweise bei der führenden Kohlefirma Charbonnages d'Anzin sowohl der Vorsitzende des *conseil d'administration*, Champy, als auch der angestellte Manager, Cuvinot, die École Polytechnique besucht[23]. Ein gemeinsamer Bildungshintergrund reichte allerdings nicht ganz aus, um soziale Unterschiede auszugleichen.

Wichtigster Maßstab der wirtschaftlichen Macht von Unternehmern sind ihr persönliches Einkommen und Vermögen. Um 1900 waren Unternehmer in allen drei Ländern die bei weitem reichste sozio-professionelle Gruppe. In England hatten die Großgrundbesitzer bis in die späten 1870er Jahre die wohlhabendste Schicht gebildet. Nach W. D. Rubinstein kamen aus ihren Reihen 80 Prozent der zwischen 1858 und 1879 verstorbenen Millionäre. Im Zeitraum 1900–1914 sank ihr Anteil auf 27 Prozent, während 72 Prozent der Millionen-Nachlässe Unter-

[20] 1907 amtierten drei Mitglieder der Familie Thyssen im Grubenvorstand der Zeche »Deutscher Kaiser«; Friedrich Bayer gehörte dem Vorstand der gleichnamigen Firma an, und der ganze Vorstand des Unternehmens der Gebrüder Stollwerck bestand aus Familienmitgliedern; 1912 löste C. F. v. Siemens den Angestellten-Manager Alfred Berliner als Vorstandsvorsitzenden der Siemens-Schukkert-Werke ab.

[21] Vgl. J. Kocka, Les entrepreneurs salariés dans l'industrie allemande à la fin du XIXe et au début du XXe siècle, in: M. Lévy-Leboyer (Hg.), Le patronat de la seconde industrialisation, Paris 1979, S. 85–100.

[22] A. Thépot (Hg.), L'ingenieur dans la société française, Paris 1985. Die Rollenverteilung zwischen *administrateurs* und *directeurs* schildert: J.-P. Daviet, La Compagnie de Saint-Gobain de 1830 à 1939, 2 Bde, Diss. Universität Paris I 1983.

[23] O. Hardy-Hemery, De la croissance à la désindustrialisation. Un siècle dans le Valenciennois, Paris 1984, S. 74–77.

nehmern gehörten und 1 Prozent Beamten und Freiberuflern[24]. In Deutschland befanden sich, hierin durchaus mit England vergleichbar, 1912 25 Prozent der Millionen-Vermögen in den Händen von Gutsbesitzern, 68 Prozent in Händen von Geschäftsleuten[25]. Statistiken dieser Art für Frankreich fehlen. Im Jahre 1911 betrug das durchschnittliche Vermögen eines Pariser Geschäftsmannes 1450773 Francs (ca. 1,2 Millionen Mark), während ein Grundbesitzer oder *rentier* es nur auf 334650 Francs brachte[26]. Unternehmer übertrafen nicht nur die Großgrundbesitzer allmählich an Reichtum, sondern auch alle übrigen bürgerlichen Schichten. In Frankreich waren noch zu Beginn des 19. Jahrhunderts Spitzenbeamte wohlhabender gewesen als Unternehmer. Am Jahrhundertende hatte sich dies umgekehrt: Das Vermögen eines Spitzenbeamten war von 253249 Francs im Jahre 1820 auf 431621 Francs 1911 gestiegen, das eines Unternehmers von 189643 Francs auf die bereits angeführten 1450773 Francs[27]. Die Größe der Spitzenvermögen scheint in den drei Ländern prinzipiell vergleichbar gewesen zu sein, wobei Großbritannien einen gewissen Vorsprung besaß. Dort bezifferte sich das höchste, nicht aus Grundbesitz stammende Vermögen 1914 auf ca. 11 Millionen Pfund Sterling (220 Millionen Mark). Vier deutsche Vermögen waren 1911 mehr als 100 Millionen Mark wert, während das höchste in Frankreich gezählte Vermögen damals bei etwas mehr als 50 Millionen Francs (40 Millionen Mark) lag[28].

Bei einer Aufteilung nach Wirtschaftssektoren besaß die Finanzbranche einen deutlichen Vorsprung. Dies gilt besonders für England, wo 52,1 Prozent der Millionäre und 50,3 Prozent der Halbmillionäre (jeweils ohne Großgrundbesitz) Bankiers oder als Financiers tätige Großkaufleute waren. Nur sehr wenige Fabrikbesitzer oder *cotton lords* konnten mit einem ähnlich hohen Vermögen aufwarten; die meisten hinterließen nicht mehr als 100000 Pfund[29]. Überraschenderweise differieren die

[24] W. D. Rubinstein, Modern Britain, in: ders. (Hg.), Wealth and the Wealthy in the Modern World, London 1980, S. 60.

[25] H. Kaelble, Wie feudal waren die deutschen Unternehmer im Kaiserreich? in: R. Tilly (Hg.), Beiträge zur quantitativen vergleichenden Unternehmensgeschichte, Stuttgart 1985, S. 171.

[26] A. Daumard, Les fortunes françaises au XIXe siècle, Paris 1973, S. 148.

[27] Ebd.

[28] W. D. Rubinstein, Wealth, Introduction, S. 19.

[29] Ders., Men of Property. The very Wealthy in Britain since the Industrial Revolution, London 1981, S. 56–116.

Angaben für das deutsche Kaiserreich kaum von den englischen Zahlen. Nach D. Augustine-Pérez waren von den Unternehmern mit mehr als 6 Millionen Mark Vermögen 47 Prozent im tertiären Sektor tätig[30]. Bankiers stellten mit 27,1 Prozent die größte Einzelgruppe, während der Anteil der Schwerindustriellen von 12,4 Prozent mit den 13,5 Prozent britischer Schwerindustrieller unter den Millionären und Halbmillionären der Insel korrespondierte. Welche Schlußfolgerungen man auch immer aus diesen Zahlen über die Rationalität des Verhaltens britischer Eisen- und Stahlindustrieller ziehen mag, wird man doch zugeben müssen, daß die Unterschiede in der Unternehmensstruktur der beiden Länder zum Teil durch die Homogenität des Reichtums wettgemacht werden. Unglücklicherweise fehlen derartige Angaben für Frankreich. Fest steht jedoch, daß 1901 45,7 Prozent der Spitzenunternehmer mehr als 2 Millionen Francs (1,6 Millionen Mark) hinterließen, wobei dieser Prozentsatz auf 57,2 steigt, sofern man nur die *administrateurs* untersucht. Unter den *directeurs* traf dies nur für 38,1 Prozent zu, bei einfachen Managern nur für 14,3 Prozent[31]. Eine ähnliche branchenübergreifende Hierarchie ließe sich für Deutschland und England aufstellen: In England hinterließen 66 Prozent der *general managers* von Bankhäusern, aber nur 22 Prozent der Bankdirektoren weniger als 50000 Pfund (1 Million Mark)[32]. Stellt man schließlich noch die große Konzentration der Millionäre in Paris in Rechnung und berücksichtigt zudem den immensen Reichtum einiger *régents* der Bank von Frankreich, die meist Bankiers waren, deutet dies darauf hin, daß auch in Frankreich Bank- und Finanzwesen einen erklecklichen Anteil an der Gesamtzahl der Millionenvermögen besessen haben müssen[33].

[30] D. L. Augustine-Pérez, Wealthy Businessmen in Imperial Germany, Manuskript Berlin 1987, S. 9f.

[31] C. Charle, Intellectuels et élites en France (1880–1900), Diss. Universität Paris I 1986, S. 449.

[32] Y. Cassis, Les banquiers de la City à l'époque édouardienne, 1890–1914, Genf 1984, S. 238.

[33] Vgl. A. Plessis, Régents et gouverneurs de la Banque de France sous le Second Empire, Genf 1985.

2. Sozialprestige

Der soziale Status bedeutender Unternehmer kann anhand von Indikatoren wie Herkunft, Bildung, gesellschaftliche Verbindungen und Heiratsverhalten untersucht werden. Die Herkunft wird meist mit Blick auf den sozialen Aufstieg analysiert. Für unsere Zwecke ist es jedoch wichtiger herauszufinden, ob es sich um eine etablierte oder neue wirtschaftsbürgerliche Familie handelte, was für den gesellschaftlichen Status eines Unternehmers nicht unerheblich war. Außerdem ist von Interesse, wie häufig der intergenerationelle Wechsel beruflicher Tätigkeit innerhalb der Oberschicht und oberen Mittelschicht stattfand. Damit verbunden ist die Frage, in welchem Ausmaß sich Spitzenbeamte oder Politiker aus den Reihen des Wirtschaftsbürgertums rekrutierten.

Tabelle 2: Soziale Herkunft von Unternehmern[34] (alle Angaben in Prozent)

	Söhne von			
	Unternehmern	*Spitzenbeamten*	*Grundbesitzern*	*Freiberuflern*
England	59	0	11	7
Frankreich	52	10	0	16
Deutschland	53	9	2	3

Ein Blick auf Tabelle 2 zeigt, daß die soziale Herkunft von Unternehmern in allen drei Ländern ausgesprochen ähnlich war: Zwischen 52 und 59 Prozent kamen aus wirtschaftsbürgerlichen Familien. Darüber hinaus stammten in Deutschland und Frankreich etwa 10 Prozent aus gehobenen Beamtenfamilien,

[34] Die Daten für England stammen von H. Perkin, The Recruitment of Elites in British Society since 1800, in: Journal of Social History 12, 1978, S. 222–234; für Deutschland stütze ich mich auf H. Kaelble, Sozialer Aufstieg in Deutschland 1850–1914, in: Vierteljahrschrift für Sozial- und Wirtschaftsgeschichte 60, 1973, S. 41–71; ders., Historische Mobilitätsforschung. Westeuropa und die USA im 19. und 20. Jahrhundert, Darmstadt 1978, S. 107–136. Für Frankreich beziehe ich mich auf M. Lévy-Leboyer, Le patronat français 1912–1973, in: ders., Le patronat, S. 142. Für den letztgenannten Fall wurden die mittleren (11,9%) und die großen Unternehmer (40,3%) von mir addiert. Ein Sample französischer Unternehmer des Jahres 1901 ergibt nach C. Charle folgende Ergebnisse: Söhne von Unternehmern 57,5% (43,4% plus 14,1%), Söhne von Spitzenbeamten 14,9% und von Juristen 12,2%. Vgl. Charle, Intellectuels, S. 68f.

was in Großbritannien schon deswegen anders war, weil dort die Bürokratie viel weniger umfangreich war. Statt dessen rekrutierten sich 10,6 Prozent der britischen Unternehmer aus der Grundbesitzerschicht, in Deutschland jedoch nur 2 Prozent und in Frankreich gar keine. Der als Unternehmer tätige Nachwuchs aus Freiberufler-Familien war in Frankreich am stärksten vertreten: 16 Prozent gegen 7,3 Prozent in England und 3 Prozent in Deutschland. Es wäre sicher sinnvoll, die vergleichende Analyse der sozialen Herkunft in verschiedenen Branchen und Firmen-Positionen fortzusetzen, doch reicht der gegenwärtige Forschungsstand dazu nicht aus. Soviel läßt sich immerhin sagen: Die Ergebnisse der Studien T. Pierenkempers und C. Ericksons über die soziale Herkunft westfälischer Schwer- bzw. britischer Stahlindustrieller liegen dicht beieinander. 53 Prozent (in Deutschland) und 55 Prozent (in Großbritannien) stammten aus wirtschaftsbürgerlichen Kreisen, 7 Prozent bzw. 7–13 Prozent aus der Grundbesitzerschicht, und 27 Prozent bzw. 15–19 Prozent waren als Söhne höherer Beamter und freiberuflich tätiger Akademiker auf die Welt gekommen[35].

Diese hohe Selbstrekrutierungsrate war nicht weiter erstaunlich in einer Zeit, als familiäre Verbindungen das beste Mittel darstellten, um eine ökonomische Spitzenstellung zu erreichen. Am deutlichsten fällt dies beim Bankfach ins Auge: 87 Prozent der Väter Londoner Privatbankiers hatten bereits den Bankiersberuf ausgeübt[36]. Für unsere Analyse ist es darüber hinaus von Belang, inwieweit sich andere Berufe aus den Reihen des Wirtschaftsbürgertums ergänzten. Betrachten wir zunächst die Politiker. Von den konservativen Ministern Großbritanniens stammten von 1900 bis 1919 nur 7,7 Prozent aus Unternehmerfamilien, während die Großgrundbesitzerschicht mit 60 Prozent eindeutig dominierte[37]. Dabei darf allerdings die enge Verknüpfung agrarischer und kommerzieller Interessen, besonders im Finanz- und Auslandsgeschäft, nicht übersehen werden. In Frankreich waren 26 Prozent der Minister der Dritten Republik vor 1914 Söhne von Wirtschaftsbürgern[38], während dies im

[35] T. Pierenkemper, Die westfälischen Schwerindustriellen 1852–1913, Göttingen 1979, S. 44; C. Erickson, British Industrialists. Steel and Hosiery, 1850 bis 1950, Cambridge 1959, S. 12.

[36] Cassis, Banquiers, S. 110.

[37] Perkin, Recruitment; hier zitiert nach Kaelble, Mobilitätsforschung, S. 142.

[38] J. Estèbe, Les ministres de la République, 1871–1914, Paris 1982, S. 20f.

deutschen Kaiserreich nur auf 11,4 Prozent zutraf[39]. Unter den Spitzenbeamten der diversen *grands corps* Frankreichs machten die Söhne von Unternehmern zwischen 11 und 24 Prozent aus. Die Zahlen erhöhen sich auf 20–36 Prozent, sofern auch mittlere Unternehmer einbezogen werden[40]. Die entsprechenden Angaben für Deutschland lauten 1,2 bzw. 20,5 Prozent[41]; Zahlen für Großbritannien liegen nicht vor. Die soziale Herkunft anderer Elitegruppen weist demnach international größere Unterschiede auf als die Rekrutierungsbasis von Unternehmern. In Frankreich war insgesamt eine größere Zirkulation der Eliten und eine stärkere Dominanz des Wirtschaftsbürgertums zu beobachten. Indes erlauben diese Daten kaum mehr als Trendaussagen und lassen insbesondere Überschneidungen zwischen den einzelnen Gruppen oder spezifische Trennlinien innerhalb der Eliten im dunkeln.

Außer Herkunft kann auch Bildung als Indikator des sozialen Status von Großunternehmern herangezogen werden, was vor allem für England von Bedeutung ist. Die Erziehung an einer großen Public school wie Eton und Harrow galt, mehr noch als das Studium an den beiden alten Universitäten Oxford und Cambridge, im allgemeinen als Vorbedingung für die Zugehörigkeit zur Oberschicht[42]. Eine Analyse der ersten vier Bände des ›Dictionary of Business Biography‹ ergibt folgendes Ergebnis: 12,7 Prozent der zwischen 1840 und 1869 geborenen und 17,2 Prozent der zwischen 1870 und 1899 geborenen Unternehmer besuchten eine bekannte Public school; 7,9 Prozent bzw. 12 Prozent absolvierten eine der kleineren Schulen dieser Art[43]. Das Kriterium Bildung läßt darüber hinaus innere Unterschiede im gehobenen Wirtschaftsbürgertum deutlich werden. 74 Prozent der zwischen 1890 und 1914 aktiven Bankiers der Londoner City waren auf eine Public school gegangen, aber nur 31 Prozent der zwischen 1905 und 1925 tätigen Stahlindustriellen

[39] M. Knight, The German Executive 1890–1933, Stanford 1955, S. 45; hier zitiert nach Kaelble, Mobilitätsforschung, S. 150.

[40] Charle, Intellectuels, S. 68f. Der höchste Prozentsatz von Unternehmersöhnen fand sich bei den *inspecteurs des finances*.

[41] H. Henning, Die deutsche Beamtenschaft im 19. Jahrhundert, Stuttgart 1984, S. 54.

[42] E. Hobsbawm, Industry and Empire, London 1968, S. 185.

[43] C. Shaw, Characteristics of British Business Leaders. Findings from the DBB, Beitragsmanuskript anläßlich der Englisch-Japanischen Historiker-Konferenz der Abteilung Business History der London School of Economics, August 1986.

und 68 Prozent aller 1886 bis 1916 amtierenden Minister des Königreichs. Noch aussagekräftiger sind folgende Angaben: Von allen Bankiers, die eine Privatschule absolviert hatten, waren 45 Prozent in Eton und 26 Prozent in Harrow gewesen. Bei den Ministern traf dies auf 51 Prozent bzw. 19 Prozent zu[44]. Diesbezügliche Daten liegen für die Stahlindustriellen nicht vor, was für sich genommen bereits auf eine weniger exklusive Bildung verweist. Dieser Unterschied wird bedeutsam, sobald man sich vergegenwärtigt, welcher Korpsgeist frühere Zöglinge der Public schools erfüllte und wie dicht das Netzwerk der *old boys* gewebt war[45]. Die andere Struktur des französischen und deutschen Bildungswesens erlaubt derartige Binnendifferenzierungen nicht. Zwar vermittelten auch die höheren Schulen in Frankreich und Deutschland eine »klassische« Bildung, doch kann der Besuch eines deutschen Gymnasiums oder eines französischen *lycée* kaum als Zeichen der Integration in die Oberschicht betrachtet werden. Zudem gab es zwischen den einzelnen lokalen Gymnasien in Deutschland keine statusmäßigen Unterschiede. Dagegen waren einige große Pariser *lycées,* man denke an Louis le Grand oder Henri IV, gewiß sehr exklusiv, ebenso wie manche katholischen Privatschulen. Dennoch förderten sie den sozialen Zusammenhalt der späteren Wirtschafts-, politischen und Verwaltungselite niemals in dem Maße, wie dies für die englischen Public schools kennzeichnend war[46].

In keinem der drei Länder stellte die akademische Bildung ein für die Großunternehmer notwendiges Statussymbol dar. Was die französischen *grandes écoles* betrifft, so offerierten sie zwar minder privilegierten Studenten die Möglichkeit, ihren Startnachteil zu überwinden und an die Spitze vorzustoßen; Sprößlinge aus Finanz- oder Industriedynastien aber bedurften dieser Starthilfe nicht. Wahrscheinlich liegt hier der Grund, weshalb nur 29,9 Prozent der Unternehmer aus einem Sample, das mittels des Nachschlagewerkes ›Qui êtes-vous?‹ von 1901 erstellt

[44] Zahlen für die Bankiers aus: Cassis, Banquiers, S. 121–129, für die Stahlindustriellen aus: Erickson, Industrialists, S. 33, für die Minister aus: W. L. Guttsman, The British Political Elite, London 1965, S. 102.

[45] Vgl. T. W. Bamford, Rise of the Public Schools. A Study of Boys' Public Boarding Schools in England and Wales from 1837 to the Present Day, London 1967.

[46] Vgl. F. K. Ringer, Education and Society in Modern Europe, Bloomington 1979.

wurde, überhaupt Angaben über ihre Vorbildung machten. Davon hatten 24,3 Prozent die École Polytechnique und 27,7 Prozent die juristische Fakultät absolviert[47]. Als sich das Unternehmensmanagement komplexer gestaltete, besuchten Angehörige der Wirtschaftselite die »großen Schulen« weniger aus Gründen des Sozialprestiges als um hier die nötigen professionellen Qualifikationen zu erwerben. Der Chef der bekannten Stahlindustriellen-Familie, François de Wendel, war von 1894–98 an der École des Mines eingeschrieben[48]. Die *grandes écoles* entwickelten zudem einen *esprit de corps,* der zwischen ihren Absolventen lebenslange Verbindungen schuf. Die *polytechniciens* oder die *inspecteurs des finances* pflegten diesen Zusammenhalt sowohl im staatlichen als auch im privatwirtschaftlichen Bereich[49]. Außer studentischen Korps und Burschenschaften existierte in Deutschland nichts Vergleichbares. Die »alten Herren« dieser Verbindungen unterhielten persönliche Beziehungen und waren Teil eines das ganze Reich überspannenden sozialen Netzes. Diese studentischen Korporationen wurden bisher vor allem in bezug auf ihre interne Praxis oder politische Überzeugung untersucht. Das Beziehungsgeflecht zwischen den verschiedenen Elite-Gruppierungen aber oder die anteilige Repräsentanz zukünftiger Unternehmer in ihnen sind noch weitgehend unerforscht[50].

Das gesellschaftliche Leben hängt direkt von den Lokalitäten des Arbeitens und Lebens ab. Deshalb sollten, besonders für den französischen Fall, die Unterschiede zwischen Hauptstadt und Provinz nicht unterschätzt werden. In Paris konzentrierten sich nicht nur die *haute banque* sowie andere Finanz- und Versicherungsgesellschaften, sondern auch die ähnlich einflußreichen Direktionen von Eisenbahn-, Hafen- und Schiffahrtsgesellschaften. Selbst die großen Industrieunternehmen, deren Betriebe meist im ganzen Land verstreut waren, unterhielten ihre Zentrale oft in Paris, vor allem in den Branchen Kohle, Eisen, Stahl und Schiffbau. Die Unternehmenszentrale der Mines de

[47] C. Charle, Les milieux d'affaires dans la structure de la classe dominante vers 1900, in: Actes de la recherche en sciences sociales, H. 20/21, 1978, S. 87.

[48] P. Fritsch, Les Wendel, rois de l'acier français, Paris 1976, S. 139.

[49] Vgl. T. Shinn, Savoir scientifique et pouvoir social. L'École Polytechnique 1794–1914, Paris 1980; E. Chadeau, Les inspecteurs des finances au XIXe siècle (1850–1914). Profil social et rôle économique, Paris 1986.

[50] Vgl. K. Jarausch, Students, Society and Politics in Imperial Germany. The Rise of Academic Illiberalism, Princeton 1982.

Carmaux etwa befand sich in Paris, 600 Kilometer von ihren Kohlegruben entfernt[51]. Der Unternehmensvorsitzende war im Jahre 1910 Marquis de Solages, ein Mann aus altem Adel; sein Stellvertreter Alfred Cibiel entstammte einer reichen Kaufmannsfamilie. In der Provinz lebende Unternehmer zählten dagegen selbst bei großer Wohlhabenheit und lokaler Prominenz nicht zur Spitzengruppe des Wirtschaftsbürgertums. Die Unterscheidung zwischen Hauptstadt und Provinz trifft leicht modifiziert auch auf England zu, doch verlief hier die Trennlinie nicht so sehr zwischen London und dem Rest des Landes als zwischen City und Industrie. Für die englische Oberschicht besaß London niemals die gleiche Bedeutung wie Paris für die französische. Auf dem Lande zu leben und nur gelegentlich besuchsweise in die Hauptstadt zu kommen, war mit ihrem Lebensstil nicht nur vereinbar, sondern charakterisierte ihn geradezu. In Deutschland gab es sicher keinen ausgeprägten Gegensatz zwischen einem nationalen und einem Provinzbürgertum. Sehr viel Prestige und Macht besaßen hier die Schwerindustriellen des Ruhrgebiets, doch verdienen die neu auftretenden Spaltungen des Wirtschaftsbürgertums im Zuge der wachsenden Bedeutung Berlins als Finanz- und Dienstleistungszentrum eine genauere Untersuchung.

Der Lebensstil großer Unternehmer kann insofern als aristokratisch bezeichnet werden, als einige der ins Auge fallenden Besonderheiten auch den Adel auszeichneten. Zudem läßt sich auf diese Weise im Bürgertum selber die Lebensweise der Oberschicht – etwa der französischen *aristocratie financière* – von den mittelbürgerlichen Gruppen abgrenzen[52]. Um »aristokratisch« leben zu können, bedurfte es sowohl eines Hauses in der Hauptstadt als auch eines Landsitzes. In Paris lebte die Mehrzahl der großen Unternehmer im 8. und 16. Arrondissement, die Wirtschaftsaristokratie in einem *hôtel particulier.* In London wohnte die Crème der City zumeist in den beiden aristokratischen Bezirken der Stadt, in Mayfair und Belgravia; ein Drittel verfügte überdies über einen Landsitz. Mehr als 80 Prozent der Pariser Großunternehmer besaßen eine *résidence secondaire;* 34 Prozent nannten gar ein Château ihr eigen. Ähnli-

[51] R. Trempé, Contribution à l'étude de la psychologie patronale. Analyse du comportement des administrateurs de la Société des Mines de Carmaux vis à vis des mineurs (1856–1914), in: Le Mouvement Social, Nr. 43, 1963, S. 53–91.

[52] Dieser Lebensstil könnte, sofern man den Aspekt Reichtum betonen will, eher als plutokratisch bezeichnet werden. Vgl. W. Mosse in diesem Band.

ches galt für Berlin, wo die reichen Wirtschaftsbürger mit vielen Adeligen in den vornehmen westlichen Stadtteilen in der Nähe des Tiergartens wohnten. Auch der Besitz eines Landgutes war in jenen Kreisen üblich geworden[53]. Die Wirtschaftsbürger in den Provinzstädten konnten am sozialen Leben der wirklich feinen Gesellschaft nicht teilhaben. Diese Gesellschaft traf sich in London in einem der exklusiven Clubs (Carlton, Brooks, Athenaeum, Reform, Travellers u.a.), deren Mitgliedschaft nur für die prominentesten Industriellen aus der Provinz in Frage kam, während sie für die Angehörigen der City die Regel darstellte. In Paris unterschied man zwischen alten Clubs (Jockey, Cercle de la rue Royale, Cercle de l'Union), in deren Häusern der Adel und die *aristocratie financière* verkehrten, und jüngeren (Automobile Club de France, Bois de Boulogne u.a.), in denen sich bürgerliche Unternehmer trafen. In Berlin gab es keine solchen Institutionen, wie denn auch die deutsche Hauptstadt insgesamt kein in gleicher Weise aktives gesellschaftliches Leben vorweisen konnte. Die Berliner Finanzaristokratie betrieb jedoch während der Saison Repräsentation im großen Stil und pflegte den Umgang mit dem Adel[54]. Nobilitierte Unternehmer wurden bei Hofe empfangen. Obwohl auch der englische und sogar der französische Adel Vorurteile gegenüber dem Bürgertum kultivierten, trennte die deutschen Großunternehmer doch eine weit größere soziale Distanz vom Adel als ihre Standesgenossen in England und Frankreich.

Die wichtigsten Beziehungen zwischen Wirtschaftsbürgertum und anderen Elite-Fraktionen werden durch Heiraten geknüpft, die langfristige Allianzen zwischen einzelnen Familien begründen und Netzwerke bilden können, die höchste Machtpositionen in Wirtschaft, Gesellschaft und Politik absichern[55].

[53] Cassis, Banquiers, S. 289–96; Charle, Intellectuels, S. 472–85; E. Achterberg, Berliner Hochfinanz, Kaiser, Fürsten, Millionäre um 1900, Frankfurt 1965, S. 43–47.

[54] Vgl. etwa F. Stern, Gold und Eisen. Bismarck und sein Bankier Bleichröder, Frankfurt 1978, S. 207–26.

[55] Die so wichtigen Daten zum Konnubium sind meist am schwierigsten zu sammeln. Außer für Frankreich liegen keine Statistiken über das Heiratsverhalten der Großunternehmer in dieser Zeit vor, die sowohl für die verschiedenen Branchen als auch für das ganze Land Repräsentativität beanspruchen könnten. Verfügbar sind für England nur einige Zahlen zu Bankiers, für Deutschland zwei Datensätze. Der eine untersucht die reichsten Unternehmer, der andere die westfälischen Kommerzienräte. Aus diesen verstreuten Quellenstücken lassen sich indes einige wichtige Trends ablesen.

In England verblüfft vor allem die gesellschaftliche Fusion zwischen den Financiers der City und dem adeligen Großgrundbesitz: 35 Prozent der Londoner Bankiers heirateten in Aristokratie- oder Gentry-Familien ein, und dieser Prozentsatz steigt sogar auf 60 Prozent, wenn man soziale Gruppen, die dem Adel traditionell nahestanden, miteinbezieht: 12 Prozent verbanden sich mit Töchtern von Armee- oder Marineoffizieren, 10 Prozent mit denen hoher geistlicher Würdenträger, und 3 Prozent heirateten in die Familien von Politikern und Spitzenbeamten ein. Nur 3 Prozent der Bankiers heirateten in freiberufliche Kreise ein, und lediglich 1 Prozent akzeptierte einen Industriellen als Schwiegervater. Wichtiger noch als diese Prozentzahlen war die Tatsache, daß Bankiers- und Adelsfamilien im Verlauf solcher Eheverbindungen immer enger zusammenwuchsen und schließlich eine neue Elite bildeten. Industrielle wurden zu diesen Zirkeln zunächst nicht zugelassen. Die in der Finanzwelt bedeutenden Minderheiten der Juden und Quäker formten ihre eigenen Familiendynastien, in die bei den Juden auch fremdnationale Glaubensgenossen aufgenommen wurden, während bei den Quäkern auch Industrielle Anschluß fanden[56]. Für Frankreich hat C. Charle folgende Ergebnisse vorgelegt: 54,5 Prozent der großen Unternehmer heirateten in den *fractions possédantes*, d.h. in den eigenen Kreisen; 21,8 Prozent ehelichten Töchter von Spitzenbeamten, 10,9 Prozent die von Freiberuflern. Interessanterweise heirateten auch 38,4 Prozent der Spitzenbeamten und 39 Prozent der Minister in das reiche Wirtschaftsbürgertum ein und trugen damit zu der schon erwähnten höheren Zirkulationsrate und stärkeren Verflechtung der Eliten in Frankreich bei.

Charle hat zudem darauf hingewiesen, daß sich neben den bekannten Strategien, das Konnubium als Aufstiegsmedium und/oder als soziales und ökonomisches Konsolidierungsmittel zu nutzen, eine dritte Strategie der Diversifikation erkennen läßt, die Heiraten als Bindeglied zu anderen sozio-professionellen Elitegruppen betrachtet. Auf der höchsten Stufe dieser Diversifikation finden solche Eheschließungen im gleichen Milieu statt, wo berufliche Klassifikationen ihren Sinn verlieren und einer gleichsam natürlichen Zugehörigkeit zur »großen Welt«

[56] Cassis, Banquiers, S. 241–88; ders., Bankers in English Society in the Late Nineteenth Century, in: Economic History Review 38, 1985, S. 210–229.

weichen[57]. Die für Deutschland von Augustine-Pérez vorgelegten Zahlen ergeben, daß 12 Prozent der untersuchten Großunternehmer die Töchter von Adeligen heirateten, 62 Prozent mit ihrer Ehe innerhalb der angestammten sozialen Gruppe blieben und 17 Prozent sich mit dem Bildungsbürgertum verbanden[58]. Die deutschen Unternehmer verließen also bei einer Heirat in viel geringerem Maße als englische oder französische Geschäftsleute ihre sozio-professionelle Gruppe. Von den von H. Henning herangezogenen westfälischen Kommerzienräten ehelichten sogar mehr als 85 Prozent Töchter anderer Unternehmer (66 Prozent Groß-, 19 Prozent Mittel- und Kleinunternehmer), und nur 9,5 Prozent liierten sich mit Frauen aus dem Bildungsbürgertum[59]. Die deutschen Großunternehmer waren daher offensichtlich weit mehr als ihre englischen und französischen Standesgenossen vom Adel und anderen Bürgertumsfraktionen isoliert.

3. Politischer Einfluß

Den politischen Einfluß von Unternehmern mißt man in der Regel anhand ihrer parlamentarischen Repräsentation[60]. Die Aussagekraft dieses Indikators wird jedoch dadurch gemindert, daß er die soziale Dimension unberücksichtigt läßt. Mehrere englische Bankiers saßen nicht als Vertreter der City of London, sondern als Grundbesitzer einer ländlichen Grafschaft im Parlament[61]. Einen Parlamentssitz zu erringen, war für britische Geschäftsmänner ein mit hohem Prestigegewinn verbundenes, ehrgeizig verfolgtes Streben. Ähnlich war es in Frankreich, wo viele Abgeordnete zu Beginn des 20. Jahrhunderts einer lokalen

[57] Charle, Intellectuels, S. 353, 362, 350–94.

[58] Augustine-Pérez, Businessmen, S. 12. Die von ihr ermittelten Zahlen wurden von mir so umgearbeitet, daß die große Zahl der Fälle ohne oder ohne genaue Angaben – 13,7% bzw. 36,5% – außer Betracht blieb. Die Originalergebnisse Augustine-Pérez' lauten: 31,1% der Großunternehmer heirateten Töchter von Großindustriellen (zu denen wahrscheinlich noch 12,6% hinzugerechnet werden können), 3,5% verbanden sich mit Großgrundbesitzerfamilien, 8,3% mit dem Bildungsbürgertum.

[59] H. Henning, Soziale Verflechtungen der Unternehmer in Westfalen 1860 bis 1914, in: Zeitschrift für Unternehmensgeschichte 23, 1978, S. 13.

[60] Vgl. etwa J. Turner, The Politics of Business, in: ders. (Hg.), Businessmen and Politics. Studies of Business Activity in British Politics, 1900–1945, London 1984, S. 3.

[61] Cassis, Banquiers, S. 317.

Notabelnschicht angehörten[62]. In Deutschland hingegen scheint der Status eines Reichstagsabgeordneten im letzten Viertel des 19. Jahrhunderts an Prestige verloren zu haben und für Großunternehmer weniger attraktiv geworden zu sein[63]. In allen drei Ländern ging der Unternehmeranteil in den Parlamenten während des halben Jahrhunderts vor 1914 zurück. In Frankreich fiel er von ca. 25 Prozent zur Zeit des Zweiten Kaiserreichs auf 14 Prozent 1871 und 12,7 Prozent im Jahre 1893[64]. Im deutschen Reichstag stellte das Wirtschaftsbürgertum 1890 27 Prozent, 1918 nur noch 17,1 Prozent der Abgeordneten[65]. Im englischen Unterhaus nahm die Zahl der nichtgrundbesitzenden Millionäre zwischen 1895 und 1906 von 31 auf 22 ab[66], und die Zahl der City-Banker fiel von 44 auf 22[67].

Die Gründe für diesen Rückgang waren in allen drei Ländern die gleichen. Zum einen erforderte die Unternehmensführung mehr und mehr die ganze Arbeitskraft eines Mannes; für ein politisches Mandat blieb da kaum noch Zeit. Zum anderen erschwerte die Ausweitung des Wahlrechts und der Aufstieg sozialistischer Parteien die Wahl eines Großindustriellen, zumal in Wahlkreisen mit hohem Arbeiteranteil. So waren die beiden Industriemagnaten Krupp und Schneider zu Beginn des 20. Jahrhunderts nicht mehr in der Lage, in den Wahlkreisen Essen und Le Creusot Kandidaten ihres Vertrauens gegen die linke Opposition durchzubringen oder gar selber erfolgreich zu kandidieren[68]. Der Hauptgrund für den Rückzug der Unternehmer aus den Parlamenten lag allerdings in den neuen und effizienteren Einflußmöglichkeiten, die sie auf die Politik, speziell die Wirtschaftspolitik ihres Landes gewannen. Zwar waren Parlamente keineswegs bedeutungslos geworden, aber große Unternehmer mußten nicht länger persönlich im Parlament präsent sein, sondern konnten Repräsentanten ihrer Interessen dort für sich fechten lassen. In allen drei Ländern traten Interessenverbände als parlamentarische Lobbyisten auf, und in Frankreich und Deutschland, weniger in Großbritannien, ver-

62 Charle, Intellectuels, S. 679.

63 H. Jaeger, Unternehmer in der deutschen Politik (1890–1918), Bonn 1967, S. 102.

64 Charle, Intellectuels, S. 678.

65 Jaeger, Unternehmer, S. 47.

66 Rubinstein, Britain, S. 73.

67 Cassis, Banquiers, S. 321.

68 Jaeger, Unternehmer, S. 91 f.; J. A. Roy, Histoire de la famille Schneider et du Creusot, Paris 1962, S. 87.

fügten die mächtigsten Wirtschaftsverbände über Wahlfonds, mit denen sie einzelne Kandidaten oder ganze Parteien finanziell unterstützten[69].

Zusätzlich existierten außerhalb des Parlaments Kanäle, über die die Industrie direkten Einfluß auf die Exekutive nehmen konnte. Die wichtigsten berufsständischen Vertretungen in Deutschland waren praktisch in den Staatsapparat integriert[70]. Die großen Interessenorganisationen, wie der Verein Deutscher Eisen- und Stahl-Industrieller, der Langnam-Verein oder der Centralverband deutscher Industrieller wurden von der Administration nicht nur beratend hinzugezogen, sondern nahmen aktiv am Entscheidungsprozeß teil, vor allem wenn es um Zoll- oder Sozialversicherungsfragen ging[71]. Obwohl Industrieverbände in Frankreich verhältnismäßig unterentwickelt waren[72], genoß das mächtige »Comité des Forges« – die Vereinigung der Eisen- und Stahlproduzenten – bei Politikern und Verwaltungsspitzen einen guten Ruf und übte bei Gesetzesvorhaben zur Zoll- und Sozialpolitik sehr großen Einfluß aus[73]. In den verschiedenen Konsultationsgremien und parlamentarischen Kommissionen konnten die Vertreter der Geschäftswelt durchaus neben den Politikern und Spitzenbeamten bestehen, und besonders bei ökonomischen und sozialen Fragen dominierten sie die Beschlußfassung[74]. Außerdem stärkte die in Frankreich – im Gegensatz zu den beiden anderen Ländern – übliche Mobilität zwischen staatlicher Administration und Privatwirtschaft *(pantouflage)* die persönlichen Kontakte zwischen Geschäftswelt,

[69] H. Kaelble, Industrielle Interessenpolitik in der wilhelminischen Gesellschaft. Centralverband Deutscher Industrieller 1894–1914, Berlin 1967, S. 120 bis 123; M. J. Rust, Business and Politics in the Third Republic. The Comité des Forges and the French Steel Industry, 1896–1914, Diss. Princeton 1973, S. 356.

[70] H.-U. Wehler, Das deutsche Kaiserreich 1871–1918, Göttingen 1977³, S. 90ff.

[71] Vgl. F. Blaich, Staat und Verbände in Deutschland zwischen 1871 und 1945, Wiesbaden 1979; W. Fischer, Staatsverwaltung und Interessenverbände in Deutschland 1871–1914, in: H. J. Varain (Hg.), Interessenverbände in Deutschland, Köln 1973, S. 139–161; T. Nipperdey, Interessenverbände und Parteien in Deutschland vor dem Ersten Weltkrieg, in: Politische Vierteljahresschrift 2, 1961, S. 262–80; D. Stegmann, Die Erben Bismarcks. Parteien und Verbände in der Spätphase des wilhelminischen Deutschlands, Köln 1970.

[72] Vgl. G. Lefranc, Les organisations patronales en France, Paris 1976; R. F. Kuisel, Capitalism and the State in Modern France, Cambridge 1981.

[73] Rust, Business.

[74] Charle, Intellectuels, S. 686–91.

Politikern und Verwaltungsspitze[75]. In England bedurfte es der Vermittlung der erst rudimentär entwickelten Interessenverbände weit weniger, da sich persönliche Intervention und Konsultation dort als wirksamer erwiesen. Dies mag mit der größeren Homogenität der herrschenden Klasse Englands zusammenhängen. Der Zugang zu politischen Entscheidungsträgern stand jedoch keineswegs allen Unternehmerfraktionen gleich weit offen. Daß die City auf die britische Wirtschaftspolitik maßgeblichen Einfluß nehmen konnte, rührte zweifellos von der Tatsache her, daß Bankiers sich eines direkteren Zugangs zu Whitehall erfreuten als Industrielle[76]. In Deutschland besaßen die Ruhrindustriellen nach wie vor mehr Macht als die Repräsentanten der neuen Industriezweige. Deren Spitzenorganisation, der Bund der Industriellen, kam dem älteren, von Schwerindustriellen dominierten Centralverband deutscher Industrieller an Einfluß niemals gleich, obwohl beide Verbände während der letzten Vorkriegsjahre kooperierten[77]. In Frankreich standen die in Paris ansässigen Finanz- und Industrieunternehmer den politischen Machtzentralen sicherlich am nächsten.

Wenn nicht in der Form, so doch in der Substanz wies die politische Intervention des gehobenen Wirtschaftsbürgertums in den drei Ländern weitgehende Ähnlichkeiten auf. Überall kümmerten sich die Unternehmer bzw. ihre Repräsentanten in erster Linie um die spezifischen Fragen, die direkt mit ihren Geschäften zusammenhingen. Finanzpolitische oder außenwirtschaftliche Probleme waren ihnen wichtiger als die »hohe Politik«, als internationale politische Krisen oder die allgemeine Staatsführung. Für sie kam es darauf an, ihre Ansprüche im politischen Prozeß so effektiv wie möglich durchzusetzen.

4. Schlußfolgerungen

Am Ende dieses allgemeinen Überblicks sieht es nicht so aus, als seien die deutschen Großunternehmer nach wirtschaftlicher

[75] Vgl. ders., Le pantouflage en France (vers 1880 – vers 1980), in: Annales E.S.C. 42, 1987, S. 1115–37.

[76] Vgl. Cassis, Banquiers; G. Ingham, Capitalism Divided? The City and Industry in British Social Development, London 1984.

[77] Vgl. Kaelble, Interessenpolitik; H.-P. Ullmann, Der Bund der Industriellen. Organisation, Einfluß und Politik klein- und mittelbetrieblicher Industrieller im Deutschen Kaiserreich, Göttingen 1976.

Macht, sozialem Status und politischem Einfluß sehr viel anders gestellt gewesen als ihre Standesgenossen in England und Frankreich. Sie leiteten vielleicht etwas größere Firmen, spielten jedoch – um dieses Bild zu gebrauchen – in derselben europäischen Oberliga. Die Selbstrekrutierungsraten aller drei Vergleichsgruppen waren hoch, doch gibt es keine Anzeichen, daß ihr Ansehen in einem Land besser gewesen sei als in den beiden anderen. Grundsätzlich ähnlich war auch die Struktur der Beziehungen zwischen Unternehmerschaft und politischen Machtzentralen.

Unterschiede dagegen tauchten im Verhältnis zu anderen Elite-Fraktionen adeliger und bürgerlicher Provenienz auf. Deutsche Großunternehmer heirateten seltener als englische Töchter von Adeligen und verbanden sich seltener als ihre französischen Kollegen mit Familien aus anderen bürgerlichen Elite-Fraktionen. Jenseits dieser zehn- oder fünfzehnprozentigen Divergenzen, aus denen noch keine allgemeinen Schlüsse gezogen werden können, fällt darüber hinaus die verschiedenartige Position der Spitzenunternehmer innerhalb der länderspezifischen Elite ins Auge. In England und Frankreich verschmolzen die reichsten Unternehmer mit anderen Elite-Fraktionen zu einer dominierenden Elite. In England formierte sich aus Finanz-Aristokratie, ländlichem Adel und, einige Jahrzehnte später, Großindustriellen die üblicherweise *establishment* genannte Oberschicht[78]. In Frankreich entstand aus der Pariser *aristocratie financière* und der *grande bourgeoisie de robe* eine *classe dominante,* worin auch der alte Adel nicht fehlte, der aber, anders als in England, eher die Stellung eines Juniorpartners einnahm. Beiden Elitegruppen eignete eine weitgehende soziale Homogenität: Man gehörte zur selben *grand monde* und war nicht selten miteinander verwandt. Diese geeinte Oberschicht fehlte in Deutschland. Insbesondere gab es hier kein Äquivalent zur englischen oder französischen Finanzaristokratie. In Großbritannien und Frankreich waren die Bankiers als erste Unternehmerfraktion in die Oberschicht integriert worden. In Deutschland dominierten im Bankgeschäft Juden, deren vollständige Integration in die herrschende Klasse sich als unmöglich erwies. Eine neue Elite mag es im Kaiserreich insofern gegeben haben, als der Adel allmählich die Macht mit dem Großbürgertum

[78] Vgl. J. Scott, The Upper Classes. Property and Privilege in Britain, London 1982.

teilte, als sich der Lebensstil beider Schichten anglich, soziale Kontakte und Konnubium häufiger vorkamen. Vielleicht waren Adel und Großbürgertum sogar funktional integriert, doch fand im Gegensatz zu England eine Fusion beider Teile, die eine einheitliche Elite hätte entstehen lassen, nicht statt. Im Vergleich zu Frankreich blieben die Verflechtungen deutscher Großunternehmer mit anderen bürgerlichen Fraktionen unterentwickelt. Angesichts der sozialen und politischen Stärke des Adels in Deutschland hätte aber selbst eine stärkere innerbürgerliche Kohäsion nicht ausgereicht, um eine einzige, dominante Elite daraus hervorgehen zu lassen[79].

Damit soll nicht gesagt sein, daß die englischen oder französischen Großunternehmer nicht mehr als bürgerlich bezeichnet werden sollten[80]. Bürgerlich waren sie etwa in ihrem Lebensstil – trotz ihrer Teilhabe an der *high society* – oder in ihren kulturellen Normen und Werten, die allerdings von immer mehr sozialen Schichten geteilt und vielleicht sogar vom Kleinbürgertum rigoroser in Ehren gehalten wurden[81]. Dennoch spiegeln sich in der Debatte über die »Feudalisierung« des deutschen Großbürgertums[82] eben jene Unterschiede in der Zusammensetzung der herrschenden Elite eines jeden Landes, die oben herausgearbeitet wurden. Derartige Diskussionen haben in England und Frankreich viel von ihrer Signifikanz eingebüßt. Besonders in Frankreich ist man mehr und mehr dazu übergegangen, die einzelnen, fast durchweg bürgerlichen Elite-Fraktionen in ihren Beziehungen zueinander zu untersuchen. Das ist auch der Grund, warum ich zu Beginn dieses Beitrags anregte, vielleicht auf das Konzept Bürgertum zugunsten der Begriffe »Elite« oder »herrschende Klasse« zu verzichten. Für eine Analyse der gesellschaftlichen Position englischer und französischer

79 Vgl. H. Kaelbles Beitrag im Band 1 dieses Werkes. Er betont die Tatsache, daß das deutsche Bürgertum, im Gegensatz zur französischen Bourgeoisie, die Macht mit dem Adel teilen mußte.

80 Welche Gruppen im einzelnen zum Bürgertum zu rechnen sind, hat jüngst vom soziologischen Standpunkt M. R. Lepsius problematisiert; vgl. ders., Zur Soziologie des Bürgertums und der Bürgerlichkeit, in: Kocka, Bürger, S. 79–100.

81 Zur Stellung der Unternehmer in der französischen Gesellschaft vgl. L. Bergeron, Les capitalistes en France (1780–1914), Paris 1978, bes. S. 143–163. Zur französischen Bourgeoisie um 1900 vgl. A. Daumards Beitrag in: Braudel/Labrousse, Histoire, Bd. IV/1. Leider gibt es bis heute keine historische Darstellung der englischen Bourgeoisie oder eine allgemeine Sozialgeschichte der englischen Unternehmerschaft.

82 Vgl. als jüngsten Beitrag zu dieser Diskussion Kaelble, Wie feudal.

Großunternehmer scheinen mir diese Begriffe angemessener zu sein. Im deutschen Fall mag das Konzept »Bürgertum« noch von gewissem Nutzen sein.

Richard Tilly

Unternehmermoral und -verhalten im 19. Jahrhundert
Indizien deutscher Bürgerlichkeit

Das Thema »Unternehmermoral und -verhalten« fügt sich ohne Schwierigkeit in den Rahmen der neueren Bürgertumsforschung ein, die ja auch nach der »Beziehung zwischen kapitalistischem Verhalten und Bürgerlichkeit« fragt[1]. Im Mittelpunkt dieses Beitrags steht die Geschäftsmoral deutscher Unternehmer im 19. Jahrhundert, in der sich die Beziehungen zwischen Kapitalismus und Bürgerlichkeit auf besondere Weise abbilden. Unter »Unternehmer« verstehen wir im folgenden die Leiter von Unternehmen: Kaufleute, Bankiers, Industrielle, später Werkdirektoren, Filialleiter, auch Händler. »Unternehmermoral« meint hier Ehrlichkeit in Geschäftssachen, das Einhalten von Geschäftsvereinbarungen. Sie ist das, was Werner Sombart »Geschäftsmoral« oder »Solidität« und »Vertragstreue« genannt hat. Sie zählte bei ihm zu den »bürgerlichen Tugenden« und implizierte die Pflege »bürgerlicher Verhaltensweisen«, die die Ehrlichkeit oder »Geschäftssolidität« nach außen dokumentierten: Es kam darauf an, daß »man für ehrlich gehalten wird«[2].

Ausgehend von diesen Definitionen stellen sich folgende Fragen:

1. Hat es langfristige Veränderungen der Unternehmermoral im 19. Jahrhundert gegeben?
2. Sind unterschiedliche Moralvorstellungen unter den verschiedenen Unternehmergruppen zu entdecken, und wenn ja, wie sind sie zu erklären?
3. Stehen diese Veränderungen bzw. Differenzen im Zusammenhang mit Verbürgerlichungs- oder Entbürgerlichungstendenzen?
4. Inwiefern stellen diese Ergebnisse eine deutsche Besonderheit dar? Lassen sie sich durch den Vergleich mit anderen Ländern als einzigartig kennzeichnen?

Damit sind auch die Leitperspektiven dieses Beitrags genannt.

[1] J. Kocka, Einleitung, in: ders. (Hg.), Bürger und Bürgerlichkeit im 19. Jahrhundert, Göttingen 1987, S. 7–20, hier S. 9.
[2] W. Sombart, Der Bourgeois, München 1913, S. 135ff.

Nach einigen Bemerkungen zur allgemeinen wirtschaftshistorischen Bedeutung des Themas wird ein Überblick über die Entwicklung der Unternehmermoral im 19. Jahrhundert unter Betonung der Interaktion mit Normen anderer sozialer Gruppen gegeben; anschließend wird der Versuch unternommen, am Beispiel der Entwicklung des Geld- und Kapitalmarktes in England und Deutschland die Besonderheiten der Normvorstellungen deutscher Unternehmer in vergleichender Perspektive darzustellen. Ein Schlußwort listet offengebliebene Fragen auf.

1. Unternehmermoral, Normen und »New Institutional Economics«

Das Problem der Unternehmermoral ist von genereller Bedeutung. Es verweist auf Normen ökonomischen Handelns, die seit einiger Zeit in der Ökonomie insbesondere von Vertretern der »New Institutional Economics« (NIE) und unter Wirtschaftshistorikern im Zusammenhang mit dem Begriff der »Transaktionskosten« kontrovers diskutiert werden. Douglass North schrieb 1981: »Neo-classical economic theory can explain how people acting in their own self-interest behave ... it can explain why, as a result of the free rider problem, people will not participate in group actions where the individual gains are negligible ... it cannot ... however, explain ... behaviour in which calculated self-interest is not the motivating factor ... Neo-classical theory is equally deficient in explaining stability. Why do people obey the rules of society when they could evade them to their benefit? ... Indeed, a neo-classical world would be a jungle and no society would be viable.«[3]

Etwas näher an unserem Thema liegt die folgende Äußerung des mächtigen Bankiers David Rockefeller aus dem Jahre 1979: »A moral foundation is imperative in a free society that affords each individual the latitude for independent thought and action. Without ethical values a free society would become a jungle ... Ethical principles are the glue that holds a business system of free enterprise together. Business runs on mutual trust and confidence that others will live up to their word. The marketplace

[3] D. North, Structure and Change in Economic History, New York 1981, S. 11. Vgl. auch ders. u. R. Thomas, The Rise of the Western World. A New Economic History, Cambridge 1974.

which is the heart of a human society, could not exist without it.«[4]

Vollblutökonomen, die sich mit dem Ansatz des methodologischen Individualismus identifizieren und mit Themen der Neuen Politischen Ökonomie befassen, werden solche Äußerungen als unehrliche Täuschungsmanöver abtun, die eigennützige Motive verschleiern. Bestenfalls deuten sie sie als Appell an nicht mehr erklärungsbedürftige Werte und daher als nichtrational. Im Unterschied dazu akzeptiert Alexander Field Rockefellers Aussage als zutreffende Beobachtung über Marktwirtschaften, deren Stabilität von einem breiten Konsens über Normen und Spielregeln abhänge, der nicht ohne weiteres mit eigennützigen Beweggründen erklärt werden könne. Über Normen des ökonomischen Handelns müsse daher explizit nachgedacht werden[5].

Das hier zu diskutierende Beispiel der Unternehmermoral thematisiert vor allem die Ehrlichkeit in wirtschaftlichen Angelegenheiten, d.h. das Einhalten von Verträgen formeller und informeller Art. Ehrlichkeit hat eine bedeutsame ökonomische Dimension, weil sie vertrauensstiftend wirkt und die Grundlage des Handelsverkehrs überhaupt darstellt. Eine besonders einleuchtende theoretische Analyse dieses Phänomens hat vor Jahren George Akerlof am Beispiel des Gebrauchtwagenmarktes *(market for lemons)* in den USA vorgelegt[6]. Kritische Variablen eines solchen Marktes sind neben der Produktqualität auch die Verteilung von Informationen darüber zwischen Käufern und Verkäufern. Der Vorteil der Verkäufer trägt nach den Regeln des methodologischen Individualismus zur Unehrlichkeit in dem Sinne bei, daß Preisdifferenzen Qualitätsdifferenzen nicht entsprechen. Ohne zusätzliche Annahmen über Handlungsnormen muß die ungleiche Tauschrelation zwischen individuellen Nutzenmaximierern dazu führen, daß die Verkäufer guter Produkte vom Markt verschwinden und schließlich der Markt insgesamt zusammenbricht. Diese Argumentation ist auch auf

[4] Zit. in: A. Field, Microeconomics, Norms and Rationality, in: Economic Development and Cultural Change 32, 1984, S. 683–711, hier S. 686.

[5] Field, Microeconomics, S. 702; s. auch ders., What is Wrong with Neoclassical Institutional Economics. A Critique with Special Reference to the North/Thomas Model of pre-1500 Europe, in: Explorations in Economic History 18, 1981, S. 174–98; vgl. auch North, Structure, S. 47.

[6] G. Akerlof, The Market for Lemons. Quality Uncertainty and the Market Mechanism, in: Quarterly Journal of Economics 84, 1970, S. 488–500.

historische Marktentwicklungen anwendbar, z.B. auf die Entwicklung des Kapitalmarktes: Verkäufer, deren Produkte ständig unterschätzt werden, fordern ebenso wie geprellte Käufer besondere Preis- und Produktqualitätsbestimmungen oder ziehen sich aus dem Markt zurück. Hierzu bieten die New Institutional Economics eine allgemeine Interpretation an: Die Anbieter guter Produkte müßten durch Assoziation mit Anbietern schlechter Produkte Reputationsverluste in ihrem Absatzmarkt hinnehmen. Reputation gehöre jedoch zu ihrem Kapital bzw. sei ein Teil ihrer erwarteten *quasirents.* Sänken diese, ginge auch die Investitionsbereitschaft zurück. Investitionen jeglicher Art spiegelten demnach Erwartungen über das Einhalten von Regeln: je größer das unternehmerische Engagement, desto stärker diese Erwartungen und desto stärker das Bedürfnis nach Vertrauensschutz. Ehrlichkeit in Geschäften und Kapitalakkumulation müßten demnach zusammengehen[7].

Die Wirtschaftsgeschichte Europas gibt mehrere Hinweise, die den Zusammenhang zwischen wirtschaftlicher Rückständigkeit und Unehrlichkeit im ökonomischen Verhalten beleuchten. Im 17. Jahrhundert wird über die hohe »Geschäftsmoral« Hollands berichtet, dessen Handelssitten wesentlich mehr Vertrauen stifteten als die der englischen Kaufleute. England wiederum beachtete im 18. Jahrhundert wesentlich höhere Standards als der europäische Kontinent (außer Holland). Die hamburgische Geschäftsmoral soll zu Anfang des 19. Jahrhunderts höher gewesen sein als die anderer Teile Deutschlands[8]. Für das Europa des 19. Jahrhunderts spricht Alexander Gerschenkron von einem Ost-West-Gefälle, wonach die wirtschaftliche Rückständigkeit Osteuropas in Verbindung mit »abysmally low standards of business honesty« stand[9]. Im übri-

[7] Vgl. hierzu B. Klein, Self-Enforcing Contracts, in: Zeitschrift für die gesamte Staatswissenschaft 141, 1985, S. 594–600, u. bes. H. Albach, Vertrauen in der ökonomischen Theorie, ebd., Bd. 136, 1980, S. 2–11. Albach weist darauf hin, daß positive Erfahrungen mit einem guten Produkt der von Akerlof geschilderten Entwicklung entgegenwirken können.

[8] Sombart, Bourgeois, S. 162, 167–93; W. Ruppert, Bürgerlicher Wandel. Studien zur Herausbildung einer nationalen deutschen Kultur im 18. Jahrhundert, Frankfurt 1981, S. 59, 84.

[9] A. Gerschenkron, Economic Backwardness in Historical Perspective, Cambridge 1962, S. 19f., 22. In Entwicklungsländern unseres Jahrhunderts läßt sich eine ähnlich schlechte »Geschäftsmoral« beobachten wie in den rückständigen Ländern Europas im 18. und 19. Jahrhundert. Vgl. dazu K. Borchardt, Europas Wirtschaftsgeschichte. Ein Modell für Entwicklungsländer? Stuttgart 1967, S. 13f.

gen brachten auch die relative Zunahme des Fixkapitals im Industrialisierungsprozeß des 19. Jahrhunderts ebenso wie die gleichzeitig wachsenden Ersparnisse privater Haushalte steigende Erwartungen an das Einhalten von Regeln zum Ausdruck.

All das sind allerdings nur Korrelationen und keine Kausalitätsaussagen. Auch bleibt die Frage offen, wann, wie und unter welchen Bedingungen die zuvor fehlenden oder nicht ausreichend greifenden Normen entwickelt worden sind. Da in der europäischen Wirtschaftsgeschichte im allgemeinen und in der deutschen Wirtschaftsgeschichte insbesondere seit dem 18. Jahrhundert der Zusammenhang zwischen der marktwirtschaftlich organisierten Industrialisierung einerseits und staatlich sanktionierten bürgerlichen Rechtsnormen andererseits unübersehbar ist, scheint hier der Verweis auf die Rechtsgeschichte angebracht. Selbstverständlich ist »Moral« etwas anderes als »Recht«. Meint »Unternehmermoral« die von Unternehmern gemeinsam akzeptierten verhaltensleitenden Wertvorstellungen, so deckt »Recht« die Wertvorstellungen ab, die mittels spezifischer Sanktionen durchgesetzt werden können. Eine Verrechtlichung von Wertvorstellungen konnte gerade dort stattfinden, wo ihre Geltung als gemeinsam akzeptierte Moral ohne rechtliche Kodifizierung in Frage gestellt war. Allerdings gelang es Volkswirtschaften nicht immer, solche Rechtsnormen rechtzeitig zu entwickeln. Auch der bürgerliche Rechtsentwurf enthielt keineswegs alle bürgerlichen, marktwirtschaftlichen Verhaltensnormen, sondern ließ wichtige Bereiche wie Handelsregeln und vor allem Arbeitsfragen unberührt[10]. Dennoch besitzen rechtshistorische Quellen auch für Verhaltensnormen einen hohen Informationswert. Darüber hinaus erscheint es notwendig, den Zusammenhang zwischen Rechts- und Verhaltensnormen genauer zu untersuchen und der Hypothese nachzugehen, ob das deutsche Rechtssystem Normen des Unternehmerverhaltens positiv stützte und ob dies im europäischen Vergleich als deutsche Besonderheit gelten kann.

[10] D. Grimm, Bürgerlichkeit im Recht, in: Kocka, Bürger, S. 149–188; s. auch den Kommentar von P. Landau, ebd., S. 189–195. Die fehlende Korrelation zwischen Verrechtlichung von Normen mit Sanktionskosten einerseits und Verhalten andererseits ist vielleicht die empfindlichste Lücke der NIE-Interpretation der Geschichte, wie sie North und andere betreiben.

Muß also die Frage nach der Bedeutsamkeit unternehmerischer Verhaltensnormen im Industrialisierungsprozeß unzweideutig bejaht werden, kann doch die konkrete historische Bearbeitung dieses Themas hier nur in Ansätzen erfolgen. Es werden in erster Linie Thesen und illustrative Beispiele vorgestellt, die hoffentlich geeignet sind, wichtige Probleme und mögliche Schwerpunkte künftiger Quellenarbeit zu identifizieren.

Zunächst muß nach der Entwicklung der Unternehmermoral in der Zeit gefragt werden, nach langfristigen Trends in der Ehrlichkeit unternehmerischen Handelns. Wie oben angedeutet, scheint sich die Unternehmermoral allmählich verbessert zu haben, wuchs doch mit der Intensivierung der Marktbeziehungen im Gefolge der Industrialisierung auch der Bereich ökonomischer Aktivität, der durch gemeinsame Vorstellungen über Geschäftsbräuche gekennzeichnet war und das Einhalten von Vereinbarungen erforderte. Diesen Eindruck gewinnt man aus den freilich lückenhaften und verstreuten Angaben in Unternehmergeschichten, Handelskammerberichten und zeitgenössischen handelsrechtlichen Abhandlungen. Klagen über unerfüllte Verträge und Betrug weisen zumindest keine steigende Tendenz auf, und sogenannte »ehrliche« Geschäftspraktiken, wie die Rücknahme von Waren bei Reklamationen, Warenumtausch, feste Preise, Markenartikel und langfristige Kreditverträge bürgern sich immer mehr ein[11]. Quantifizieren kann man diesen Eindruck sicherlich nicht, doch legen auch die wenigen statistisch greifbaren Indikatoren eine Verbesserung nahe[12].

[11] Hier ist kein Platz für einen umfassenden Literaturbericht. Ich beschränke mich im folgenden auf die Angabe relevanter Belegstellen. Bei den unternehmenshistorischen Quellen bestehen freilich kaum überwindbare Probleme mangelnder Repräsentativität, doch hängt die Trendaussage im Text nicht von diesen punktuellen Angaben ab.

[12] Zu diesem Zusammenhang lassen sich Angaben über »Vermögensdelikte« heranziehen. Obwohl eher von einer verbesserten Erfassung der Fälle zwischen 1880 und 1914 auszugehen ist, stagnieren die Zahlen (pro 100000 Einwohner): 475 (1882–90) und 480 (1905–13), wobei der Anteil der Betrugsfälle zurückgeht (Statistisches Bundesamt, Bevölkerung und Wirtschaft 1872–1972, Wiesbaden 1972, S. 131–33; Statistisches Jahrbuch für das Deutsche Reich, Jg. 3ff. [Kriminalstatistik]). Demgegenüber ist der enorme Zuwachs des Zahlungsverkehrs in Rechnung zu stellen; während z. B. der Umsatz (pro Einwohner) bei der Preußischen bzw. Deutschen Reichsbank im Zeitraum 1870/74 bis 1910/13 um 563 Prozent zunahm, sank der Posten »zweifelhafte Forderungen«, der als Chiffre für unlautere Kreditgeschäfte dienen kann, um 20 Prozent (Verwaltungs-

Dafür waren vor allem zwei sich gegenseitig bedingende Faktoren verantwortlich: Zum einen veränderte die Expansion des Geschäftsvolumens die Einstellung des Unternehmers zu einzelnen Transaktionen, die zunehmend als Glied in einer langen Kette gewinnbringender Handlungen betrachtet wurden, als Bausteine eines langfristigen Vermögenszuwachses und nicht als einmalige Chance, die zum größten augenblicklichen Nutzen ausgebeutet werden sollte. Dieser Einstellungswandel drückte sich empirisch in der relativen Zunahme des Fixkapitals in der Volkswirtschaft und in der steigenden Bedeutung von Großunternehmen aus[13]. Diese Geschäftsexpansion weckte zweitens bei etablierten und größeren Unternehmern das Interesse, sich gegen die Fortsetzung oder Einführung schlechter Geschäftsmoral (»unlauterer Wettbewerb«) durch staatliche Maßnahmen, d.h. durch die Verrechtlichung von Normen zu schützen. Eine solche Verrechtlichung erzwang die Verbreitung der im Geschäftsleben üblichen »guten« Normen, führte allerdings auch einen Anstieg in der Anzahl nachgewiesener Normverletzungen herbei[14].

Der Hinweis auf »staatliche Maßnahmen« lenkt die Aufmerksamkeit auf einen Adressaten unternehmerischen Handelns, der im Laufe des 19. Jahrhunderts immer mehr an Bedeutung gewann: auf den Staat. Unternehmermoral war in doppelter Weise auf den Staat bezogen: hinsichtlich der Steuerpflicht und hinsichtlich der Erlangung besonderer Vorteile.

Was die Steuerpflicht bzw. die »Steuermoral« deutscher Unternehmer im 19. Jahrhundert anbetrifft, kann man hier wahrscheinlich kaum von einer Verbesserung oder Anhebung sprechen. So lassen sich in Preußen in den 1890er Jahren massive Steuerhinterziehungen nachweisen. Allerdings betrachteten Unternehmer die Steuermoral keineswegs als bürgerliche

bericht der Preußischen Bank 1870–1875; Verwaltungsbericht der Reichsbank 1910–13).

[13] Vgl. R. Tilly, The Growth of Large-Scale Enterprise in Germany since the Middle of the Nineteenth Century, in: H. Daems u. H. van der Wee (Hg.), The Rise of Managerial Capitalism, Löwen 1974, S. 145. Vermutlich kann man auch von einer Zunahme der durchschnittlichen Dauer des Beschäftigungsverhältnisses von Arbeitnehmern ausgehen, wobei das gegenseitige Interesse an der Aufrechterhaltung des Verhältnisses gewachsen sein mag, zumindest seit den 1870er Jahren.

[14] Hierzu u.a. J. Molsberger, Wirtschaftskriminalität und Wirtschaftsordnungen, in: Institut für Wirtschaftspolitik an der Univ. Köln (Hg.), Wirtschaftspolitische Chronik 25, 1976, bes. S. 182f., 185.

Tugend im Sinne der hier angesprochenen »Geschäftsmoral«, und das galt sowohl für Deutschland als auch für andere »bürgerliche« Länder wie Großbritannien. Interessanterweise stammte die stärkste Kritik an der laxen Steuermoral in Deutschland von Staatsbeamten, d.h. von Gruppen, die am wenigsten Möglichkeiten zur Steuervertuschung besaßen[15].

Mit der Ausweitung staatlicher Aktivitäten im Laufe des 19. Jahrhunderts und besonders seit den 1870er Jahren erhöhten sich andererseits die unternehmerischen Chancen, den Staat mit unlauteren Mitteln für gewinnbringende Zwecke zu instrumentalisieren. Zweifellos nahmen Unternehmer diese Chance wahr, und dies nicht nur im staatlichen Sektor, sondern auch auf der Ebene kommunaler Verwaltung[16]. Allerdings waren die Korruptionsmöglichkeiten für Unternehmer in Deutschland dank einer wohletablierten und angesehenen staatlichen Bürokratie begrenzter als in den meisten anderen Industrieländern dieser Zeit.

Jedoch verlief die Entwicklung der Unternehmermoral weder kontinuierlich noch gleichmäßig in allen Geschäftsbereichen. Es gab Schwankungen und Rückschläge, und gerade diese sind für unsere Betrachtung besonders aufschlußreich. Mit der Industrialisierung und der Ausdehnung von Marktbeziehungen traten bisher getrennt lebende und agierende Gruppen häufiger in ökonomische Beziehungen zueinander: Bauern mit Händlern, Handwerker mit Kaufleuten, Privatsparer mit Bankiers. In diesem Zusammenhang hat Fritz Redlich von einer Kollision zwischen verschiedenen »Insider-Gruppen« mit ihren jeweiligen moralischen Kodizes gesprochen[17]. Derartige Kollisionen provozierten mehr oder weniger scharfe öffentliche Auseinandersetzungen, in deren Folge sich die Normen der sozio-politisch

[15] F. Meisel, Britische und deutsche Einkommenssteuer. Ihre Moral und ihre Technik, Tübingen 1925, bes. S. 119ff. Allerdings war die »Steuermoral« der Großgrundbesitzer nach Meisel keineswegs besser als die der Unternehmer.

[16] Gemeint ist hier nicht die Durchsetzung kollektiver Unternehmerinteressen, sondern individuelle Vorteilnahme. Auf die mit Rüstungsgeschäften zusammenhängenden Chancen deutet die Geschichte der Firma Krupp hin. Vgl. W. Boelcke, Krupp und die Hohenzollern in Dokumenten, Frankfurt 1970. Für Beispiele unternehmerischer Einflußnahme auf kommunaler Ebene vgl. D.F. Crew, Bochum. Sozialgeschichte einer Industriestadt 1869–1914, Frankfurt 1980, v.a. S. 122f., 139ff.; H. Reif, Städtebildung im Ruhrgebiet. Die Emscherstadt Oberhausen 1850–1914, in: Vierteljahrschrift für Sozial- und Wirtschaftsgeschichte 69, 1982, S. 457–87.

[17] F. Redlich, Der Unternehmer. Wirtschafts- und sozialgeschichtliche Studien, Göttingen 1964, S. 191ff.

stärkeren Gruppe durchsetzten oder bisherige Normen modifiziert bzw. mit neuen vermischt wurden. Solche Kollisionen entstanden keineswegs zufällig, sondern waren Ergebnisse eines wirtschafts- und sozialhistorischen Prozesses. Einerseits ergaben sich in bestimmten Wirtschaftsbereichen neue Erfolgschancen für Unternehmer, die daraufhin ihr Angebot (z.B. an finanziellen Dienstleistungen) vergrößerten; andererseits konnte die Entstehung solcher Chancen mit der gleichzeitig steigenden Nachfrage nach den Dienstleistungen dieser Wirtschaftsbereiche zusammentreffen. Mißerfolge und Mißstände konnten auftreten, die sodann eine Diskussion der solchen Märkten zugrundeliegenden Spielregeln oder Normen veranlaßten. Einige konkrete Beispiele sollen diesen Zusammenhang illustrieren.

Offenbar kamen Betrug und Unehrlichkeit im Großhandel, der Basis bürgerlicher Wirtschaftsmoral in Deutschland, schon im 18. Jahrhundert nur noch selten vor, da die Beziehungen zwischen Kaufleuten bereits in hohem Maße standardisiert und von Wettbewerbsverhältnissen »überwacht« waren[18]. Auch im 19. Jahrhundert scheinen Großhandelstransaktionen zwischen ebenbürtigen Kaufleuten wenig Anlaß zu Kontroversen gegeben zu haben. Interessanterweise aber gab es anscheinend bedeutende Unterschiede zwischen Groß- und Kleinhandel: im letzteren kamen Betrügereien häufiger vor, was auf die Unwissenheit der nur gelegentlich in den Markt eintretenden Käufer, vielleicht auch auf die kurzfristigen Ziele der in diesen Märkten agierenden Händler zurückzuführen war. Über Kleinhändler mit zwielichtigen Geschäftspraktiken wurde im ostwestfälischen Garnhandel berichtet, und auch im Viehhandel – nicht nur in Westfalen – gingen Betrug und Kleinhandel zusammen[19]. Der Einzelhandel war ebenfalls von Klagen über Betrügereien der Kleinhändler gekennzeichnet, zumindest bis das Aufkommen von Markenartikeln und Warenhäusern mit festen Preisen diese Praktiken verdrängte oder staatliche Kontrollen, z.B.

[18] Ruppert, Bürgerlicher Wandel, S. 50ff., 84f.; A. Hasenclever, Josua Hasenclever, in: Rheinisch-Westfälische Wirtschaftsbiographien, Bd. 1, Münster 1932, S. 379f.

[19] J. Mooser, Ländliche Klassengesellschaft 1770–1848, Göttingen 1984, S. 285; R. Wirtz, »Sozialer Protest« in Baden 1815–1848. Determinanten, Motive und Verhaltensmuster, in: H. Volkmann u. J. Bergmann (Hg.), Sozialer Protest, Opladen 1984, S. 48.

gegen Lebensmittelverfälschung, durchgriffen[20]. Im Großhandel dagegen traten gelegentlich interregionale Differenzen in Handelsusancen auf, vor allem bei Wechselprotesten und in Konkursfällen. Aus solchen Schwierigkeiten gingen Bestrebungen zur Herbeiführung eines einheitlichen deutschen Handelsrechts hervor[21]. Allerdings versuchten einzelne Unternehmer bzw. Unternehmergruppen bei den Beratungen zur Vereinheitlichung und Kodifizierung unterschiedlicher Geschäftsbräuche um die Jahrhundertwende immer wieder, eine nur für sie vorteilhafte Verrechtlichung von Usancen und Geschäftsbedingungen auf Kosten anderer Firmen und Gruppen durchzusetzen[22].

Noch weit problematischer war die Situation in den vom Handelskapital organisierten Industrien, besonders für die etablierten Unternehmer, die die Konkurrenz der kleinen und aufstrebenden Firmen zu spüren bekamen. »Nähnadelfabrikanten des Aachener und Iserlohner Raums und Garnspinner in Elberfeld-Barmen«, so Friedrich Zunkel, »griffen auch zum Betrug in Gewicht und Zahl der Waren, um die Preise senken zu können, und in Gladbach wie Elberfeld wurden beim Weben und Färben häufig schlechtere Garnqualitäten unter die guten gemischt.«[23] Im sich rasch industrialisierenden rheinisch-westfälischen Gebiet kamen seit den 1830er Jahren neue Unternehmertypen auf, »hinter denen keine solide kaufmännische Tradi-

[20] Ruppert, Bürgerlicher Wandel, S. 59; K. Bücher, Die Entstehung der Volkswirtschaft, Bd. 2, Tübingen 1920³, S. 220, 226, 304 f.; F. Blumenroth, Leonhard Tietz, in: Rheinisch-Westfälische Wirtschaftsbiographien, Bd. 7, Münster 1960, S. 53; H.-J. Teuteberg, Der Kampf gegen die Lebensmittelverfälschung, in: ders. u. G. Wiegelmann (Hg.), Unsere Tägliche Kost. Geschichte und regionale Prägung, Münster 1986, S. 371 ff.

[21] Zu diesem Thema gibt es bereits eine ausgedehnte rechtshistorische Literatur; vgl. v. a. M. Apt (Hg.), Gutachten der Ältesten der Kaufmannschaft von Berlin über Gebräuche im Handelsverkehr, 3 Bde, Berlin 1900–1914; G. Meyer, Der Handelsbrauch, insbes. sein Verhältnis zu den dispositiven Gesetzesbestimmungen, Erlangen 1928; V. Pöhls, Darstellung des gemeinen Deutschen und des Hamburgischen Handelsrechts für Juristen und Kaufleute, 3 Bde, Hamburg 1832; H.-H. Graul, Allgemeine Geschäftsbedingungen und Handelsbräuche, Halle 1932; W. Silberschmidt, Die Entstehung der deutschen Handelsgerichte, Leipzig 1894; R. von Ihering, Gesammelte Aufsätze aus den Jahrbüchern für die Dogmatik des heutigen römischen und deutschen Privatrechts, Bd. 1, Jena 1881; K. Goetz, Handelsgewohnheitsrecht und Handelssitte, Krefeld 1913.

[22] J. Deparade, Die Kodifikation von Handelsgebräuchen durch die Industrie- und Handelskammern und ihre Bedeutung für den Handelsverkehr und die Rechtsentwicklung, Magdeburg 1927.

[23] F. Zunkel, Der rheinisch-westfälische Unternehmer 1834–1879, Köln 1962, S. 38.

tion stand und die auch keinen guten Namen zu verlieren hatten; die [versuchten], den Markt mit allen Mitteln des unlauteren Wettbewerbs zu erobern und die gewonnene Position rücksichtslos zu verteidigen«[24]. Aus Schlesien vernahm man ähnliche Klagen. 1820 schrieb der hochangesehene Breslauer Kaufmann von Eichborn: »Der schlesische Leinenhandel wird sich wieder heben, weil die Engländer die letzte Zeit bei der großen Concurrenz anfingen, sehr schlecht zu weben und elendes Fabricat zu liefern, während man bemerkte, daß die Schlesier durch die Zeit der Not angefangen haben, recht schöne und gehaltvolle Waare zu liefern; es ist nur zu wünschen, daß die guten Schlesier durch häufigere Bestellungen nicht verleitet werden mögen, wieder in den alten Schlendrian zu verfallen; sonst kommt die Reihe wieder an die Engländer. Dieses spricht für mein stets wiederholtes System, die Leinen und Tuchfabrication einer strengeren Schau und Censur unterzuordnen, denn ich behaupte, daß der Kaufmann im Allgemeinen nur darauf hinausgeht, die momentanen Vorteile mitzunehmen, und daß die Wenigen der Rechtlichen nicht im Stande sind, die Strudel schlechter Weberey und Fabrication zu handhaben.«[25]

Noch brisanter jedoch war zu dieser Zeit die Kollision unterschiedlicher »moralischer Kodizes« zwischen Handwerkern und Arbeitern auf der einen Seite und Industrieunternehmern, die vermutlich mehrheitlich der kaufmännischen Tradition verhaftet waren, auf der anderen Seite. Konflikte machten sich vor allem an den noch nicht fest tradierten industriellen Arbeitsbeziehungen fest: an Münzbetrug oder Valutageschäften mit ausländischen Münzen als Form verschleierter Lohnkürzung und am Warenlohn- oder Trucksystem. Auch hier wurde den frühindustriellen Unternehmern unaufrichtiges Verhalten unterstellt, weil Warenlöhne den Arbeitern einseitig »Entlohnungskosten« aufbürdeten, und auch hier trugen staatliche Maßnahmen wie die Verbesserung des Geldumlaufs zur Beseitigung

[24] H. Henning, Sozialgeschichtliche Entwicklungen in Deutschland von 1815 bis 1860, Paderborn 1977, S. 28; P. Borscheid, Westfälische Industriepioniere in der Frühindustrialisierung, in: K. Düwell u. W. Köllmann (Hg.), Rheinland-Westfalen im Industriezeitalter, Bd. 1: Von der Entstehung der Provinz bis zur Reichsgründung, Wuppertal 1983, S. 159, 164; H. Blumberg, Die deutsche Textilindustrie in der industriellen Revolution, Berlin 1965, S. 235; W. Köllmann, Sozialgeschichte der Stadt Barmen im 19. Jahrhundert, Tübingen 1960, S. 140.

[25] K. von Eichborn, Das Soll und Haben von Eichborn & Co. in 200 Jahren, München 1928, S. 291.

dieser Mißstände bei[26]. Nicht ganz geklärt ist die gelegentlich formulierte Vermutung, solche Praktiken ließen sich besonders bei jungen Aufsteiger-Unternehmern beobachten; manche Hinweise, z.B. aus Ostwestfalen, sprechen dafür[27].

Besonders, aber nicht nur in den verlagsmäßig organisierten Industrien bestand überdies das schon ältere Problem der Lohnabzüge bei Ablieferung mangelhafter Waren fort. Weil die Feststellung von Mängeln nicht immer nachvollziehbar war, kam auch hier der Verdacht auf, es handele sich um verschleierte Lohnkürzungen. Arbeiter beantworteten diese Praxis bereits im 18. Jahrhundert damit, daß sie einen Teil des ausgegebenen Rohmaterials unterschlugen, d.h. sie durchschauten die Spielregeln und stellten sich darauf ein. Dies war nur eine besonders krasse Form des immer wieder von Unternehmerseite beklagten Arbeiter-Opportunismus, der sich auch in der Lieferung schlechter Waren vor allem in Hochkonjunkturphasen manifestierte[28]. An diesem Punkt wird deutlich, daß sich Interessenkollisionen mit Moralfragen verbinden konnten. Als unmoralisch abgestempelt wurden nämlich manche unternehmerischen Versuche, die Arbeitsbedingungen einseitig zu ändern, z.B. durch Einstellung von Frauen statt Männern, durch Entlassungen oder Lohnkürzungen, was gelegentlich zu gewaltsamen Protesten führte. Wenngleich in solchen Fällen eher handfeste materielle Interessen im Mittelpunkt gestanden zu haben scheinen, prallten doch auch unterschiedliche Moralvorstellungen aufeinander. Interessengegensätze zwischen an Weltmarktpreisen orientierten Verlegern und an Nahrungsmittelpreisen orientierten Arbeitern konnten leicht mit moralischen Fragen vermischt und davon überlagert werden. So wurden bei einem Maschinensturm der Wolltuchscherer in Eupen 1821 der Firma Gebr. Stolle zweifelhafte Geschäftspraktiken, u.a. »Münzbetrug« vorgeworfen; 1828 bezeichneten Arbeiter eine von allen Krefelder Seidenfabrikanten verabredete Lohnkürzung als »kriminell«, und 1830 wiesen sie die von einem

[26] Zunkel, Unternehmer, S. 41 f.; R. Tilly, Financial Institutions in the Rhineland, 1815–1970, Madison 1966, S. 22 f.; R. Strauss, Die Lage und die Bewegung der Chemnitzer Arbeiter in der ersten Hälfte des 19. Jahrhunderts, Berlin 1960, S. 81–83.

[27] Mooser, Klassengesellschaft, S. 71.

[28] J. Kuczynski, Geschichte des Alltags des deutschen Volkes, Bd. 3 (1810 bis 1870), Köln 1982, S. 163 ff.; Köllmann, Sozialgeschichte Barmen, S. 141; K. Ditt, Industrialisierung, Arbeiterschaft und Arbeiterbewegung in Bielefeld 1850–1914, Dortmund 1982, S. 15.

Aachener Fabrikanten wegen schlechter Arbeit verordneten Lohnabzüge als »ungerecht« zurück[29].

Hierbei ist zweierlei zu bedenken: Zum einen hatten (und haben) Industrieunternehmer ein Interesse daran, ihre Arbeiter gerecht zu behandeln, weil nicht nur der »Betriebsfrieden«, sondern auch die Arbeitsleistung davon abhingen. Unternehmer mußten sich den Arbeitern gegenüber folglich »ehrlich« verhalten und klare Regeln bezüglich Arbeitszeit, Entlohnung und Arbeitsbedingungen setzen und einhalten. Wenn diese Regeln fehlten, was besonders in der Frühphase der Industrialisierung recht häufig der Fall war, kam es leicht zu Protestaktionen der oben erwähnten Art. Daß sie fehlten, war teilweise arbeitsmarktbedingt und hing mit der leichten Ersetzbarkeit der (ungelernten) Arbeitskräfte zusammen. Aber auch die ideologische Haltung der Unternehmer spielte eine Rolle, vor allem ihre Überzeugung, daß Arbeiter von Natur aus faul, unzuverlässig, opportunistisch und nur durch materielle Not zu regelmäßiger Arbeit zu motivieren seien. Bestenfalls konnten ihnen bürgerliche Tugenden durch wohldurchdachte Disziplinierungsmittel anerzogen werden[30]. Eine solche Klasseneinstellung ließ schwerlich eine Behandlung der Arbeiter als ebenbürtige Geschäftspartner erwarten. Statt dessen trug sie dazu bei, daß manche Chancen für die Verbesserung industrieller Produktionsbedingungen – bewußt oder unbewußt – ungenutzt blieben. Vermutlich wurden diese Chancen am ehesten von größeren, länger am Markt agierenden Unternehmern wahrgenommen, die es in erster Linie mit qualifizierten Arbeitskräften und weniger mit ungelernten Tagelöhnern zu tun hatten[31].

Hinzu kommt ein zweites Moment: die antikapitalistische Einstellung von Vertretern der staatlichen Bürokratie und

[29] Hierzu D. Dowe, Aktion und Organisation. Arbeiterbewegung, sozialistische und kommunistische Bewegung in der preußischen Rheinprovinz 1820–52, Hannover 1970, S. 26ff.; R. Tilly, Protest and Collective Violence in Germany during Modernization, unveröffentl. MS. 1978. Vgl. auch A. Herzig, Vom sozialen Protest zur Arbeiterbewegung. Das Beispiel des märkisch-westfälischen Industriegebietes (1770–1865), in: Volkmann/Bergmann, Sozialer Protest, S. 253ff.

[30] Vgl. für Großbritannien: S. Pollard, Die Fabrikdisziplin in der industriellen Revolution, in: W. Fischer (Hg.), Die soziale Frage, Stuttgart 1967, S. 159ff.; für das rheinisch-westfälische Industriegebiet: H. Scherer, Fabrikdisziplin in der Frühindustrialisierung, mit bes. Berücksichtigung der rheinisch-westfälischen Schwerindustrie, Diplomarbeit Univ. Münster 1968; W. Köllmann, Friedrich Harkort, Bd. 1, Düsseldorf 1964, S. 65–68.

[31] Scherer, Fabrikdisziplin, S. 49ff.

Angehörigen des »Bildungsbürgertums«. Diese Einstellung war bereits im 18. Jahrhundert im rheinischen Wuppertal erkennbar, wo ein konservativer und »provinzlicher« Bürokrat wie Jakobi trotz aller Bekenntnisse zum Liberalismus reaktionäre Vorurteile offenbarte in seinem »Abscheu vor den aufstrebenden Kaufleuten, die immer größere Ansammlungen von Kapital in ihren Händen konzentrierten«[32]. Als 1828 die vierzehn wichtigsten Krefelder Seidenfabrikanten eine kollektive Lohnkürzung beschlossen, rief diese Maßnahme, die nicht nur als ungerechte Umverteilung, sondern auch als strafbare Rechtsverletzung angesehen wurde, unter Beamten scharfe Kritik hervor[33]. Die Haltung der Bürokratie scheint sich allerdings gerade durch solche Konflikterfahrungen modifiziert zu haben: Immer häufiger sympathisierten Beamte mit der Position der Unternehmer, deren ökonomische Argumente schwer widerlegbar schienen, und betonten die Notwendigkeit, gemeinsam gegen die ruhestörenden Proteste vorzugehen. Darüber hinaus aber setzte sich in der Bürokratie die Überzeugung durch, daß reformerische Maßnahmen erforderlich seien, um die Protestursachen zu beseitigen. Auch Unternehmer sahen dies ein, zumindest manche ihrer wichtigsten Vertreter wie Friedrich Harkort, die sich den vor allem nach der Revolution von 1848 erlassenen sozialpolitischen Eingriffen (Verbot des »Trucksystems«, Einschränkung der Kinderarbeit, Regulierung der Unterstützungskassen) nicht widersetzten[34].

Auch die wachsende Stärke der sich in der zweiten Hälfte des 19. Jahrhunderts konstituierenden Arbeiterbewegung trug dazu bei, daß sich das Verhalten von Unternehmern gegenüber ihrer Arbeiterbelegschaft allmählich veränderte. In den Auseinandersetzungen und Protesten über industrielle Arbeitsverhältnisse auch dieser Periode vermengten sich Interessenkonflikte und divergierende Moralvorstellungen. So gab unternehmerische Willkür bei der Festsetzung von Akkordsätzen, Lohnabzügen oder Arbeitszeiten den Anlaß zu den Bergarbeiterstreiks der 1880er Jahre, wobei die mangelnde Konzilianz auf Unternehmerseite einen zusätzlichen Reizfaktor bildete. Weitere Streiks im Kaiserreich hingen mit vermeintlich ungerechten Handlun-

[32] H. Kisch, Die hausindustriellen Textilgewerbe am Niederrhein vor der industriellen Revolution, Göttingen 1981, S. 224, 226.

[33] Vgl. Anm. 29.

[34] Vgl. hierzu H. Volkmann, Die Arbeiterfrage im preußischen Abgeordnetenhaus 1848–1869, Berlin 1968.

gen zusammen, z.B. dem Nichteinhalten einer informellen Vereinbarung seitens der Bauunternehmer (Augsburg 1899), der Entlassung eines Arbeiters wegen der Mitgliedschaft in einer Gewerkschaft oder der Einführung von Bestimmungen gegen politische und gewerkschaftliche Betätigung auf dem Betriebsgelände[35].

Das Fazit: Unternehmer waren im Laufe des 19. Jahrhunderts zunehmend bereit, ihre Arbeiter als Geschäftspartner mit dem Recht auf ehrliche Behandlung zu betrachten. Allerdings galt dies nur auf individueller Ebene; den Anspruch der Arbeiter auf kollektive Organisation der Arbeitsbeziehungen erkannten Unternehmer nicht an[36]. Das mag sich in bestimmten Bereichen bereits vor 1914 als »dysfunktionales Verhalten« im System des »organisierten Kapitalismus« ausgewirkt haben. Auch der bürgerliche Rechtsentwurf erwies sich hier als wenig hilfreich, weil er die wesentlichen Arbeitsmarktfragen offenließ. Interessanterweise blieben Ansätze zur rechtlichen Steuerung solcher Probleme, beispielsweise der preußische Versuch, Gewerbegerichte zu institutionalisieren, in der Frühphase der Industrialisierung erfolglos. Das lag vermutlich daran, daß diese Ansätze auf individuellen Arbeitsverträgen beruhten und damit für die auf Kollektivhilfe orientierte Arbeiterbewegung bedeutungslos waren[37].

[35] Vgl. die Beiträge von I. Fischer, Maurer- und Textilarbeiterstreiks in Augsburg, 1899–1914, sowie I. Costas, Arbeitskämpfe in der Berliner Elektroindustrie 1905 und 1906, beide in: K. Tenfelde u. H. Volkmann (Hg.), Streik. Zur Geschichte des Arbeitskampfes in Deutschland während der Industrialisierung, München 1981, bes. S. 78f., 83 u. 101f.; W. Köllmann (Hg.), Der Bergarbeiterstreik von 1889 und die Gründung des »Alten Verbandes« in ausgewählten Dokumenten der Zeit, Bochum 1969.

[36] Eine Vielzahl von Quellen aus dem unternehmens- und gewerkschaftsgeschichtlichen Bereich belegen dies. Z.B. H.-J. Rupieper, Die Herausbildung der Industriearbeiterschaft im 19. Jahrhundert. Das Beispiel M.A.N., 1857–1914, in: J. Bergmann u.a. (Hg.), Arbeit, Mobilität, Partizipation, Protest, Opladen 1986, S. 216f.; H.-P. Ullmann, Unternehmerschaft, Arbeitgeberverbände und Streikbewegung 1890–1914, in: Tenfelde/Volkmann, Streik, S. 195. Hiernach begannen Unternehmer seit den 1890er Jahren, Gewerkschaften als Institutionen zu betrachten, die nicht mehr aus der Welt zu schaffen waren, und als Gegenwehr Arbeitgeberverbände zu bejahen.

[37] Vgl. hierzu die Artikel »Arbeitsvertrag« (E. Loening), »Arbeitsvertragsbruch« (R. Loening), »Arbeiterschutzgesetzgebung« (von Landmann) und »Gewerbegerichte«, in: Handwörterbuch der Staatswissenschaften, Jena 1909[3], S. 594f., 1165–71, 1176–91, 880–90; L. Puppke, Sozialpolitik und soziale Anschauung frühindustrieller Unternehmer in Rheinland-Westfalen, Köln 1966, S. 4; R. Bahr, Beiträge zur Entwicklungsgeschichte des Gewerbegerichts, Leip-

Ein weiterer Bereich, der sich wie kaum ein anderer als Prüfstein unternehmerischer Moral eignet, ist das Feld des Finanzgebarens, vor allem die Börse. Obwohl fest in den Händen des »Großkapitals« und in den meisten deutschen Staaten anfangs noch von einer kritischen Staatsbürokratie überwacht, griff der Einfluß der Börse bald auf finanzschwächere Schichten einschließlich des Kleinbürgertums über und weckte das Interesse kleinerer Unternehmer an schnellen Gewinnchancen. Schon bei den Eisenbahngründungen und Eisenbahnaktien-Emissionen der 1830er Jahre gab es Überzeichnungen und Schlangen anlagebereiter Kleinsparer vor den Subskriptionsstellen[38]. Im kleinen »Gründerboom« der 1850er Jahre entfaltete sich, so Zunkel, »im Effektenwesen in Rheinland-Westfalen ein ausgeprägtes Gründer- und Spekulantentum. Dabei traten wirtschaftliches Bedürfnis und Rentabilität der neu ins Leben gerufenen Unternehmungen vielfach hinter den Interessen des persönlichen Profits zurück. Viele schreckten selbst vor Täuschungsmanövern, Börsenschacher und Aktienschwindel nicht zurück. Der nachfolgende Wirtschaftskrach enthüllte eine Mehrzahl unsolider und häufig auch betrügerischer Gründungen, an denen sich selbst angesehene Bankiers und Fabrikbesitzer beteiligt hatten.«[39]

Dieses Phänomen war keineswegs auf Rheinland-Westfalen beschränkt[40] und wiederholte sich auf breiterer Basis in den 1870er Jahren, wobei die Aufhebung des Konzessionszwanges für Aktiengesellschaften 1870 die Schwungkraft der Bewegung zweifellos erhöhte. Spätestens mit Eduard Laskers Enthüllungen über die Eisenbahnfinanzierungspraktiken 1873 stieg eine

zig 1904; K.-H. Schloßstein, Die westfälischen Fabrikengerichtsdeputationen. Vorbilder, Werdegang und Scheitern, Frankfurt 1982.

[38] H. Leiskow, Spekulation und öffentliche Meinung in der 1. Hälfte des 19. Jahrhunderts, Jena 1930; S. Spangenthal, Die Geschichte der Berliner Börse, Berlin 1903, S. 39–41, 55, 88ff.

[39] Zunkel, Unternehmer, S. 52f., 58f.

[40] H. Rosenberg, Die Weltwirtschaftskrise 1857–1859, Göttingen 1974, bes. S. 56, 98f., wo er von einem »selbst das wegen seiner Solidität und Integrität mit Recht so viel gerühmte ... preußische Beamtentum« erfassenden »Schwindel« spricht. Die »Exzesse« weckten auch Zweifel an der Effektivität der staatlichen Konzessionierungspolitik als Kontrollmechanismus. Vgl. H. Blumberg, Die Finanzierung der Neugründungen und Erweiterungen von Industriebetrieben in Form der Aktiengesellschaften während der fünfziger Jahre des 19. Jahrhunderts in Deutschland, am Beispiel der preußischen Verhältnisse erläutert, in: H. Mottek u. a. (Hg.), Studien zur Geschichte der industriellen Revolution in Deutschland, Berlin 1960, S. 165ff., bes. S. 174, 176.

Welle kritischer Stimmen zu Börsengeschäften in der deutschen Öffentlichkeit hoch[41]. Nach Ausbruch der Krise im Jahre 1873 und dem Beginn der langen Depression der 1870er Jahre intensivierte sich die Kritik, die sich vor allem auf die Geschäftsmoral in Finanzkreisen richtete. Interessant ist die rückblickende Stellungnahme eines beteiligten Finanzmannes, Gustav Mevissen: In diesen Bankkreisen »herrschte und herrscht mit sehr seltenen Ausnahmen eine ganz besondere, sehr weite Moral. Manche Manipulation, welche in den bürgerlichen Kreisen des Lebens ganz entschieden als dem Gewissen und der guten Sitte widerstreitend, wenn auch vielleicht vom positiven Strafgesetze nicht erreichbar, verdammt wird, gilt in jenen Kreisen als erlaubt, klug und geschickt. Der Widerspruch beider Auffassungen ist in sehr vielen Fällen ganz unversöhnlich. Meiner Erfahrung nach ist nirgends die Moral so lax, das Gewissen so weit in Europa, als in der Haute-Finance. Diese laxe Moral wird wesentlich dadurch unterstützt, daß die bedenklichen, oft bis an den verschleierten Betrug oder an Untreue mindestens streifenden ›geschickten Manipulationen‹ sehr verdeckt und den außerhalb des engen Kreises der Fachmänner stehenden Kreisen kaum oder gar nicht verständlich sind. Die Börsenkreise insbesondere haben dafür eine eigene, nur dem Eingeweihten verständliche Sprache und daneben eine Methode der Ausführung, welche auf Geheimhaltung und geschickte Verdeckung der wirklich in Frage stehenden Verhältnisse sowie der durch untergeordnete Agenten, Makler usw. bewirkten Ausführung der von den leitenden Stellen gegebenen Aufträge beruht. Nur selten gelingt es einem Außenstehenden, die in den Kreisen der Haute-Finance vorherrschende Auffassung, die Mittel und Wege, deren dieselbe zur Erreichung dieser Ziele und zur Täuschung des gutgläubigen Publikums sich bedient, genau kennenzulernen, da dieselben ganz abseits der Grundsätze der Geschäftsführung der großen industriellen Produktion und des regulären Handels liegen.«[42]

Damit ist die Frage der Ausnutzung von »Insider-Wissen« gegenüber Kapitalanlegern angesprochen. Beispiele einer sol-

[41] Vgl. H. Rosenberg, Große Depression und Bismarckzeit, Berlin 1967, bes. S. 70f.; speziell zu Lasker: G. Mork, The Prussian Railway Scandal of 1873. Economics and Politics in the German Empire, in: European Studies Review 1, 1971, S. 35–48.

[42] Zit. in: J. Hansen, Gustav von Mevissen. Ein rheinisches Lebensbild. 1815 bis 1899, Bd. 1, Berlin 1966, S. 781f.

chen schwindlerischen Ausnutzung häuften sich in dieser Zeit und brachten eine breite Diskussion über unternehmerische Moral in Gang[43]. Diese Diskussion kann in besonderer Weise als Ergebnis der Krise und Depression der 1870er Jahre gelten und hat die historische Bedeutung der Großen Depression wesentlich mitbegründet. Die Depression und der ihr vorausgehende »Gründerkrach« lenkten zum Teil deswegen so viel Aufmerksamkeit auf sich, weil der Kreis der negativ Betroffenen recht groß war. Die sich zu dieser Zeit verstärkende Kritik am Wirtschaftsliberalismus fand Unterstützung bei den Verlierern der Krise und Depression: bei den Aktionären der vielen liquidierten Aktienunternehmungen, bei den Spekulanten auf den in ihrem Wert sinkenden Grundstücksmärkten und bei jenen Unternehmern und Geschäftsleuten, die Konkurs anmelden mußten – in den späten 1870er Jahren waren es 10000 pro Jahr.

Noch in der frühindustriellen Zeit hatten Zahlungsunfähigkeit und Konkurs ohne Zweifel als unmoralisch gegolten. Nach Zunkel »wurde ein Schuldner, der nicht zahlen konnte, als ein unfähiger, moralisch minderwertiger Mensch angesehen«[44]. Auffällig war, daß Zahlungsunfähigkeit und Konkurs überproportional junge, neu gegründete Unternehmen betrafen, insbesondere dann, wenn sie in konjunkturellen Hochschwungphasen gegründet worden waren und ihre finanziellen Reserven nicht ausreichten, den nachfolgenden konjunkturellen Abschwung durchzustehen. Die deutsche Textilindustrie der 1850er Jahre kannte eine ganze Anzahl solcher »Schwindelfirmen«, die von den Aufschwungswellen hochgetragen worden waren[45]. Die Überrepräsentation junger Kleinunternehmer bei Konkursen blieb auch für die Zeit der Hochindustrialisierung im Kaiserreich charakteristisch[46]. Allerdings muß offenbleiben, ob in Konkurs gehende Unternehmer andere Vorstellungen über Geschäftsmoral hegten als die Leiter langlebiger Firmen. Interessanterweise kommt Gerhard Hahn in seiner Studie über rheinische Unternehmermißerfolge zwischen 1890 und 1913 zu

[43] Ebd., Bd. 2, S. 598ff.; M. Löwenfeld, Das Recht der Actien-Gesellschaften. Kritik und Reformvorschläge, Berlin 1879.

[44] Zunkel, Unternehmer, S. 67; Th. Nipperdey, Deutsche Geschichte 1800 bis 1866. Bürgerwelt und starker Staat, München 1983, S. 208.

[45] Blumberg, Textilindustrie, S. 235.

[46] Vgl. dazu F. Gehrmann, Konkurse im Industrialisierungsprozeß Deutschlands 1810–1913, Diss. Münster 1973, bes. Kap. 3 u. Anhang, wo einzelne Betriebe berücksichtigt werden; A. Wirminghaus, Art. ›Statistik der Konkurse‹, in: Handwörterbuch der Staatswissenschaften, Jena 1909³, S. 104f.

dem Ergebnis, daß mangelnde kaufmännische Fähigkeiten und eine lückenhafte oder gar fehlende Buchführung eher für den Konkurs verantwortlich waren als unehrliches Verhalten. Darüber hinaus neigten zeitgenössische Unternehmer nicht dazu, die Konkurse anderer Unternehmer negativ-moralisierend zu verurteilen[47]. Allerdings deutet Hahn an, daß »traditionsgebundene« Unternehmer sich stärker als andere Unternehmer bemühten, ihre Gläubiger zu befriedigen, was als Beleg für ihre größere Normgebundenheit betrachtet werden könnte.

Erwähnenswert ist an dieser Stelle die Tatsache, daß die deutsche Konkursgesetzgebung im Laufe des 19. Jahrhunderts die Verbindung zwischen Konkurs und moralischer Verurteilung erheblich abgeschwächt hat. Dabei wurde das Konkursverfahren selber rationalisiert und zeitlich abgekürzt sowie die »Rehabilitation« des »Gemeinschuldners« erleichtert. Einen ersten Fortschritt brachte die Preußische Konkursordnung von 1855, die als Grundlage für die Reichskonkursordnung von 1877 diente. An beiden Gesetzeswerken war die Kaufmannschaft maßgeblich beteiligt und bestrebt, den Führungsanspruch der juristisch geschulten Staatsbürokratie bei den Beratungen zu konterkarieren, was ihr allerdings nur teilweise gelang[48]. Die in den Konkursgesetzen verankerten Rechtsnormen reflektierten demnach eine im Kaiserreich nicht selten anzutreffende Mischung unternehmerischer und bürokratischer Ansichten über einen Bereich unternehmerischen Handelns.

Um die Untersuchung möglicher Kollisionen zwischen Unternehmernormen und denjenigen anderer sozialer Gruppen abzurunden, sei auf die Beziehungen zwischen Händlern und Bankiers einerseits und ländlichen Produzenten andererseits kurz hingewiesen. In der ersten Hälfte des 19. Jahrhunderts umfaßte der Nexus zwischen Kreditgebern und ländlichen Produzenten nicht nur Landwirte und Landwirtschaft, sondern auch die in der ländlichen Industrie (Protoindustrie) beschäftigten Schichten. Illustratives Material für die Vorwürfe des

[47] G. Hahn, Untersuchungen über die Ursachen von Unternehmermißerfolgen (besonders im rheinischen Industriegebiet), Diss. Köln 1956, S. 49ff.

[48] Hierzu Gehrmann, Konkurse, Kap. II, S. 68ff.; Hahn, Untersuchungen, S. 24f., 28ff.; W. Uhlenbruck u.a. (Hg.), Einhundert Jahre Konkursordnung 1877–1977. Festschrift des Arbeitskreises für Insolvenz und Schiedsgerichtswesen e.V. Köln zum einhundertjährigen Bestehen der Konkursordnung vom 1. Februar 1877, Köln 1977; C. Hahn (Hg.), Die gesammten Materialien zur Konkursordnung und dem Einführungsgesetz zu derselben vom 1. Februar 1877, Berlin 1881.

»Wuchers« und die Entstehung kreditbedingter Abhängigkeitsverhältnisse liefert uns die ostwestfälische Leinenindustrie. »Die schuldrechtliche Privilegierung des kaufmännischen Kredits schränkte die freie Verfügung des Spinners und Webers über sein Produkt weitgehend ein. Nach der Leggeordnung für das Amt Ravensberg von 1791 hatte der Gläubiger für das Leinen seines Schuldners das alleinige Kaufrecht: bei Verstößen dagegen drohte eine Geldstrafe von 10 Rt oder eine ›verhältnismäßige Gefängnisstrafe‹. Auch die Pflicht des Webers, selbst auf der Legge zu verkaufen, diente der Sicherung des Kredits.«[49] Ungewiß ist aber, ob hier wirklich eine Kollision von Moralvorstellungen vorlag. Immerhin versuchten die Schuldner, die »harte Praxis gerade des ›kleinen Geldverkehrs‹, hohe Zinsen, ungünstige Kündigungsfristen und Verpfändungen der Erträge zukünftiger Arbeit ... gegen die Gläubiger selbst auszunutzen. Was lag näher, als sich auf indirekte Weise schadlos zu halten? Oder leichtfertig einen Kredit zu nehmen mit dem Hintergedanken, den Gläubiger zu übertölpeln?«[50]

In der zweiten Hälfte des 19. Jahrhunderts entstanden mit Industrialisierung und Urbanisierung Gewinnchancen für bäuerliche Produzenten, deren Ausnutzung jedoch Investitionen und entsprechende Kredite voraussetzte. Dabei scheint es vielerorts zu Friktionen und Konflikten auf den ländlichen Kreditmärkten gekommen zu sein; vor allem seit den 1850er Jahren mehrten sich negative Berichte über landwirtschaftliche Finanzierungspraktiken und Klagen über Wucherzinsen. Bei aller Vorsicht, die man den Quellen einschließlich der Schriften des Vereins für Socialpolitik gegenüber walten lassen muß, scheint doch der häufig geäußerte Vorwurf an örtliche Geldverleiher einen wahren Kern gehabt zu haben. Als »Ersatzbankiers« füllten diese Geldverleiher eine Lücke in der ländlichen Kreditversorgung, und sie nutzten diese Funktion skrupellos aus, indem sie durch Kreditvergabe an Bauern, häufig in der Form des »Anschreibens«, Abhängigkeitsverhältnisse schufen, die sie später zum Hebel einer Umverteilung des Besitzes an Grund und Boden benutzten[51]. Seit den 1860er Jahren allerdings leisteten die Kreditgenossenschaften einen wichtigen Beitrag zur Lösung dieser Kreditnot. Der Zusammenschluß der ländlichen

49 Mooser, Klassengesellschaft, S. 293f.

50 Ebd., S. 305.

51 W. Pieper, Der landwirtschaftliche Ersatzbankier Süddeutschlands, in: Bankhistorisches Archiv 4, 1978, S. 68–70.

Bevölkerung zu solidarischen Haftungsgemeinschaften hob den Kredit der Mitglieder. Man wußte über die wechselseitige Kreditwürdigkeit Bescheid, und die Kreditkosten konnten gesenkt werden. Positive Ergebnisse wurden erstaunlich schnell realisiert. Bereits 1875 konnte eine preußische Prüfungskommission berichten, »daß die noch vor kurzem überaus traurigen Kreditverhältnisse der kleinen Landwirte, aus welchen die ... Vereine größtenteils bestehen, durch dieselben wesentlich verbessert sind«[52]. Die soziale Struktur der Kreditgenossenschaften kennzeichnete die Kommission wie folgt: »In der Regel sind die Wohlhabenden und Gebildeten des Orts an der Spitze der Vereine. Die General-Versammlung, in welcher die armen und bedürftigen Einwohner des Bezirks überwiegen, ist einsichtig genug, um zu erkennen, daß sie zur Aufrechterhaltung des Kredits und der ganzen Ordnung des Vereins die Wohlhabenden bei den Vorstandswahlen an die Spitze des Vereins ... wählen muß ... Bürgermeister, Pfarrer, Steuereinnehmer und die wohlhabenden Bauern, die zugleich Mitglieder der Schöffengerichte, Ortsvorsteher sind, dirigieren mit Zuhülfenahme der Schullehrer die Vereine und ihre Kreditgewährung. Die intelligenteren und wohlhabenderen Elemente der Bevölkerung kommen daher, wie auf dem Lande so oft, in der Regel zur Geltung, obwohl die entscheidende Gewalt bei der General-Versammlung aller Mitglieder ist und meistens jeder ohne irgend eine Gegenleistung Vereinsmitglied werden kann. Denn nur sehr wenige Vereine erheben ein Eintrittsgeld; die meisten nehmen, ohne ein solches zu fordern, jeden sich Meldenden auf und prüfen seine Kreditwürdigkeit erst, wenn er ein Darlehen begehrt. Aber trotz dieser an sich gewiß nicht unbedenklichen Zusammensetzung der General-Versammlung haben wir nur an einem Orte eine Klage gehört, daß dieselbe nicht den vom Bürgermeister vorgeschlagenen tüchtigsten Rechner gewählt habe, sondern einen anderen, der beim Eintreiben der Außenstände säumiger und daher populärer sei.«[53]

In der Zusammensetzung und Funktion dieser Genossenschaften scheinen bürgerliche und bäuerliche Elemente eine charakteristische Verbindung eingegangen zu sein. Bürgerlich waren die Aufstellung fester Regeln für das Geschäftsgebaren

[52] Bericht der Enquête-Kommission über die Raiffeisen'schen Darlehnskassen-Vereine, im Auftrag des Ministeriums für die landwirtschaftlichen Angelegenheiten Preußens (1875) (Staatsarchiv Münster).

[53] Ebd.

der Genossenschaften, das Ausschalten des Wuchers und die dadurch bewirkte Beeinflussung des Verhaltens bäuerlicher Schuldner in Richtung auf eine rationellere Wirtschaftsführung. Eher bäuerlich als bürgerlich war dagegen das Prinzip der Kooperation und Solidarität, möglicherweise auch die mit dem Genossenschaftssystem wachsenden Chancen einer sozialen Kontrolle im Dorf[54].

3. Unternehmerverhalten und kollektive Normen
Ein Vergleich mit Großbritannien am Beispiel des Kapitalmarktes 1870–1914

Obwohl eine Periodisierung des Unternehmerverhaltens und seiner Normen sicherlich ein schwieriges Unterfangen darstellt, kann sie als ein wichtiger Zugriff auf das Gesamtthema nicht ganz unterbleiben. Zunächst sei deshalb noch einmal auf die Konjunkturgeschichte verwiesen, vor allem auf die besondere konjunkturgeschichtliche Bedeutung der 1870er Jahre. Vor Jahrzehnten hat Hans Rosenberg die sozialen und politischen Konsequenzen dieser Wende unter dem Titel ›Große Depression‹ thematisiert, und Hans-Ulrich Wehler wies jüngst erneut auf den Zusammenhang zwischen Depression und »allgemeine[r] Entliberalisierung des öffentlichen und politischen Lebens« hin[55].

Während der Großen Depression, der Wehler den Stellenwert einer »Zäsur« der »deutschen Bürgertumsgeschichte« zuerkannte, kam es auch zu Veränderungen in den Normen unternehmerischen Verhaltens, die zu neuen Rechtsnormen führten. Von besonderer Bedeutung waren hier die Reichsbankgründung (1875), die Reichskonkursordnung (1877), die Aktienrechtsreform (1884) sowie die Einführung der Börsensteuer (1881, 1885) und das Börsengesetz (1895). Diese Neuerungen sind für unser Thema deshalb von Interesse, weil sie Eingriffe markierten, bei denen kollektive Normen zur Einschränkung des Handlungsspielraums einzelner Wirtschaftssubjekte bzw. Unternehmer rechtskräftig wurden.

Die Durchsetzung solcher kollektiver Normen im Unterneh-

[54] Vgl. hierzu auch H. Faust, Geschichte der Genossenschaftsbewegung, Frankfurt 1977[3], bes. S. 273, 280ff.

[55] Rosenberg, Große Depression; H.-U. Wehler, Wie bürgerlich war das Deutsche Kaiserreich? in: Kocka, Bürger, S. 243–280, hier S. 271.

merbereich stellte nun m.E. eine Besonderheit der deutschen Wirtschaftsgeschichte des 19. Jahrhunderts dar, was im folgenden anhand der Geschichte des Kapitalmarktes in Deutschland und Großbritannien zu belegen sein wird. Dabei wird erneut der altbekannte Zusammenhang zwischen Banken und Industrieunternehmen berührt, vor allem die These, daß die deutschen Großbanken wesentlich engere Beziehungen zur Industrie pflegten und mehr zur Finanzierung risikoreicher Investitionen beitrugen als die britischen Banken. Im Rahmen dieses Beitrags und unter Verweis auf die noch immer wachsende Literatur kann jedoch nur auf wenige relevante Punkte hingewiesen werden.

Von besonderer Bedeutung für die hier verfolgte Fragestellung ist der rechtliche Kontext und insbesondere die Regelung des Aktienrechtes. Eine Zielscheibe der deutschen Diskussion in den 1870er Jahren war die angesichts der Depression als zu liberal und lax empfundene Aktiennovelle von 1870. Schon 1873 wurden Reformvorschläge veröffentlicht, und eine Denkschrift der preußischen Regierung leitete 1876 die eigentlichen Reformberatungen ein[56]. Aus der Sicht des preußischen Handelsministeriums ließen sich die Hauptmißstände im Aktienwesen darauf zurückführen, daß »die Gründer die Gründung einer Aktiengesellschaft nur als ein Mittel zur Realisierung des Gewinnes betrachtet und das Unternehmen, sobald dieser Zweck erreicht gewesen sei, preisgegeben hätten«[57]. Die Einzelheiten der bis 1884 andauernden Verhandlungen können hier nicht nachvollzogen werden[58]. Wichtig ist das Ergebnis, das u.a. folgende Punkte umfaßte:

[56] Hierzu die nützliche Dokumentation von W. Schubert u. P. Hommelhoff (Hg.), Hundert Jahre modernes Aktienrecht. Eine Sammlung von Texten und Quellen zur Aktienrechtsreform 1884, Berlin 1985. Die mit dieser Denkschrift zusammenhängenden Korrespondenz- und Datensammlungen (und Stellungnahmen verschiedener Handelskammern) sind im Deutschen Zentralarchiv Merseburg, Rep. 120, II a, A XII 5, archiviert. Sie wurden z.T. ausgewertet von E. Engel, Die erwerbsfähigen juristischen Personen insbes. die Aktiengesellschaften im preußischen Staat, Berlin 1876.

[57] Schubert/Hommelhoff, Aktienrecht, S. 9. Ähnlich R. von der Borght, Die Bewährung der Actiengesellschaften in Deutschland auf den verschiedenen Gebieten ihrer Tätigkeit, Halle 1883, bes. S. 11, 16.

[58] Außer Schubert/Hommelhoff, Aktienrecht, vgl. N. Horn, Aktienrechtliche Unternehmensorganisation in der Hochindustrialisierung (1860–1920). Deutschland, England, Frankreich und die USA im Vergleich, in: ders. u. J. Kocka (Hg.), Recht und Entwicklung der Großunternehmen im 19. und frühen 20. Jahrhundert, Göttingen 1979, S. 123ff.

1. Schutz der Aktionäre durch Offenlegung aller die Gründung berührenden Verträge;
2. Schutz der Aktionäre durch Vollzeichnung der Aktien und Einzahlung von mindestens 25 Prozent des Aktienkapitals vor Beginn der unternehmerischen Aktivität;
3. Schutz der Aktionäre durch Stärkung der Generalversammlung und durch Einrichtung eines Aufsichtsrats und Präzisierung seiner Aufgaben;
4. Schutz vor ›unseriösen Gründungen‹ durch Festsetzung des Mindestbetrags einer Aktie auf 1000 Mark und durch Verbot des Handels mit Aktien vor der Einzahlung;
5. Sicherung des Fortbestandes und Schutz der Gläubiger der Unternehmer durch verschiedene Vorschriften.

Manche Punkte, die in der Aktienrechtsreform von 1884 offengeblieben waren, wurden im Rahmen der Börsengesetzgebung von 1895 behandelt. So wurde beispielsweise ein Prospektzwang eingeführt, der vorschrieb, daß vor der Zulassung einer Aktie zum Börsenhandel Informationen über das emittierende Unternehmen veröffentlicht werden mußten.

Die Verhandlungen zwischen Vertretern des Wirtschaftsbürgertums und Vertretern der Bürokratie, die inzwischen eine Politik staatlicher Milderung des Wirtschaftsliberalismus verfocht, führten somit zu einem strafferen Aktienrecht, das Gründungen und Gründeraktivitäten erschwerte. Im Interesse eines stabileren und sozialpolitisch weniger angreifbaren Aktienwesens zeigten sich dabei auch die Repräsentanten der Wirtschaft bereit, den Handlungsspielraum einzelner Unternehmer einzuschränken[59].

In Großbritannien galten in dieser Zeit – 1870 bis 1914 – zunächst die liberalen Gesetze, die zwischen 1856 und 1862 erlassen worden waren, und von denen das letztere eine umfassende Kodifizierung bisheriger Gesetze darstellte, vergleichbar dem Preußischen Gesetz von 1870. Doch gab es trotz wiederholter öffentlicher Diskussionen wenig Ansätze zur Straffung

[59] Vgl. auch N. Reich, Auswirkungen der deutschen Aktienrechtsreform von 1884 auf die Konzentration der deutschen Wirtschaft, in: Horn/Kocka, Recht und Entwicklung, S. 255ff. Anders urteilt B. Grossfeld, Die rechtspolitische Beurteilung der Aktiengesellschaften im 19. Jahrhundert, in: H. Coing u. W. Wilhelm (Hg.), Wissenschaft und Kodifikation des Privatrechts im 19. Jahrhundert, Bd. 4, Frankfurt 1979, S. 249. Ferner T. Raiser, Sozialer Wandel durch Recht, dargestellt am Beispiel der AG, in: M. Rehbinder u. H. Schelsky (Hg.), Zur Effektivität des Rechts, Düsseldorf 1972, S. 414ff.

des Aktienrechts. Erst im Jahre 1900 schrieb der ›Companies Act‹ die Offenlegung von Gründungsvorgängen und -verträgen vor. Bald schon wurde dieses Gesetz als zu restriktiv empfunden und 1907 bzw. 1908 gelockert, wodurch sich das Gefälle zur deutschen Gesetzgebung wieder erweiterte[60].

Ein weiterer Mangel des britischen Systems im Vergleich zum deutschen lag in der Organisation der Börse, im Maklerwesen. Die Mitglieder des Londoner *Stock Exchange* waren fast ausschließlich auf Börsengeschäfte spezialisiert und besaßen im Gegensatz zu ihren deutschen Kollegen, die als Bankiers Börsengeschäfte mit normalen Banktransaktionen aller Art verbanden, kein großes Interesse an dem nicht-börsenmäßigen Erfolg ihrer Klienten[61].

Anders in Deutschland: Dank der Börsensteuererhöhungen 1881 und 1885 und dem Verbot von Termingeschäften seit 1895 wurde die Position der deutschen Großbanken relativ zu Privatbankiers und kleineren Banken gestärkt, zumindest was die Finanzierung industrieller Großunternehmen und die Abwicklung von Börsengeschäften betraf[62]. Die Schlüsselrolle der Großbanken als Börsenvermittler, gestützt durch die Institution des Depotstimmrechts, brachte ihnen Aufsichtsratsposten in den von ihnen finanzierten Unternehmen ein[63]. Diese engen Beziehungen trugen dazu bei, daß Banken und ihre Industriekunden gemeinsame Interessen verfolgten: Das Börsengeschäft war demnach keine Einzelgewinnchance, sondern Teil einer langfristigen Zusammenarbeit. Das Ergebnis dieser Zusammen-

[60] Hierzu v.a. P. Cottrell, Industrial Finance, 1830–1914. The Finance and Organization of English Manufacturing Industry, London 1980, Kap. 3, bes. S. 54ff. Das deutsche Aktiengesetz von 1884 soll in der Beratung 1899/1900 gewissermaßen als »Modell« gedient haben. Interessanterweise soll der angesehene und erfolgreiche *promoter,* Edwin Chadwick, mehrfach in die öffentliche Diskussion zugunsten einer strafferen Regelung der Aktiengesellschaften eingegriffen haben. Vgl. hierzu Cottrell, Industrial Finance, S. 59–64. Dies entspricht der Logik der *Market-for-lemons*-Analyse (Anm. 6). Vgl. schließlich auch F. Lavington, The English Capital Market, London 1921, bes. S. 214–18.

[61] Lavington, Capital Market, S. 183ff., 213ff.; E.V. Morgan u. W.A. Thomas, The Stock Exchange. Its History and Functions, London 1962; R.C. Michie, Options, Concessions, Syndicates and the Provision of Venture Capital, 1880–1913, in: Business History 23, 1981, S. 147–64; dies., The London and New York Stock Exchanges, 1850–1914, in: Journal of Economic History 46, 1986, S. 171–87.

[62] J. Riesser, Die deutschen Großbanken und ihre Konzentration, Berlin 1910, S. 464ff.; M. Pohl, Konzentration im deutschen Bankwesen 1848–1980, Frankfurt 1982.

[63] Vgl. hierzu außer Riesser auch Reich, Auswirkungen.

arbeit war in Deutschland ein System der Industriefinanzierung, in dem Banken risikoreiche Investitionen und organisatorische Umbildungen (Fusionen) vor allem von Großunternehmen unterstützten. In diesem System spielten Industrieaktien mit relativ hohen Renditen, aber auch relativ hohem Risiko eine große Rolle. Weil Banken selber dabei eine Politik der Diversifikation verfolgten, konnten sie ihren anlagebereiten Kunden diversifizierte Pakete anbieten, in denen auch relativ risikoreiche Investitionen weniger riskant erschienen und daher finanzierbar waren[64].

In Großbritannien war die Situation anders: Die Bedeutung einheimischer Industrieaktien auf dem Londoner Kapitalmarkt nahm tendenziell nicht, wie in Deutschland, zu; festverzinsliche Verpflichtungen britischer Aktienunternehmen waren relativ größer als bei deutschen Industrieaktiengesellschaften, was bedeutete, daß die britischen Unternehmen einen größeren Teil des Geschäftsrisikos selber tragen mußten. Auf dem Londoner Aktienmarkt waren risikoreiche Industriesektoren schwächer vertreten als in Berlin[65]. Das Versagen des britischen Kapitalmarkts läßt sich klassisch an der Geschichte der elektrotechnischen Industrie illustrieren. Gründungen der 1880er Jahre, die auf schnelle Spekulationsgewinne ausgerichtet waren, mangelte es an einer soliden organisatorischen Basis; sie brachen schnell wieder zusammen, worauf sich die verprellten Aktionäre *(outsiders)* und der britische Kapitalmarkt insgesamt von dieser Branche abwandten. In die entstehende Lücke drangen ausländische Unternehmen ein[66]. In dieser Entwicklung spiegelten sich die institutionellen Eigenschaften des britischen Kapitalmarktes: *Insider promoters* oder »Gründer« und die mit ihnen zusammenarbeitenden Börsenmakler besaßen einen erheblichen Informationsvorteil gegenüber den potentiellen Aktienkäufern.

[64] W.P. Kennedy u. R. Britton, Portfolioverhalten und wirtschaftliche Entwicklung im späten 19. Jahrhundert. Ein Vergleich zwischen Großbritannien und Deutschland, in: R. Tilly (Hg.), Beiträge zur quantitativen vergleichenden Unternehmensgeschichte, Stuttgart 1985, S. 45–93; Tilly, German Banking.

[65] Tilly, German Banking, bes. S. 128ff.; J.B. Jefferys, Business Organisation in Great Britain 1856–1914, New York 1977, Appendix E.

[66] W. Kennedy, Institutional Response to Economic Growth. Capital Markets in Britain to 1914, in: L. Hannah (Hg.), Management Strategy and Business Development, London 1976, S. 169ff.; I.C.R. Byatt, The British Electrical Industry, 1875–1914, Oxford 1979; H.A. Shannon, The Limited Companies of 1866–1883, in: E.M. Carus-Wilson (Hg.), Essays in Economic History, London 1954, S. 385.

Diese promoters hatten selten die Absicht, langfristige Geschäftsbeziehungen mit den von ihnen gegründeten Unternehmen zu entwickeln. Sie sahen in den Gründungen einen *killing*, eine Kuh »to be milked to the limit«; da man die Zukunft nicht kannte, konnte man auch nicht mit dem rechnen, was sie bringen mochte: »Promoters, the stock exchange, and investors were prepared to support ›mania‹ waves of flotations in good times, but when the booms were over the firms created, many of them weak ones, were on their own – as were the investors.«[67] Unter diese Projekte mischten sich viele betrügerische Unternehmungen, unterstützt durch eine relativ korrupte Finanzpresse[68]. Es gab keine Institutionen, die eines »discriminating, long-run view of enterprise development potential« fähig waren, weshalb auch »less-promising projects« nicht vom Markt ferngehalten werden konnten. Der Preis für diese Konzentration auf kurzfristige Börsengewinnchancen und für den Mangel an Banken, die sowohl über normale, laufende Kreditbeziehungen zur Industrie verfügten als auch an Börsengeschäften aktiv teilnahmen, war die fehlende Entwicklung eines »permanent market for industrial securities calling for more than a minimum of risk bearing«[69]. Sie bietet ein historisches Beispiel für das Schicksal eines *market for lemons*, der keine Korrekturen vornimmt und deshalb schrumpft.

Die Erklärung für diese Entwicklung läßt sich aus dem bereits Gesagten schnell ableiten. Während in Deutschland die von Unternehmern selber geforderten und durchgesetzten Institutionen und Rechtsnormen den Ermessens- und Handlungsspielraum einzelner Unternehmer in Geld- und Kapitalmarktsachen zum Teil erheblich einschränkten, blieb in Großbritannien die individualistische Laissez-faire-Ideologie der Unter-

[67] Cottrell, Industrial Finance, S. 187, 189; Kennedy, Institutional Response; Lavington, Capital Market, S. 217f.

[68] A.E. Harrison, Joint-Stock Company Flotations, 1882–1914, in: Business History 23, 1981, S. 176f.; D. Porter, A Trusted Guide to the Investing Public. Harry Marks and the Financial News 1884–1916, in: Business History 28, 1986, S. 1–17; J. Armstrong, Hooley and the Bovril Company, ebd., S. 18–34. Ernst Terah Hooley war ein prototypischer berüchtigter *promoter* dieser Zeit, der viel Erfolg hatte.

[69] Kennedy, Institutional Response; ders., Economic Growth and Structural Change in the United Kingdom, 1870–1914, in: Journal of Economic History 44, 1982, S. 105–114; R. Tilly, Financing Industrial Enterprise in Great Britain and Germany in the Nineteenth Century, in: H.-J. Wagener u. J.W. Drukker (Hg.), The Economic Law of Motion of Modern Society, Cambridge 1986, S. 123ff.

nehmer bestehen. Das Vertrauen dieser Unternehmer sowie das Vertrauen der parlamentarischen Vertreter öffentlicher Interessen auf die Kraft des Einzelunternehmers und der Konkurrenz blieb zumindest bis zur Jahrhundertwende zu stark, um Veränderungen herbeizuführen[70].

Das Festhalten britischer Unternehmer an individualistischen Normen beschränkte sich nicht auf den Kapitalmarkt, sondern war eine allgemeine Erscheinung. Diese Einstellung wurde jüngsthin von Ulrich Wengenroth als Ursache fehlender Interessenorganisationen in der Stahlindustrie zwischen 1870 und 1914 identifiziert: »Der Unwille, unternehmerische Autonomie zugunsten der kollektiven Durchsetzung von Marktmacht im Rahmen nationaler Kartelle aufzugeben, stellt die eigentliche Besonderheit der britischen Stahlindustrie im Untersuchungszeitraum dar.« Der naheliegende Vergleich zur Entwicklung der deutschen Industrie führt Wengenroth zu dem Schluß, daß Unternehmer in Großbritannien ihr Autonomiebedürfnis aufgrund einer relativ befriedigenden Marktposition zumindest bis zur Jahrhundertwende rechtfertigen konnten, während in Deutschland die wesentlich bedrohlichere Situation der Schwerindustrie schon in den 1870er und 1880er Jahren kooperatives kollektives Handeln erforderte und sich auch die Banken dafür einsetzten[71]. Die unterschiedliche Einstellung zu kollektiven Normen wird hier, Gerschenkrons »Rückständigkeitssyndrom« entsprechend, als Merkmal unterschiedlicher Entwicklungspfade während der Industrialisierung gedeutet[72].

Der Vergleich zwischen deutschem und britischem Kapital-

[70] Cottrell, Industrial Finance; eine ähnliche Zurückhaltung – besonders im Vergleich zu Deutschland – gegenüber staatlichen Eingriffen läßt sich bei der Regelung der Konkurse und Liquidationen (von Aktiengesellschaften) feststellen. Vgl. auch die sehr kritischen Kommentare zur britischen Konkursgesetzgebung im ›London Economist‹ in den 1880er und 1890er Jahren (z.B. 15. 9. 1888, 15. 2. 1890).

[71] U. Wengenroth, Unternehmensstrategien und technischer Fortschritt. Die deutsche und die britische Stahlindustrie 1865–1895, Göttingen 1986, bes. Kap. VI.

[72] Was Wengenroth für die britische Stahlindustrie feststellte, läßt sich vermutlich verallgemeinern, wenn man neuere Beiträge über Industrieunternehmer und ihre Verbände hinzuzieht: R.P.T. Davenport-Hines, Trade Associations and the Modernization Crisis of British Industry 1910–35; J. Turner, Servants of Two Masters. British Trade Associations in the First Half of the 19th Century, unveröffentl. Referate, Tokio Business History Conference, Jan. 1987; J. Zeitlin, From Labour History to the History of Industrial Relations, in: Economic HistoryReview 40, 1987, S. 159–84.

markt stellt auf zwei Ebenen eine Verbindung zu Unternehmermoral und -verhalten her. Erstens dürfte die Bereitschaft von Unternehmern, kollektive und kooperative Regelungen geschäftlicher Fragen zu akzeptieren oder gar zu fördern, für sich genommen eine sozial- und wirtschaftshistorisch höchst relevante Dimension ihres Verhaltens sein, nicht zuletzt deshalb, weil eine solche Bereitschaft auf einen Widerspruch zwischen dem bürgerlichen Wert »Selbständigkeit« in der Gestaltung ökonomischer Beziehungen und dem wachsenden ökonomischen Nutzen kollektiver Organisationen hinweist. Zweitens kann man aus der Vermutung, daß die etablierten Unternehmer bei den zur Kodifikation von Rechtsnormen führenden Verhandlungen und Bewegungen eine dominierende Rolle spielten, die These ableiten, daß kurzfristiges, den individuellen Nutzen maximierendes Verhalten als Kennzeichen neuer, noch nicht etablierter oder erfolgreicher Unternehmer in Deutschland schärfer kontrolliert und effektiver unterdrückt wurde als unter dem weniger von institutionalisierten kooperativen Normen geprägten britischen System.

Schlußwort

Zur »Unternehmermoral« gehört die Wertschätzung von Leistung, Selbständigkeit und freier Konkurrenz; sie ist ohne Zweifel zum Kern bürgerlicher Tugenden zu zählen und damit zu dem, was mit »Bürgerlichkeit« gemeint ist. Diese Wertschätzung impliziert Ehrlichkeit in geschäftlichen Transaktionen, da sich sonst unternehmerischer Erfolg nicht legitimieren ließe. Sie ist Teil der Merkmale, die kapitalistische Unternehmer als soziale Gruppe auch in Deutschland definieren. Aber sie ist mehr als das: Ehrlichkeit im Sinne des Festhaltens an allgemein vereinbarten Spielregeln ökonomischen Handelns scheint eine Grundvoraussetzung für die Entwicklung von Marktwirtschaften überhaupt zu sein, ein Faktor, der die Industrialisierung in bürgerlichen Ländern wie Deutschland miterklärt.

Doch bleiben wichtige Fragen offen. Zum einen stellt sich die Frage nach der differenzierten Wirkung der Spielregeln und der auf diese bezogenen Unternehmermoral. Innerhalb der »bürgerlichen Gesellschaften« des 19. Jahrhunderts entstehen und erhalten sich bedeutende soziale Unterschiede hinsichtlich der Verteilung von Einkommen und Lebenschancen. Man fragt sich, ob die Spielregeln ökonomischen Handelns nicht als verschleierte Instrumente zur Stützung einer Situation sozialer Ungleichheit zu verstehen sind, als Instrumente, die letztlich mittels staatlicher Gewalt durchgesetzt und aufrechterhalten werden. So gesehen könnten Spielregeln, Normen und auch die Unternehmermoral als Mittel zur Rechtfertigung einer ungleichen Verteilung von Lebenschancen verstanden werden: Nominale Chancengleichheit kann reale Chancenungleichheit zwischen und auch innerhalb sozialer Gruppen sichern helfen. Ist die Unternehmermoral unter diesen Umständen Heuchelei, das »vernünftige ökonomische Fundament« bürgerlicher Gesellschaften Ideologie? An dieser Stelle ist ein abschließendes Urteil kaum angebracht, doch soll zumindest angedeutet werden, daß, falls beide Fragen zu bejahen sind, hier ein Widerspruch in der »bürgerlichen Gesellschaft« selber liegt[73].

Zum anderen muß man den offensichtlichen Wandel in den Spielregeln ökonomischen Handelns während der Industrialisierung berücksichtigen und nach den Ursachen dieses Handelns fragen. Die wirtschaftliche Entwicklung der politisch in Nationen verfaßten bürgerlichen Gesellschaften verlief nicht gleichzeitig, sondern zeitverschoben, mit unterschiedlichen Strukturen und unterschiedlichem Erfolg. Mit der zweiten Industriellen Revolution nach 1870, hervorgerufen durch Großunternehmen und Staatsinterventionismus, wurden neue Spielregeln und Normen entwickelt, deren »Bürgerlichkeit« zumindest fraglich ist. In dem hier versuchten Vergleich zwischen Großbritannien und Deutschland wurde auf die anscheinend größere Bereitschaft und Fähigkeit in Deutschland hingewiesen, die Autonomie einzelner Unternehmer zugunsten kollektiver Regelungen durch Verrechtlichung neuer Spielregeln einzuschränken. Man kann vermuten, daß dies mit der stärkeren bürokratischen Tradition in Deutschland zu tun hat. Es bleibt aber eine offene Frage, ob deutsche Unternehmer damit weniger bürgerlich waren als die britischen, oder ob »Bürgerlichkeit« in Deutschland ein größeres Maß an kollektiven Regelungen und Kooperation bei unternehmerischen Angelegenheiten implizierte als in Großbritannien.

[73] Vgl. hierzu D. Rüschemeyer, Bourgeoisie, Staat und Bildungsbürgertum. Idealtypische Modelle für die vergleichende Erforschung von Bürgertum und Bürgerlichkeit, in: Kocka, Bürger, S. 101–120.

Patrick Fridenson

Herrschaft im Wirtschaftsunternehmen Deutschland und Frankreich 1880–1914*

Das Entstehen moderner Großunternehmen in Frankreich und Deutschland in der Zeit von 1880 bis 1914 führte nach und nach in beiden Ländern zu einem neuen betrieblichen Herrschaftsstil. Unter Herrschaft soll hier nicht allein die bipolare Beziehung zwischen Unternehmern auf der einen Seite, Arbeitern und Angestellten auf der anderen Seite verstanden werden, sondern die gesamte Befehlsstruktur eines Unternehmens, die den Zusammenhalt, die Bündnisse oder Konflikte zwischen den verschiedenen Gruppen innerhalb des Betriebes einschließt. Herrschaft spielte sich nicht nur vertikal in den Beziehungen zwischen Unternehmensspitze und Basis ab, sondern machte sich ebensosehr horizontal, auf der gleichen Arbeits- und Hierarchieebene, bemerkbar. Wie Max Weber als einer der ersten feststellte, schuf diese Form der Herrschaftsausübung eine unternehmensspezifische Ordnung mit eigenen Regeln, Normen und Verfahrensweisen[1]. Sie trug überdies dazu bei, die Wahrnehmung und Selbstdarstellung des Wirtschaftsbürgertums, ja des Bürgertums insgesamt, in beiden Ländern zu verändern, wie sich im Roman, im Recht oder in der Architektur nachweisen läßt.

Es handelt sich hier allerdings um einen noch kaum bekannten Zusammenhang, der bislang lediglich in einzelnen Unternehmensmonographien, Stadt- und Regionalgeschichten thematisiert wurde. Die wenigen übergreifenden Darstellungen zum französischen und deutschen Bürgertum im 19. Jahrhundert vernachlässigen fast gänzlich die komplexen Beziehungen zwischen der bürgerlichen Unternehmensleitung und dem übrigen Personal, gerade so, als ob Großunternehmen absolute Monarchien gewesen seien[2]. Tatsächlich spricht aber wenig für eine solche Annahme. Ich möchte nun in einem ersten Schritt versuchen, einen Idealtypus bürgerlicher Herrschaft im Großunternehmen zu skizzieren und seine tatsächliche Ausprägung

* Aus dem Französischen übersetzt von Michael Jeismann.

[1] M. Weber, Wirtschaft und Gesellschaft, Tübingen 1972[2], Bd. I. 2, Kap. 10.

[2] Vgl. A. Daumard, Les bourgeois et la bourgeoisie en France depuis 1815, Paris 1987, S. 189–193.

in Frankreich und Deutschland zu vergleichen[3]. Die Frage lautet: Wer war tatsächlich bürgerlicher, der französische Unternehmer der Dritten Republik oder der deutsche Unternehmer des Kaiserreichs? In einem zweiten Schritt beschäftige ich mich mit einem Grundmuster bürgerlicher Herrschaft in beiden Ländern: den Arbeitsordnungen, die sich in der Zeitspanne zwischen 1880 und 1914 ausweiteten und vervielfältigten. Es soll dabei zum einen um die hierarchischen Begründungs- und Verhaltensmodelle innerhalb der Unternehmen gehen; darüber hinaus werden die Kompromisse zwischen den strategischen Kalküls der einen und den zurückgewiesenen Forderungen der anderen Seite untersucht. Schließlich vergleiche ich den Paternalismus in der Automobilindustrie beider Länder, einem neuen und für die zweite Industrialisierungsphase typischen Sektor, der sich in dieser Zeit zu entwickeln begann. Auf diese Weise ist es vielleicht möglich, in die allgemeine Debatte über verschiedene Formen von Bürgerlichkeit eine Unternehmensdarstellung einzubringen, die sich nicht auf wirtschaftliche Strategien, Strukturen und Konflikte zwischen den Unternehmern und einem Teil ihrer Beschäftigten beschränkt, sondern das Unternehmen als eine Gesellschaft im kleinen untersucht.

1. Wie bürgerlich war die Unternehmerschaft in Deutschland und Frankreich?

Nicht-bürgerliche Modelle

Ein erster Zugriff auf die Frage nach der Bürgerlichkeit der Unternehmerschaft besteht darin, den Anteil vor- oder nichtbürgerlicher Elemente in paternalistischen Herrschaftsformen zu bestimmen. Das Wirtschaftsbürgertum vermischte Neues mit Altem. Als vorbürgerliche Bestandteile kann man einmal die Position des Adels in der Unternehmensführung, zum zweiten den Einfluß der Religion unterscheiden.

Anteil und Gewicht des Adels in den Führungspositionen deutscher Unternehmen waren stärker ausgeprägt als in Frankreich; das hat seine Gründe in dem allgemein stärkeren Engagement des Adels in der Schwerindustrie und deren Vorrangstel-

[3] Um einheitliche Vergleichsebenen zugrunde zu legen, wird nur das Gebiet der Bundesrepublik Deutschland und des Elsaß berücksichtigt.

lung in der deutschen Wirtschaft sowie in der Kooperation zwischen Adel und Wirtschaftsbürgertum innerhalb dieses Industriezweiges[4].

Die Bedeutung der Religion in diesem Zusammenhang ist schwieriger abzuschätzen. In einigen Fällen wurde sie als Bindemittel innerhalb des Unternehmens eingesetzt. Peugeot etwa rekrutierte in der Region von Montbéliard ausschließlich protestantische Arbeiter, häufig von den Pastoren selbst empfohlen; die französischen Steinkohlegesellschaften importierten mit ihren ersten polnischen Minenarbeitern katholische Pfarrer. In Deutschland konnten christliche Gewerkschaften viele Anhänger gewinnen, wenngleich sie gegenüber den »roten« Gewerkschaften eine Minderheit bildeten; in Frankreich dagegen blieb der Einfluß der christlichen Gewerkschaften auf die Schicht der katholischen Angestellten beschränkt[5]. Unter bestimmten Bedingungen erleichterte Religion die Akzeptanz von Herrschaft. Allerdings verringerte sich in der hier behandelten Zeitspanne die Religiosität der französischen und deutschen Arbeiterschaft. Es ist deshalb selbst für protestantische Gegenden ungewiß, ob die Religion noch ein spezifisches Arbeitsethos vermittelte, und auch dem Sozialkatholizismus gelang es trotz intensiver Anstrengungen lange vor der päpstlichen Enzyklika ›Rerum novarum‹ von 1891 nicht wirklich, bei den Arbeitern Fuß zu fassen. Was die Bedeutung der Religion auf seiten der Unternehmer anbetraf, ist daran zu erinnern, daß in Frankreich der Protestantismus, anders als in Deutschland, eine Minderheitenreligion darstellte; ob ein protestantisch geführtes Unternehmen größeren Einfluß und größere Macht gegenüber den Beschäftigten besaß, ist daher durchaus fraglich. Eine Studie über Textilunternehmen in Nordfrankreich, die teils katholisch, teils protestantisch geprägt waren, ergab in dieser Hinsicht keine markanten Unterschiede. Eine Arbeit über die elsässischen (also deutschen) Unternehmen hingegen führt die Kontinuität in der Geschäftsführung, den Zusammenhalt unter den Unternehmern sowie die Wertschätzung schulischer Bildung auf den hauptsächlich kalvinistisch geprägten Protestantismus

[4] J.-M. Flonneau, Etat et grande bourgeoisie industrielle en Prusse des années 1840 aux années 1860, in: Le Mouvement Social 26, 1986, S. 59–61.

[5] Y. Cohen, E. Mattern, Les automobiles Peugeot et le pays de Montbéliard avant et pendant la guerre de 1914–1918, Diss. Universität Besançon 1981; P. Pierrard, L'église et les ouvriers en France, Paris 1984.

der Unternehmer zurück[6]. Eine Minderheit der Unternehmer scheint zudem stark vom Sozialkatholizismus beeinflußt worden zu sein. Von bedeutenden Ingenieuren wie Emile Cheysson in Frankreich propagiert, lautete seine Quintessenz, daß der Unternehmer allein mit Hilfe der Religion die wichtigsten Arbeitsprobleme auf friedliche und humane Art und Weise lösen könne, ohne daß es hierzu der Gewerkschaften oder der Staatsintervention bedürfe[7].

Die Führungen der großen Unternehmen machten indessen auch Anleihen bei einer anderen nicht-bürgerlichen Institution: der Armee. In dem hier behandelten Zeitraum richteten die Eisenbahngesellschaften, die Kohlebergwerke sowie die großen Warenhäuser ihr Befehls- und Disziplinierungssystem ebenso wie den internen Beförderungsweg für ihr Stammpersonal nach militärischen Vorbildern aus. Militärs wurden auch für Funktionen innerhalb der Produktions- oder Personalverwaltung angeworben. Werner Siemens etwa war in hohem Maße durch seine Ausbildung in einer Artillerieschule geprägt. Deutsche Unternehmenstheoretiker empfahlen die Armee als ein zwar komplexes, aber effektives Organisationsmodell. In Frankreich plädierte Henri Fayol, der zunächst als Ingenieur arbeitete und später Unternehmer wurde, ab 1888 für eine Umstrukturierung der großen zentralisierten Unternehmen, wonach die verschiedenen Wirtschaftsfunktionen von der Unternehmensleitung getrennt und Spezialstäben übertragen werden sollten; auch Fayol wollte militärische Verfahren in die Unternehmen einführen[8]. Auf deutscher Seite legte Heinrich Mann in seiner »Kaiserreich-Trilogie« – nicht nur in ›Der Untertan‹, sondern auch in den folgenden Bänden ›Die Armen‹ und ›Der Kopf‹ – paternalistische, dem Militär nachempfundene Herrschaftsmodelle dar: Der Leutnant wurde zum Über-Ich des Unternehmers[9].

6 D. Landes, Religion and Enterprise. The Case of the French Textile Industry, in: E. C. Carter u. a. (Hg.), Enterprises and Entrepreneurs in Nineteenth and Twentieth Century France, Baltimore 1976; M. Hau, L'industrialisation de l'Alsace (1803–1939), Straßburg 1987, S. 395–430.

7 Zu E. Cheysson vgl. das Sonderheft der Zeitschrift Milieux 8, 1987, Nr. 27.

8 J. Kocka, Industrielles Management. Konzeptionen und Modelle in Deutschland vor 1914, in: Vierteljahrschrift für Sozial- und Wirtschaftsgeschichte 56, 1969, S. 332–72; D. Reid, Genèse du fayolisme, in: Sociologie du travail 28, 1986, S. 82–87.

9 Ich danke Paul-Michael Lützeler für diese Hinweise.

Zwei bürgerliche Modelle

Die wichtigsten Formen unternehmerischer Herrschaft in diesem Zeitraum gingen nichtsdestoweniger auf zwei spezifisch bürgerliche Modelle zurück, die von Unternehmern oder Ingenieuren »erfunden« und von Volkswirtschaftlern oder Soziologen übernommen wurden. Diese Modelle wurden in einer Zeit sozialer Spannungen ausgearbeitet: während der Arbeitskämpfe der 1880er Jahre in Frankreich und der Bergarbeiterstreiks in Deutschland zwischen 1889 und 1891. Anders als die aufklärerischen Entwürfe des Bürgertums im 18. Jahrhundert, die dem dominierenden Adel eine offensive Bürgerlichkeit entgegensetzten, trugen die Modelle der 1880er und 1890er Jahre einen defensiven Charakter, sahen sie sich doch mit einer neuen Opposition der unteren Klassen (der Arbeiter bzw. Angestellten und eines Teils der Mittelschichten) konfrontiert.

Das erste Modell entspricht dem Liberalismus in seiner Reinform und sieht die maximale Anwendung des Laissez-faire-Prinzips vor. Der Unternehmer soll größtmögliche Handlungsfreiheit besitzen und darf in seiner Herrschaft nicht durch besondere Institutionen beschränkt werden. Konflikte zwischen dem Unternehmer und einem Teil der Beschäftigten oder zwischen dem Betrieb und der Umgebung sind auf der Basis der für die gesamte Gesellschaft gültigen Normen (in Frankreich des ›Code Civil‹ von 1801) zu regeln. Dabei empfehlen sich Ad-hoc-Prozeduren, die von Fall zu Fall angewandt werden. Für sich selber reklamiert der Unternehmer eine »Herr-im-Haus«-Stellung, oder, wie es in Frankreich heißt: »Charbonnier est maître chez soi.«

Legt man dieses Modell als Maßstab an, dann erscheint der französische Unternehmer, der weniger durch äußere Zwänge behindert wurde, sogleich als bürgerlicher als sein deutscher Kollege. Ein gutes Beispiel hierfür bietet die Sozialpolitik. Im deutschen Reichstag wurde 1883 ein Gesetz über Arbeitsunfälle beschlossen, das Verantwortlichkeiten und Schadensregelungen festlegte. Den französischen Unternehmern dagegen gelang es, die Annahme eines solchen Gesetzes durch das Parlament bis 1898 zu verhindern[10]. In Deutschland wurden in den 1880er Jahren Gesetze zur Arbeiterkrankenversicherung, zur Unfallversicherung und zur Invaliditäts- und Rentenversicherung ver-

[10] J. Stone, The Search for Social Peace. Reform Legislation in France, 1890 bis 1914, Albany 1985; F. Ewald, L'état-providence, Paris 1986.

abschiedet. Aufgrund einer regelrechten Obstruktionsstrategie seitens der französischen Unternehmerschaft dauerte es in Frankreich bis 1928 bzw. 1930, daß die Sozialversicherung gesetzlich eingeführt wurde[11].

Gleichwohl existierte selbst in Frankreich das archäo-liberale Modell nicht in Reinform. Es gab mindestens zwei Ausnahmen:

1. Individuelle Konfliktregelungen im Kontext innerbetrieblicher Herrschaft (zwischen Unternehmern und Arbeitern, zwischen Arbeitern und Vorarbeitern, zwischen den Arbeitern selber) oblagen seit einem Gesetz aus dem Jahre 1806 einer besonderen Institution: den *conseils de prud'hommes*, in denen gewählte Repräsentanten der Unternehmer und der Arbeiter Konflikte dieser Art schlichteten oder, falls dies nicht möglich war, richterlich entschieden. Bis 1914 stieg die Zahl dieser Schiedsgerichte und der dort verhandelten Fälle ständig an. Die Mehrzahl der Konflikte konnte aber nach wie vor geschlichtet werden, selbst als 1907 die Rechtsprechung der Schiedsgerichte auf sämtliche Arbeitnehmer im Handel und in der Industrie ausgedehnt wurde. In jeder Stadt, die ein solches Gericht besaß, stellten die dort getroffenen Entscheidungen nach und nach ein lokales Arbeitsrecht her. Deutschland importierte diese Institution der Arbeits- und Schiedsgerichte, ohne allerdings die individuelle und lokale Orientierung im gleichen Maße zu übernehmen. Die Gerichte agierten hier weit mehr im Rahmen offizieller staatlicher Rechtsverpflichtungen[12].

Das erklärte Ziel der *conseils de prud'hommes* war es, unter Wahrung der Ausgewogenheit und Billigkeit die Fluktuation der Arbeiter zu unterbinden und die Belegschaft zu disziplinieren, da sich Repressionen als unfruchtbar erwiesen hatten.

2. Ebenfalls aufgrund der Arbeitsmarktturbulenzen sahen sich viele französische Kleinstadtunternehmer, vor allem in der Metallindustrie, gezwungen, eine Patronagepolitik aufzugeben, die darauf beruhte, die Legitimität unternehmerischer Herrschaft durch die Fortführung traditioneller Wohltätigkeit zu stärken. Statt dessen praktizierten sie fortan einen »richtigen« Paternalismus. Indem sie Hunderttausende neuer Arbeiter

[11] D. Simon, Le patronat face aux assurances sociales 1920–1930, in: Le Mouvement Social 27, 1986, S. 7–27; H. Kaelble, Auf dem Weg zur europäischen Gesellschaft, München 1987, S. 73–82.

[12] A. Cottereau, Cent quatre-vingts années d'activité prud'homale, in: Le Mouvement Social 28, 1987, S. 3–8. W. Eberwein u. J. Tholen, Belegschaften und Unternehmer, 4 Bde, Bremen 1982–1984.

anwarben und aufnahmen, waren die Unternehmer gezwungen, sich um die gesamte Arbeiterexistenz zu kümmern, insbesondere die der qualifizierten Arbeiter. Damit verschwand zugleich die ehemalige Unabhängigkeit der Arbeiter, die auf ländlichem Grundbesitz beruhte, so daß Arbeiter fortan ausschließlich vom Unternehmen abhingen. Parallel dazu schufen sich die Arbeitgeber durch eine Vielzahl von Freizeitvereinen und Feiern eine neue Legitimität, die sie vor der sich in Streiks äußernden Unzufriedenheit der Arbeiter und auch gegenüber der Kritik der Gewerkschaftsbewegung und des Sozialismus abschirmen sollte. Anders als in großen Städten, wo die Komplexität sozialer Beziehungen den Unternehmern andere Möglichkeiten zur Durchsetzung ihrer Herrschaft bot, führte der industrielle Paternalismus in den kleinen Städten zur Bildung einer eigenständigen, auf sich selbst verwiesenen sozialen Welt. In gewisser Weise trug dieses relativ geschlossene Milieu gleichwohl liberale Züge, indem es die Weigerung der Unternehmer dokumentierte, dem Staat, den Gemeinden oder anderen lokalen Gruppen wie etwa der grundbesitzenden Bourgeoisie die Initiative zu überlassen[13]. Im Gegensatz hierzu verband das Bismarck-Reich einen Staatspaternalismus mit der Beibehaltung einer patronagehaften Unternehmensführung in der Schwerindustrie[14].

Das zweite Modell unternehmerischer Herrschaft kann sozialliberal genannt werden. Die Handlungsfreiheit des Unternehmers gegenüber seiner Belegschaft ist hier durch Zwänge eingeschränkt, die ihm von der Arbeiterschaft oder vom Staat auferlegt werden. Der Unternehmer findet sich mit diesen Zwängen ab, und es werden neue Einrichtungen geschaffen, die im Bereich des Unternehmens Prinzipien und Methoden des öffentlichen Lebens durchsetzen, im besonderen den gesetzlichen Personenschutz für die Arbeitnehmer. Der Betrieb entwickelt sich also tendenziell zu einer Art konstitutioneller Monarchie.

[13] G. Noiriel, Les ouvriers dans la société française XIXe–XXe siècle, Paris 1986, S. 77–80, 89–92; D. Reid, Industrial Paternalism. Discourse and Practice in 19th Century French Mining and Metallurgy, in: Comparative Studies in Society and History 27, 1985, S. 579–607; S. Elwitt, The Third Republic Defended, Baton Rouge 1986, S. 114–169.

[14] P. de Rousiers, Le paternalisme allemand, in: La Science Sociale 31, 1901, S. 408; M. Nolan, Economic Crisis, State Policy and Working-Class Formation in Germany, 1870–1900, in: I. Katznelson u. A. R. Zolberg (Hg.), Working-Class Formation, Princeton 1986, S. 360f.

Legt man dieses zweite Modell als Maßstab für die Definition von Bürgerlichkeit in Wirtschaftsunternehmen zugrunde, dann erscheint die deutsche Unternehmensführung seit den 1880er Jahren ohne Zweifel bürgerlicher als ihr französisches Gegenüber. Gestützt auf eine Reihe von Indizien, unter ihnen die weiter unten diskutierte Rolle der Arbeiterausschüsse, hat man sogar von der »konstitutionellen Fabrik« oder einem Konstitutionalismus innerhalb der Betriebe gesprochen. Eine solche Etikettierung stellt sich im Hinblick auf Deutschland allerdings als übertrieben heraus. Die Beziehungen, die sich zwischen Unternehmern und Arbeitern herausbildeten, beinhalteten im Gegensatz zum öffentlichen Leben keine Partizipation an bestimmten Entscheidungen, sondern kamen einer formalisierten Kommunikation zwischen Personal und Unternehmensleitung gleich. Diese Art der Unternehmensführung kann daher ebensosehr ein Hinweis auf Bürgerlichkeit sein als auch eine relative Schwäche der deutschen Unternehmer angesichts interventionistischer Maßnahmen des Staates und gewerkschaftlichen Drukkes bedeuten. Die deutschen Unternehmer hatten die Grundzüge einer Politik industrieller Beziehungen noch nicht entwickelt, und der Vergleich mit Frankreich zeigt nur, daß ihre französischen Kollegen weit weniger zur Formalisierung innerbetrieblicher Herrschaftsbeziehungen neigten.

An dieser Stelle sind zwei Bemerkungen zur Nuancierung des deutsch-französischen Kontrastes angezeigt. Die vehementen Arbeiterstreiks in Frankreich während der 1880er Jahre, die mit großer Härte niedergeschlagen wurden, dienten den Republikanern als Anlaß, sich verstärkt um die Arbeiterschaft als potentielle Wähler zu kümmern. Sie unterstützten deshalb Gesetze, mit deren Hilfe die Herrschaft des Unternehmers eingeschränkt wurde und die den Arbeitern auch im Betrieb ihre Bürgerrechte gewährten. Das Gesetz von 1884 gestand sowohl Unternehmern als auch Arbeitern Koalitionsfreiheit zu; das Gesetz von 1890, das die Unternehmer vier Jahre lang zu blockieren versucht hatten, billigte den Bergarbeitern das Recht zu, Delegierte für die Sicherheitsaufsicht zu wählen, die von den Unternehmen bezahlt werden mußten und ein öffentliches Beschwerderegister führten, das von den Bergarbeitern eingesehen werden konnte. Ein Gesetz aus dem Jahre 1894 schließlich entzog den Bergwerksgesellschaften die Aufsicht über die Kranken- und Rentenversicherungen, durch die sie bis dahin den Medikamentenverbrauch, den Charakter der Krankheiten sowie die Dauer der Genesungszeit kontrolliert und die Mobilität der Bergarbeiter eingeschränkt hatten. Das Gesetz legte die Verwaltung der Kassen in die Hände gewählter Repräsentanten der Bergarbeiter und regelte die Zuteilungsbedingungen der Renten auf nationaler Ebene[15]. Zuvor hatte schon das Gesetz von 1880 die republikanischen Prinzipien der Gleichheit und Wählbarkeit auf das Berufsleben übertragen, indem Präsident und Vizepräsident der Schiedsgerichte von den Mitgliedern dieser Gerichte gewählt werden mußten und für sämtliche Mitglieder eine Aufwandsentschädigung zwingend vorgeschrieben war[16]. Ein Gesetz aus dem Jahre 1892 ermöglichte »die Schlichtung und den Vergleich kollektiver Differenzen zwischen Unternehmern und Arbeitern«. Seit 1902 legten Parlamentarier Gesetzesentwürfe vor zur Definition des juristischen Status solcher kollektiven Übereinkünfte, die zwischen Arbeitsvertrag und Arbeitsordnung angesiedelt waren. All diese Gesetze zielten zunächst darauf ab, Forderungen und Beschwerden sinnvoll zu kanalisieren. Darüber hinaus aber erblickten sie in den Unternehmen charakteristische Defizite der modernen Gesellschaft, die einer strafferen Organisation bedurfte, um ihre Regierbarkeit zu erleichtern. Manche Intellektuelle träumten zu Beginn des 20. Jahrhunderts sogar von einem »sozialen Konstitutionalismus«, der die Machtbefugnisse der Gewerkschaftsvertretungen nach dem Modell politischer Repräsentation regeln sollte[17].

Zweitens ist anzumerken, daß die liberalen französischen Unternehmer sich nicht auf die Verteidigung ihrer Prärogative gegenüber dem Staat und auf die Unterdrückung solcher Arbeiteraktivitäten, die ihre Herrschaft in Frage stellten, beschränkten. Die Situation auf dem Arbeitsmarkt nötigte sie, ihre Haltung zu überdenken. Die einen, wie der Sozialkatholik Emile Cheysson, priesen einen *patronage éclairé,* der die Arbeiter als erwachsene Menschen betrachtete und ihnen eine gewisse Autonomie zugestand. Andere fanden sich insbesondere dort, wo die Arbeiterbewegung am stärksten war, wie in den Steinkohlezechen des Nordens, ab 1891 zu einer Vertragspolitik

[15] D. Reid, The Role of Mine Safety in the Development of Working-Class Consciousness and Organization. The Case of the Aubin Coal Basin, 1867–1914, in: French Historical Studies 12, 1981, S. 108–10; ders., The Miners of Decazeville, Cambridge/Mass. 1985, S. 132–139.

[16] M. Kieffer, La législation prud'homale de 1806 à 1907, in: Le Mouvement Social 28, 1987, S. 18f.

[17] P. Rosanvallon, La question syndicale, Paris 1988, S. 97–108, 246–248.

bereit, die die Anerkennung der Gewerkschaften durch die Unternehmer und die Delegation der Verhandlungen an lokale oder regionale Unternehmervereinigungen einschloß. So praktizierte ein Teil der französischen Unternehmer Öffnungsstrategien, die die vom Staat eingeleiteten und vorgezeichneten Veränderungen ergänzten[18]. Diese Befunde relativieren die Unterschiede in der Entwicklung zwischen Frankreich und Deutschland; gleichwohl bleibt die Differenz in der grundsätzlichen politischen Zielrichtung festzuhalten.

Nationale Unterschiede und Grenzen unternehmerischer Herrschaft

In Frankreich wie in Deutschland beruhte die unternehmerische Herrschaft auf der Nutzung neuer menschlicher Ressourcen, mit deren Hilfe man die Teilnahme am technischen Fortschritt sicherstellen sowie auf die Mobilität des Arbeitsmarktes und auf soziale Spannungen reagieren konnte. Es ist bekannt, daß die Geschäftsführung der großen Unternehmen mehr und mehr speziell geschultes Personal erforderte und in die Hände leitender Angestellter und Ingenieure überging; ebenso weiß man, daß die Zahl der Vorarbeiter im gleichen Maß zunahm, wie sich die Auswahlkriterien verschärften, und daß die Unternehmer sich gegenseitig die hochqualifizierten Arbeiter oder Angestellten streitig machten. Es entstand eine Unternehmensstruktur, die mehr durch Kompetenz- als durch Leistungsideologie zusammengehalten wurde. Auf diesem Hintergrund sollen nun einige Unterschiede der Strukturen und Träger unternehmerischer Herrschaft in beiden Ländern hervorgehoben werden.

Folgt man den bisher vorliegenden historischen Fallstudien, scheinen die Verwaltungsstrukturen der Großunternehmen in Frankreich weniger komplex und differenziert gewesen zu sein als in Deutschland. In so unterschiedlichen Firmen wie dem chemischen Werk Albert, den Dyckerhoff-Zementwerken und den Mannesmann-Werken gab es eine deutliche Tendenz, die von der autokratischen Geschäftsführung durch einen einzelnen Unternehmer zu einer Polykratie führte, d.h. zu einer Viel-

[18] G. Noiriel, Du »patronage« au »paternalisme«. La restructuration des formes de domination de la main d'œuvre ouvrière dans l'industrie métallurgique française, erscheint in: Le Mouvement Social 29, 1988.

zahl komplementärer Leitungsfunktionen und -personen. Auch in Frankreich dehnten sich hierarchische Strukturen in den Eisenbahn- und Bergwerksgesellschaften, in der metallverarbeitenden sowie in der chemischen Industrie zwar allmählich aus, ohne jedoch die gleiche Differenziertheit aufzuweisen wie in Deutschland. Desgleichen taten sich deutsche Unternehmer leichter, einen Teil ihrer innerbetrieblichen Herrschaftsbefugnisse an Unternehmerverbände zu delegieren, die mächtiger und durchsetzungsfähiger waren als die meisten dieser Vereinigungen in Frankreich. Es handelte sich zunächst um lokale, auf Sozialpolitik spezialisierte Vereinigungen, später dann (1904) um Organisationen auf nationaler Ebene[19].

Sombart und Wiedenfelt haben gezeigt, daß Techniker in der Regel keine große Rolle in den Leitungsgremien industrieller Großunternehmen in Deutschland vor 1914 spielten. In Frankreich dagegen wuchs der Einfluß der Ingenieure auf die Industrie- und Handelspolitik, ja selbst auf die soziale und finanzielle Führung der großen Unternehmen derart, daß einer ihrer Vordenker, der Universitätsdozent Henry Le Chatelier, ihnen 1917 vorwarf, die Produktion zu vernachlässigen: »Der Vorarbeiter ist der König der Fabrik, der Ingenieur spielt nur eine untergeordnete Rolle und ist – im Gegensatz zu Deutschland, das bereits über eine entwickelte industrielle Organisation verfügt – eher mit verwaltenden Tätigkeiten befaßt.«[20] Zudem war die Mehrheit der französischen Ingenieure im Respekt vor den Methoden der Armee und der öffentlichen Verwaltung ausgebildet worden, die nicht zur Polykratie prädisponierten. Wie läßt sich nun der Einfluß des Modells der öffentlichen Verwaltung auf die Herrschaftsstrukturen und -methoden von Großunternehmen zu jener Zeit bestimmen? Für Deutschland sind sich die Historiker uneinig. Jürgen Kocka ist der Auffassung, daß die deutsche bürokratische Tradition für die Entwicklung administrativer Strukturen in den großen Industrie- und Handelsunternehmen eine Katalysatorrolle spielte. Robert Locke dagegen vertritt die Meinung, daß die staatliche Bürokratie umgekehrt von der Leistungsfähigkeit privatwirtschaftlicher

[19] H. J. Fiedler, Entwicklungen von Organisations- und Autoritäts-Strukturen bei deutschen Großunternehmen, Diss. Frankfurt 1978; C. Dufour, Le patronat ouest-allemand. Un centenaire polyactif, in: La Note de L'IRES 5, 1987, Nr. 14, S. 42–44.

[20] M. Leclerc, La formation des ingénieurs à l'étranger et en France, Paris 1917, S. 95.

Verwaltungsstrukturen profitiert habe[21]. In Frankreich beschränkte man sich trotz einer langen bürokratischen Tradition, die mit der Preußens vergleichbar ist, in der Regel nicht auf eine simple Nachahmung der öffentlichen Verwaltung, wie sie am ehesten in Banken oder bei Eisenbahngesellschaften zu beobachten war. Für diese Unterschiede bieten sich drei mögliche Erklärungen an:

1. Zunächst war der Unternehmenstyp in beiden Ländern verschieden. In Deutschland waren die großen Unternehmen oft Finanzgesellschaften, während sie in Frankreich häufig noch Familienbetriebe waren (was auch die Leitung durch mehrere Familien wie bei Saint-Gobain einschließen konnte). In Deutschland entwickelte sich der Fabrikbesitzer zum Spezialisten, in Frankreich blieb er eher Generalist.

2. Die Ausbildung der Unternehmer in beiden Ländern war nicht gleichartig. Zwar war die in den deutschen Gymnasien und Hochschulen vermittelte Bildung ebenso wie in Frankreich sehr allgemein gehalten und praxisfern. In Deutschland aber wurden in dieser Zeit doppelt so viele Ingenieure und Spezialisten der angewandten Wissenschaften wie in Frankreich ausgebildet. Darüber hinaus wurden hier Handelshochschulen eingerichtet, deren Finanzierung nicht vom Staat abhängig war. Die Handelshochschulen beschränkten sich nicht darauf, ihren Studenten die doppelte Buchführung beizubringen, sondern deckten sehr rasch sämtliche Aspekte des Managements ab, die in einer Betriebswirtschaftslehre zusammengefaßt wurden. Obwohl durchaus theorieorientiert, galt das Interesse dieses neuen Fachs auch konkreten Fallstudien, mit denen sich die Hälfte aller Artikel in der 1906 gegründeten Fachzeitschrift beschäftigten. In Frankreich gab es nichts Vergleichbares[22].

3. Vermutlich lag der Anteil angestellter Unternehmer, die in beiden Ländern gleichermaßen in der Minderheit waren, in Deutschland doch leicht über dem französischen Schnitt: Etwa 33 Prozent aller deutschen Unternehmer gegen knapp 30 Prozent der französischen fielen 1912 in diese Kategorie. Angestellte Unternehmer aber waren stärker an der Unternehmensplanung, der Verbesserung der Organisation und dem Ausbau

[21] J. Kocka, Family and Bureaucracy in German Industrial Management, 1850 bis 1914. Siemens in Comparative Perspective, in: Business History Review 45, 1971, S. 133–156; R. Locke, The End of the Practical Man, Greenwich 1984, S. 249f.

[22] Locke, The End, S. 155–241.

der Arbeitsordnungen interessiert; möglicherweise waren sie auch dynamischer als der traditionelle Familienunternehmer[23]. Fayol, der bekannteste angestellte Unternehmer in Frankreich, besaß all diese Charakteristika und sagte den Niedergang sowohl der Familienbetriebe als auch der Aktiengesellschaften zugunsten der Machtausweitung der Manager voraus[24].

Nachdem die nationalen Unterschiede in der Entwicklung unternehmerischer Herrschaft herausgearbeitet wurden, sollen die Grenzen dieser Herrschaft kurz angedeutet werden. Selbst am Arbeitsplatz war die Kontrolle des Unternehmers nicht total. Einerseits unterstanden vor allem qualifizierte Arbeiter dieser unternehmerischen Kontrolle, was für die weniger Qualifizierten im weitaus geringeren Maße galt. Andererseits bildete sich, parallel zur unbestreitbaren Verschärfung der Betriebsdisziplin, zwischen 1880 und 1914 mit ausdrücklicher Billigung der Unternehmer in bestimmten Branchen, wie etwa im Kohlebergbau und in der metallverarbeitenden Industrie, eine relative Autonomie bestimmter Belegschaftsgruppen am Arbeitsplatz heraus. Dort, wo die Unternehmensführung eine direktere Kontrolle beispielsweise in Form des Taylorismus ausübte, gelang es einem Teil der Arbeiterschaft, ihre Selbständigkeit auf der Grundlage handwerklichen Wissens wiederzuerlangen[25].

Was die unternehmerische Herrschaft und Kontrolle in bezug auf das Privatleben der Beschäftigten angeht, kam es hier zu einer doppelten Entwicklung. Auf der einen Seite weitete sich die Kontrolle in jenen Städten aus, die von einem paternalistisch geführten Unternehmen beherrscht wurden; die Überwachung der Beschäftigten schloß dann z.B. die Sauberkeit der Wohnungen mit ein. Auch die großstädtischen Warenhäuser überwachten das Privatleben ihrer Beschäftigten. Auf der anderen Seite gab eine Reihe von Unternehmern viele Elemente paternalistischer Herrschaft auf (Restriktionen gewerkschaftlicher und politischer Betätigung, Kontrolle der örtlichen Händler, Beset-

[23] J. Brockstedt, Family Enterprise and the Rise of Large Scale Enterprise in Germany (1871–1914). Ownership and Management, in: A. Okochi u. S. Yasuoka (Hg.), Family Business in the Era of Industrial Growth, Tokio 1984, S. 260; M. Lévy-Leboyer, The Large Family Firm in the French Manufacturing Industry, ebd., S. 230; H. Kaelble, The Rise of the Managerial Enterprise in Germany, c. 1870 to c. 1930, in: K. Kobayashi u. H. Morikawa (Hg.), Development of Managerial Enterprise, Tokio 1986, S. 79.

[24] Reid, Genèse.

[25] Reid, The Miners, S. 124–127; ders., Genèse; Eberwein/Tholen, Belegschaften, Bd. 3.

zung lokaler politischer Ämter, Überwachung der religiösen Praxis). Diese Liberalisierung hatte zwei Gründe: Zum einen ließen es die wachsende Bedeutung der Gewerkschaften und – in Frankreich – die Konsolidierung der Republik als opportun erscheinen, auf bestimmte Elemente unternehmerischer Herrschaft zu verzichten, die für die Leistungsfähigkeit des Betriebes nur hinderlich gewesen wären. Außerdem setzte sich eine neue Unternehmensauffassung durch, nach der das Kapital mobil und nicht mehr an eine Stadt gebunden war. Damit verknüpften sich Überlegungen, daß das Zugeständnis einer relativen Autonomie außerhalb der Arbeitszeit die Arbeiter weniger rebellisch und produktiver machen könnte und daß die Schaffung eines Corpsgeistes nicht mehr als Ziel an sich zu betrachten sei, sondern das Ergebnis einer effektiven Menschenverwaltung sein müsse[26].

2. Arbeitsordnungen im Vergleich

Die Analyse der Arbeitsordnungen birgt mehrere Schwierigkeiten. Die erste betrifft die Menge der zugänglichen Quellen in beiden Ländern. Die französische Nationalbibliothek besitzt 600 Arbeitsordnungen für die gesamte Zeitspanne zwischen 1789 und 1914, von denen 360 auf Mikrofiche veröffentlicht wurden[27]. Abgesehen von den großen Unternehmensmonographien liegen für Deutschland meines Wissens nur zwei systematische Studien über Arbeitsordnungen vor, in denen insgesamt 26 Arbeitsordnungen aus der Zeit zwischen 1838 und 1888 bzw. zwischen 1880 und 1910 untersucht werden[28]. Die zweite Schwierigkeit ergibt sich daraus, daß es in beiden Ländern modellhafte Arbeitsordnungen gab, die dann hundertfach imitiert wurden. Es handelt sich also um weitgehend formalisierte Dokumente, die teilweise von gesetzlichen Verordnungen geprägt waren, was ihre Rolle als Indikatoren von Bürgerlichkeit in Frage stellen könnte[29].

[26] Noiriel, Les ouvriers; F. Faraut, La Belle Jardinière, Paris 1987; Reid, Genèse.

[27] Vgl. den Katalog v. A. Biroleau, Les règlements d'ateliers 1798–1936, Paris 1984.

[28] W. Hromadka, Die Arbeitsordnung im Wandel der Zeit am Beispiel der Hoechst AG, Köln 1979; B. Flohr, Arbeiter nach Maß, Frankfurt 1981.

[29] H. Schomerus, Die Arbeiter der Maschinenfabrik Esslingen, Stuttgart 1977; Biroleau, Les règlements, S. 48, 51, 63.

Solchen Einwänden kann man entgegenhalten, daß zum einen die Arbeitsordnungen in bestimmten Zeitabständen erneuert und von den Unternehmen an das lokale soziale Klima angepaßt wurden; zum zweiten sprechen gerade die Formalisierung und Imitation dieser Texte für ihre Repräsentativität. Man darf sich schließlich auch nicht auf eine einfache Textanalyse beschränken, sondern muß sich vielmehr fragen, ob die Arbeitsordnungen tatsächlich angewandt wurden; hierüber erlangt man Aufschluß durch die Analyse der Streiks und die diesbezüglichen Urteile der Arbeitsgerichte. Stellt man diese quellenmäßig vorgegebene Ungleichheit in Rechnung, scheinen die Unterschiede zwischen beiden Ländern deutlicher ausgeprägt gewesen zu sein als die Gemeinsamkeiten.

Die Durchsetzung der Arbeitsordnungen

Unterschiede sind zunächst bei der Häufigkeit von Arbeitsordnungen festzustellen. Im Verlauf des 19. Jahrhunderts wurden in Frankreich keine gesetzlichen Rahmenregelungen dafür geschaffen, sieht man einmal von der Kinderarbeit ab, für die ein Artikel des Gesetzes vom 22. März 1841 die Abfassung interner Arbeitsordnungen und ihre öffentliche Bekanntmachung vorschrieb. An Gesetzesentwürfen linker Parlamentarier zur Begrenzung des Disziplinarrechts der Unternehmer hat es ab 1819 nicht gefehlt, aber keiner dieser Entwürfe konnte sich durchsetzen; erst im Jahre 1932 beschränkte ein sehr zaghaftes Gesetz die Höhe der disziplinarischen Geldstrafen[30]. In Deutschland dagegen wurden nach Verabschiedung des Arbeiterschutzgesetzes im Jahre 1891 Arbeitsordnungen in Fabriken mit mehr als 20 Arbeitern obligatorisch. Die Entstehungsgeschichte dieses Gesetzes unterstreicht die Bedeutung der Arbeitsordnungen. Infolge der außerordentlich großen Besorgnis, die der Bergarbeiterstreik von 1889 in der öffentlichen Meinung ausgelöst hatte, gelangte Hans Freiherr von Berlepsch, Oberpräsident der Rheinprovinz und späterer preußischer Minister für Handel und Gewerbe, zu der Auffassung, daß man sich nicht auf das »Berliner Protokoll« von 1889 beschränken

[30] A. Cottereau, Les règlements d'atelier au cours de la Révolution Industrielle en France, in: Biroleau, Les règlements, S. 5, 21.

dürfe, in dem Unternehmer und Bergarbeiter die Bildung eines Ausschusses gewählter Vertrauensmänner ins Auge gefaßt hatten. Seiner Meinung nach bedurfte es einer »organisierten« Arbeitervertretung. Dieser Vorschlag wurde von Wilhelm II. in den Februar-Erlassen von 1890 aufgenommen. Der mitten im Wahlkampf veröffentlichte Text billigte dem Staat zu, die Form der Arbeitervertretung in den Unternehmen zu bestimmen, deren Mitglieder »an der Regelung gemeinsamer Angelegenheiten beteiligt und zur Wahrnehmung ihrer Interessen bei den Arbeitgebern und den Organen meiner Regierung befähigt werden«[31]. Die Notwendigkeit staatlicher Regelungen wurde durch das Scheitern der internationalen Berliner Konferenz zur Arbeiterschutzordnung 1890 nachdrücklich bestätigt. Die Unternehmer hingegen widersetzten sich diesem staatlichen Ansinnen, und einer ihrer Wortführer, der Generalsekretär des Centralverbandes deutscher Industrieller, verkündete noch 1890, der Erlaß von Arbeitsordnungen sei »das Recht des Arbeitgebers, der allein verantwortlich für das gewerbliche Unternehmen dasteht«[32]. Dem Gesetz von 1891 zufolge mußten Arbeitsordnungen Bestimmungen enthalten, die die tägliche Arbeitszeit und ihre Pausen, Zeit und Art der Abrechnung und Lohnzahlung, Kündigungsfristen, die Art, Höhe, Festsetzung und Verwendung der Strafgelder sowie die Verwendung verwirkter Lohnbeträge festlegten.

Da die Verkündung einer Arbeitsordnung in Frankreich grundsätzlich nur vom Gutdünken des Arbeitgebers abhing, verwundert es nicht, wenn man zwischen 1800 und 1880 Arbeitsordnungen nur in wenigen Webereien und mechanischen Spinnereien sowie in Großunternehmen verschiedener Branchen (Bergbau, metallverarbeitende Industrie, Maschinenbau) vorfindet. Die Zahl der Arbeitsordnungen nahm dann seit den 1880er Jahren deutlich zu, in einer Zeit also, die von der zweiten Industrialisierungsphase, der Regierungsübernahme durch die Republikaner und dem Anwachsen der Arbeiterbewegung geprägt war. Tatsächlich aber hatte das archäo-liberale Modell zumindest bis 1866 nicht funktioniert. In ganz Frankreich verwarfen die Schiedsgerichte einseitig von Unternehmern

[31] H. J. v. Berlepsch, Zwischen Arbeiterschutz und Arbeitertrutz. Die Arbeiterschutzgebung des Neuen Kurses unter dem preußischen Minister für Handel und Gewerbe Hans Freiherr von Berlepsch, Diss. Mainz 1986.
[32] Flohr, Arbeiter nach Maß, S. 21.

erlassene Arbeitsordnungen, um sie entweder in Richtung eines gegenseitigen Einverständnisses zwischen Unternehmern und Arbeitern abzuändern oder unter dem Gesichtspunkt von Sitte und Billigkeit eine Beschränkung der unternehmerischen Verfügungsgewalt durchzusetzen. Ganz besonders traf dies auf die Strafgelder zu. 1866 annullierten zwei Bescheide des Kassationsgerichts diese Urteilspraxis der Schiedsgerichte und erklärten die einseitig von den Unternehmern erlassenen Arbeitsordnungen für rechtsgültig. Damit war eine neue Entwicklungsphase eingeleitet. Die Herrschaft des Unternehmers und das Argument wirtschaftlicher Notwendigkeit standen fortan über den Kriterien von Recht und Billigkeit. Dem Unternehmer wurde eine Art Privatgerichtsbarkeit zugebilligt, indem man seine innerbetrieblichen Sanktionen legalisierte.

Verhalfen diese höchstrichterlichen Entscheidungen dem liberalen Modell nun zum Durchbruch? Zweifel sind mehr als angebracht: Viele Schiedsgerichte beugten sich der von oben verordneten Rechtsprechung nicht und setzten angesichts umstrittener und einseitig von den Unternehmern erlassener Arbeitsordnungen ihre auf Billigkeitskriterien beruhende Schlichtungspraxis fort. Hinzu kommt, daß nach 1880 viele Arbeitsordnungen unmittelbar nach kollektiven Konflikten erlassen wurden und auf Verhandlungen mit den Arbeitern oder stillschweigenden Kompromissen beruhten. Nur eine Minderheit der Arbeitsordnungen scheint ausschließlich im Sinne des Unternehmers abgefaßt zu sein, was im allgemeinen dann geschah, wenn der Unternehmer das Kassationsgericht gegen Entscheidungen der Schiedsgerichte anrief. Solcherart entstandene Arbeitsordnungen erschienen Zeitgenossen weder als legal noch als legitim[33].

In Deutschland gab es seit dem Gesetz von 1891 die Möglichkeit, daß der Arbeitgeber vor der Veröffentlichung einer neuen Arbeitsordnung einen gewählten Arbeiterausschuß hörte. Bedeutete das nun den Sieg des sozialliberalen Modells? Abgesehen davon, daß der Charakter der Anhörung fakultativ war[34]

[33] A. Cottereau, Les règlements intérieurs devant les prud'hommes au XIXe siècle. Des épreuves de légitimité (Beitrag zur Pariser Tagung v. 20.–22. Januar 1988).

[34] Der fakultative Charakter der Ausschüsse war sowohl von den Sozialdemokraten als auch von den konservativen Parteien befürwortet worden. Nur im Bergbau wurde die Anhörung der Ausschüsse zwischen 1900 und 1905 obligatorisch.

und daß eine Gesetzesvorlage aus dem Jahre 1909, die eine Konsultation zwingend vorschreiben wollte, Papier blieb, hat es den Anschein, daß trotz des Gesetzes viele Unternehmen keine Arbeitsordnung erließen oder sie nicht zuvor den Arbeitern zugänglich machten. Zudem verringerte sich die Zahl der aktiven Ausschüsse im Laufe der Zeit: 1905 traten sie nur noch in 10 Prozent der Betriebe mit mehr als 20 Arbeitern zusammen. Überdies ist festzustellen, daß die Einflußmöglichkeiten der nach dem Gesetz von 1891 konstituierten Ausschüsse beschränkter waren als die Möglichkeiten der von einigen Unternehmern vor 1890 gegründeten Ausschüsse[35]. Allerdings sollte man solche gegenläufigen Bewegungen, Hindernisse und Schwierigkeiten nicht überzeichnen. Wie insbesondere eine detaillierte Fallstudie zu den M.A.N.-Werken nachwies, war der Arbeiterausschuß zu einer von allen in den Unternehmen vertretenen Gruppen akzeptierten Institution geworden; er bereitete den Weg zur kollektiven Interessenvertretung der Arbeiterschaft, eine praktische Lehre in Konfliktregelung, und markierte damit eine wichtige Etappe auf dem Weg zu modernen industriellen Beziehungen[36]. Im Gegensatz dazu gab es in Frankreich mit Ausnahme der Steinkohlezechen und später dann der Eisenbahngesellschaften nur wenige Unternehmen, die ihrer Belegschaft eine organisierte Vertretung zubilligten, zumeist im Gefolge von Streiks oder anderen sozialen Konflikten[37]. Selbst unter Berücksichtigung sämtlicher Nuancen scheinen sich die deutschen Unternehmer unter diesem Blickwinkel mehr dem sozialliberalen Modell angenähert zu haben, als dies in Frankreich der Fall war.

Der Inhalt der Arbeitsordnungen

Auch im Inhalt der Arbeitsordnungen lassen sich deutliche Unterschiede zwischen Deutschland und Frankreich feststellen. Der Stil der Ordnungen war in beiden Ländern durch

[35] Eberwein/Tholen, Belegschaften, Bd. 4, 1984, S. 1904, 1906–1922.

[36] H. J. Rupieper, Arbeiter und Angestellte im Zeitalter der Industrialisierung, Frankfurt 1982, S. 152.

[37] J. Rückert u. W. Friedrich, Betriebliche Arbeiterausschüsse in Deutschland, Großbritannien und Frankreich im späten 19. und frühen 20. Jahrhundert, Frankfurt 1979; P. Fridenson, Die Arbeiterpolitik großer Unternehmen in Frankreich und ihre Auswirkungen auf die Arbeiterschaft 1880–1914, in: J. Kocka (Hg.), Arbeiter und Bürger im 19. Jahrhundert, München 1986, S. 200.

sehr unterschiedliche rechtliche Einflüsse geprägt. Die Arbeitsordnungen der deutschen Unternehmen orientierten sich stark an der österreichischen und schweizerischen Gesetzgebung, insbesondere am Fabrikgesetz des Kantons Zürich aus dem Jahre 1859. In beiden Fällen drängte man zur Generalisierung der Arbeitsordnungen, zur präzisen Definition allgemein verbindlicher Vorschriften sowie zur Begrenzung oder Kontrolle der unternehmerischen Prärogative[38]. In Frankreich hatte man seit der Revolution mit der alten »Manufaktur-Polizei« gebrochen, die staatlichen Stellen ein Mitspracherecht bei der inhaltlichen Ausarbeitung der Disziplinarordnungen zugebilligt hatten. Statt dessen kamen nunmehr zwei Einflüsse zum Tragen: Zum einen unterstrichen die durch das Gesetz von 1791 und den ›Code Civil‹, d.h. durch eine nationale Gesetzgebung geprägten Arbeitsordnungen den Primat des bürgerlichen Individuums, indem sie die Korporationen zerstörten; zum anderen wurden die Arbeitsordnungen den lokalen Bedingungen durch Einrichtung von Schiedsgerichten angepaßt, und auch Friedens- und Stadtgerichte trugen dazu bei, Rechtsnormen innerhalb der Unternehmen zu verankern.

Auch der Inhalt der Arbeitsordnungen im engeren Sinne differierte in beiden Ländern. In Frankreich beschäftigten sich die Arbeitsordnungen in wachsendem Maß mit technischen Problemen (Arbeitsinstruktionen, Sicherheitsanordnungen), die vor allem dann auftraten, wenn neue Maschinen und Produkte eingeführt wurden. Dies erklärt sich aus der Mitwirkung von Technikern und Ingenieuren bei der Abfassung der Arbeitsordnungen sowie durch die französische Rechtsprechung bei Arbeitsunfällen. Dieser Vorschriftentyp fand sich in Deutschland seltener, weniger detailliert und war auch nicht gesetzlich vorgeschrieben. Im Mittelpunkt standen hier vielmehr die Sozialleistungen des Unternehmens, die Krankenversorgung, die Rente sowie die Unterbringung der Arbeiter. In Frankreich fanden sich solche Bestimmungen seltener, was allerdings mehr auf die andersartige räumliche und zeitliche Ausdehnung des französischen Paternalismus zurückzuführen sein mochte als auf eine jede schriftliche Festlegung sozialpolitischer Angelegenheiten nach Möglichkeit vermeidende Haltung der französischen Unternehmer. Der größte Unterschied zwischen beiden Ländern lag darin, daß die Höhe der Strafgelder in Deutschland

[38] Hromadka, Arbeitsordnung, S. 4f.

gesetzlich begrenzt war, während das in Frankreich nicht der Fall war.

Demgegenüber waren die disziplinarischen Anordnungen einander sehr ähnlich, so daß man in dieser Hinsicht nicht von einem Defizit an Bürgerlichkeit auf deutscher Seite sprechen kann. Wenn die gleichen disziplinarischen Verbote zwischen 1800 und 1914 immer wieder auftauchen, dokumentiert dies keine größere Macht der Unternehmer, sondern im Gegenteil sogar eine gewisse Machtlosigkeit bei dem Versuch, Arbeitern die bürgerlichen Regeln einer gerechten Rollen- und Aufgabenverteilung sowie gutes Benehmen einzuschärfen. Unter diesem Gesichtspunkt illustriert die zunehmende Differenzierung der Arbeitsordnungen weniger den Durchbruch einer »Machttechnologie« (M. Foucault) oder eine Verschärfung der Fabrikdisziplin, sondern vielmehr die unüberwundene Spannung zwischen Gewohnheiten und Vorschriften sowie die Instabilität der unternehmerischen Machtposition. Der »Prozeß der Zivilisierung« der Arbeiterschaft durch die Fabrikbourgeoisie blieb ein fragliches Unterfangen[39].

Zwei weitere Gemeinsamkeiten betreffen die Rolle der Angestellten und den rechtlichen Status der Arbeitsordnungen. In beiden Ländern wurden für Angestellte eigene Arbeitsordnungen (Dienstordnungen) entworfen, was ihren besonderen Status innerhalb des Unternehmens unterstrich. Der rechtliche Status der Ordnungen blieb zudem in Frankreich ebenso wie in Deutschland mehrdeutig. Manche Juristen gestanden ihnen Vertragscharakter zu und erkannten sie als integralen Teil des Arbeitsvertrags zwischen Arbeitgeber und Arbeiter an. Für andere dagegen stellten sie die »inneren Gesetze« einer besonderen Institution wie des Unternehmens dar, die zwischen der Familie als privater Institution und dem Staat als öffentlicher Einrichtung angesiedelt war.

Die Analyse der Arbeitsordnungen bestätigte alles in allem das Bild einer überwiegend archäo-liberalen Unternehmerherrschaft in Frankreich, das freilich durch die Interventions- und Schutzbefugnisse öffentlicher, vornehmlich lokaler, Stellen ein wenig nuanciert wird. Umgekehrt resultiert der sozialliberale

[39] H. Zwahr, Ausbeutung und gesellschaftliche Stellung des Fabrik- und Manufakturproletariats am Ende der Industriellen Revolution im Spiegel Leipziger Fabrikordnungen, in: W. Jacobeit u. U. Mohrmann (Hg.), Kultur und Lebensweise des Proletariats, Berlin 1974, S. 85–136; Rupieper, Arbeiter und Angestellte, S. 98; Cottereau, Les règlements d'atelier, S. 18f.

Charakter unternehmerischer Herrschaft in Deutschland zum großen Teil aus dem Einfluß der Länder- und Reichsregierungen, die sich in ihrer Absicht, die Arbeiterschaft politisch zu integrieren, zu größerer Liberalität verpflichtet sahen als das Gros der Unternehmer. Um die Jahrhundertwende indessen kamen die Dinge in Bewegung. In Deutschland bildete sich ein wachsender Unternehmerflügel heraus, der eine größere Flexibilität innerbetrieblicher Personal- und Sozialpolitik sowie eine größere Fähigkeit zum Kompromiß an den Tag legte und versuchte, eine »Arbeitsgemeinschaft« oder »sittliche Gemeinschaft« in den Unternehmen zu schaffen. In Frankreich erläuterte der Manager Henri Fayol seinem Verwaltungsrat die Nützlichkeit begrenzter Formen der Arbeitervertretung. In seinen persönlichen Aufzeichnungen befürwortete er starke Arbeitergewerkschaften unter der Voraussetzung, daß sie die Prärogativen der Unternehmensleitung nicht zu usurpieren suchten, sich auf Lohn- und Arbeitszeitprobleme beschränkten und die finanzielle Verantwortung für ihre Aktionen übernahmen[40].

3. Eine Fallstudie: Die Herrschaft der Automobilhersteller in Deutschland und Frankreich

Im Jahre 1912 beschäftigte die deutsche Automobilindustrie 35 877 Personen, ihr französisches Gegenüber etwa genausoviel. Die Struktur dieser Industrie wies in beiden Ländern große Ähnlichkeit auf: Neben einer Vielzahl kleiner und mittlerer Betriebe gab es einige wenige Großunternehmen, auf die ich mich im folgenden beschränken werde[41].

Die deutschen Automobilhersteller

Zwei Unternehmen sollen hier näher untersucht werden: Daimler, ursprünglich ein Familienbetrieb, dann aber mehr und mehr von angestellten Unternehmern geleitet, und Opel, das von fünf Brüdern geführt wurde. Beide Unternehmen können nach dem bisherigen Wissensstand als geeignete Beispiele für das sozialliberale Herrschaftsmodell gelten. Die Form unter-

[40] Reid, Genèse, S. 90f.; Eberwein/Tholen, Belegschaften, Bd. 4, S. 1915f.

[41] Eine kleinere Automobilfirma in Deutschland untersucht S. Chopp, Une entreprise: Mathis, Magisterarbeit Universität Straßburg II 1986.

nehmerischer Herrschaft wandelte sich von der einfachen Absprache mit dem Meister an der Spitze der Werkstätten zu einer komplizierten, zentral gesteuerten Produktionsorganisation. Bei Opel in Rüsselsheim geschah dies 1906 durch Einrichtung eines zentralen Arbeitsbüros, das unter der Leitung eines Oberingenieurs sämtliche Herstellungsvorgänge koordinierte, Rentabilitätskontrollen durchführte und jedem Meister ein Instruktionsbüchlein zukommen ließ[42]. In den Daimler-Werken in Untertürkheim, die lange Zeit ein regelrechtes »Föderativsystem selbständiger Meisterrepubliken« bildeten, gab ein Zentralbüro seit 1911 ein Akkordbuch oder einen Stücklohnkatalog heraus, die jedem Meister an die Hand gegeben wurden und seine Dispositionsfreiheit bei der Lohnfestsetzung einschränkten[43]. Bei Opel wurden die Befugnisse der Meister noch wesentlich weiter beschnitten, da sie dort seit 1906 nicht allein mit einem Akkordbuch ausgestattet wurden, sondern zudem mit »Begleitkarten«, auf denen Arbeitsart und Arbeitszeit notiert waren[44]. Bei Daimler unterstanden die Arbeiter sowohl den Abteilungsingenieuren als auch den mit der Festsetzung des Lohns befaßten Angestellten. 1910 wurde, möglicherweise auf das Beispiel Opels hin, ein Kartensystem eingeführt, das die Betriebsleitung über den Materialbestand, die Belegschaft und ihre Löhne informierte; 1911 wurde ein Ingenieur zur genaueren Bestimmung der Löhne eingesetzt, der vermutlich an der Spitze des Zentralbüros stand[45].

Daimler erließ nach schweren sozialen Konflikten im Jahre 1906 eine Arbeitsordnung und richtete einen Arbeiterausschuß ein; letzterer war befugt, jedem Arbeiter Unterstützung anzubieten, der mit der vorgeschlagenen Lohnhöhe nicht einverstanden war, wobei die letztliche Entscheidung freilich der Unternehmensleitung vorbehalten blieb. Außerdem hatte er das Recht, bei der Direktion Berufung einzulegen, wenn ein Arbeiter von einem als zu hoch eingeschätzten Strafgeld betroffen war. Dieser Ausschuß, der anscheinend schon vor der Verkündigung der Arbeitsordnung existierte, wurde 1906 vom Unternehmen an Stelle des Deutschen Metallarbeiter-Verbandes als

[42] A. Kugler, Von der Werkstatt zum Fließband, in: Geschichte und Gesellschaft 13, 1987, S. 319–21.

[43] B. Bellon, The Workers of Daimler-Untertürkheim 1903–1945, Diss. Columbia Univ. 1987, S. 82, 84f.

[44] Kugler, Von der Werkstatt, S. 320.

[45] Bellon, The Workers, S. 93, 96.

Arbeitervertretung bei Lohnverhandlungen anerkannt. Weiterhin sah die Übereinkunft, entsprechend den Forderungen der Arbeiter, die Einschaltung eines von den Arbeitern einer Abteilung gewählten Vertrauensmannes vor, der bei Lohnkonflikten mit dem Meister verhandelte. Wenn auch dann noch keine Einigkeit erzielt wurde, war der Arbeiterausschuß berechtigt, die Unternehmensleitung einzuschalten. Gleichwohl nahm die Direktion bei einem späteren sozialen Konflikt im Jahre 1910 auf die Meinung des Ausschusses keine Rücksicht und betonte seinen rein konsultativen Charakter. Außerhalb der Fabrik kam den Daimler-Arbeitern der Schutz des Gewerbegerichts Stuttgart zugute. Dieses annullierte 1911 ein disziplinarisches Strafgeld, das die Unternehmensleitung 77 Arbeitern auferlegt hatte, die sich gegen eine Verkürzung der Kündigungsfrist durch eine entsprechende Modifikation der Arbeitsordnung gesperrt und dabei, als Druckmittel, Überstunden verweigert hatten; die von den Arbeitern angefochtene Änderung der Arbeitsordnung ließ das Gewerbegericht jedoch bestehen[46].

Die Politik der Daimler-Direktion war stets darauf ausgerichtet, mit den Arbeitern zu verhandeln. Es gab nur eine Ausnahme: die Aussperrungs-Drohung im Jahre 1910, die aus Solidarität mit entsprechenden Anordnungen des Vereins Deutscher Metallindustrieller, dem Daimler angehörte, erfolgte[47].

Für die Unternehmensleitung war die Arbeitsordnung ein Instrument, das die Identifikation der Arbeiter mit den Interessen des Unternehmens stärken sollte. Sie mischte sich dagegen nicht in den Privatbereich der Arbeitnehmer ein; lediglich 1912 stellte das Unternehmen einen Teil des notwendigen Kapitals zum Ankauf von Grundstücken zur Verfügung, auf denen Häuser für die Werksangehörigen gebaut werden sollten. Das geschah in der Hoffnung, daß Hauseigentum die Arbeiter von der Sozialdemokratie entfremden und sie zu »soliden Bürgersleuten« machen würde[48].

Ganz offensichtlich erklärt sich die sozialliberale Politik Daimlers teilweise aus dem hohen Organisationsgrad seiner Arbeiter. Das war in Frankreich anders.

46 Ebd., S. 93, 96, 99, 128–130, 134f., 140, 144–146.
47 Ebd., S. 137–139.
48 Ebd., S. 93, 157.

Zwei spektakuläre Vorfälle symbolisieren die gängige Praxis unternehmerischer Herrschaft in Frankreich vor 1914. Im März 1904 zerstörten Arbeiter der Automobilfabrik La Minerve in Billancourt die gesamte Anlage, nachdem ein Vorarbeiter sie mit einem Revolver bedroht hatte[49]. Im Frühjahr 1906 kamen die Pariser Automobilunternehmer angesichts der Arbeiterstreiks für den Achtstundentag überein, sämtliche Hocker, auf die sich die Mechaniker von Zeit zu Zeit setzten, zu entfernen und auf den Fabrikhöfen zu verbrennen[50].

Die Arbeiterpolitik der französischen Automobilhersteller war wesentlich autokratischer als in Deutschland. Nur eine einzige Firma (Delaunay-Belleville) richtete einen Arbeiterausschuß ein; in einem weiteren Fall (Renault) gab es Betriebsdelegierte, denen es aber nicht gestattet war, einen Ausschuß zu bilden. Die Arbeitsordnungen wurden von den Unternehmern als Reaktion auf die Streiks von 1906 verschärft, und die Unternehmer bestritten von diesem Zeitpunkt an »alle betrieblichen Gewohnheitsrechte«. Verhandlungen mit den Arbeitern waren nicht üblich. Berichte über präventive Entlassungen vor Arbeitskonflikten oder Strafentlassungen sind äußerst zahlreich. Die Kündigungsfrist bei Renault betrug eine Stunde – bei Daimler waren es vor 1910 vierzehn Tage. Unzufriedene Arbeiter streikten denn auch in der Regel, um ihre Ziele durchzusetzen. Immer dann aber, wenn die unternehmerische Herrschaft auf dem Spiel stand, blieben die Unternehmer hart. Ein solcher Fall ereignete sich 1903 bei Peugeot, als die Belegschaft eine Veränderung der Arbeitsordnung ablehnte. Aber auch wenn Arbeiter die Entlassung eines Vorarbeiters, die Wiedereinstellung eines Arbeiters oder die Abschaffung der Stücklohnarbeit oder des Zeitnehmens forderten, nahmen Unternehmer einen Streik in Kauf.

Stärker als die deutschen Automobilhersteller kontrollierten ihre französischen Kollegen ihre Arbeiter, indem sie zahlreiche soziale Einrichtungen in bester paternalistischer Tradition stifteten: Wohnungen, Konsumgenossenschaften, Versicherungs-

[49] L. Berlanstein, The Workers of Paris 1871–1914, Baltimore 1984, S. 175f.

[50] P. Fridenson, Die Arbeiter in der französischen Automobilindustrie 1890 bis 1914, in: D. Puls (Hg.), Wahrnehmungsformen und Protestverhalten, Frankfurt 1979, S. 228–261.

und Rentenkassen, Freizeit- und insbesondere Sportvereine[51].

Demgegenüber scheinen zentrale Verwaltungseinrichtungen weniger entwickelt gewesen zu sein als in den deutschen Firmen. Einzig Renault hatte allem Anschein nach seit 1912 ein Büro, das mit der Arbeitsvorbereitung befaßt war und die Arbeiter mit Instruktionsblättern versorgte. Der Ingenieur Ernest Mattern führte zwischen 1907 und 1914 bei Peugeot ein ganzes Geschäftsführungsinstrumentarium ein: Beförderungspapiere, Instruktionspapiere, Kontrollpapiere, Fabrikationspläne sowie graphische Darstellungen der Lagerbestände. Er brach das übliche Einverständnis zwischen Ingenieuren und Facharbeitern auf und weitete die Organisationsleistung der Unternehmensführung auch auf den Produktionsbereich aus, indem er Rentabilität und Produktionswissen miteinander verknüpfte. Allerdings richtete er vor dem Krieg noch kein Planungsbüro ein[52].

Ein weiterer Beleg für die Stärke des archäo-liberalen Modells ist darin zu sehen, daß regionale Übereinkünfte zwischen Unternehmern bei Arbeitskämpfen Seltenheitswert besaßen. Nachdem es lediglich 1905 in Lyon und 1906 in Paris zu solchen Absprachen gekommen war, mischten sich die beiden großen Unternehmerverbände der Automobilindustrie praktisch nicht mehr in die Beziehungen zwischen ihren Mitgliedern und deren Arbeitern ein. Statt dessen konzentrierten sie sich auf die Beziehungen zum Staat und auf die Pressearbeit, die die Effizienz der Unternehmensführungen betonte[53]. Die Einzelunternehmen behielten ein Höchstmaß an Autonomie. Als Beweis sei nur das rasche Ende der Betriebsdelegierten bei Renault im Jahre 1913 erwähnt, einer Einrichtung, die nur vier Monate lang bestand und nach einem Streik wieder abgeschafft wurde. Auch Staat und Gesetzgebung hielten sich sehr zurück, und der Staat griff nur in der Form in einen Konflikt ein, daß er sich über die verschiedenen Standpunkte informierte oder daß er den Unternehmern Polizisten und Soldaten gegen die Streikenden zur Verfügung stellte.

Möglicherweise begünstigte die Übernahme des Taylor-Systems in sieben französischen Automobilunternehmen zwi-

[51] J. M. Laux, In First Gear, Liverpool 1976; Fridenson, Arbeiter.

[52] Cohen, Ernest Mattern, S. 119, 129f., 137, 140–143, 154f., 167, 179.

[53] Archives de la Chambre Syndicale des Constructeurs d'Automobiles, Paris, 1909–1914.

schen 1907 und 1914 das Modell liberaler Herrschaft, das sich bei fast allen französischen Automobilherstellern durchsetzte. In jedem Fall trug der Taylorismus zur Stärkung dieses Modells bei und stellte ihm die Techniken zur Verfügung, mit deren Hilfe die Beziehungen zwischen den einzelnen Arbeitergruppen abgewertet und die Arbeiter auf den Status von Einzelindividuen reduziert wurden. Als solchen blieb ihnen kein anderer Ausweg, als sich an die von der Bourgeoisie entwickelten meßbaren und unveränderlichen Leistungsvorstellungen zu halten[54]. Diese Zersetzung der Solidarität unter den Arbeitern und der traditionellen Wertvorstellungen würden, so hofften die Unternehmer, gleichzeitig dem Sozialismus und der Gewerkschaftsbewegung den Garaus machen.

4. Ergebnisse

Die Entwicklung unternehmerischer Herrschaft in Frankreich und Deutschland zwischen 1880 und 1914 brachte ein neues Legitimitätsmodell und ein neues Verhalten innerhalb der Betriebe hervor, das geprägt war von einer Orientierung an unpersönlichen und allgemeinen Regeln[55] sowie von einer stärkeren Betonung unternehmerischer Effizienz, die über rein finanzielle Rentabilitätserwägungen hinausging. In diesem Prozeß verlor die Stellung des Vorarbeiters an Bedeutung, dessen Befugnisse stark beschnitten wurden; Ingenieure und Angestellte dagegen versuchten, diese Entwicklung zur Stärkung ihrer innerbetrieblichen Position zu nutzen; die Arbeiter wiederum forderten eine kollektive Interessenvertretung innerhalb der Unternehmen oder auf lokaler Ebene, die ihrem Wunsch nach Selbstverwaltung entsprach. Die Bedeutung vorindustrieller Modelle ging zurück; Unternehmen, in denen die Arbeiter wie bei M.A.N. Uniformen trugen und militärisch grüßten, waren eher die Ausnahme[56]. Nach und nach gewann, zumindest in einigen Großbetrieben, eine von staatlichen oder kommunalen Rahmenbedingungen vielfach beeinflußte Unternehmens-Bürgerlichkeit die Oberhand. Diese

[54] P. Fridenson, Un tournant taylorien de la société française (1904–1918), in: Annales E. S. C. 58, 1987, S. 1034–36.

[55] J. Kocka, Capitalism and Bureaucracy in German Industrialization before 1914, in: Economic History Review 33, 1981, S. 459.

[56] Rupieper, Arbeiter und Angestellte, S. 99.

war in Deutschland mehr sozialliberal, in Frankreich mehr liberal geprägt.

Diesen Befund könnte man in jedem Land nach Regionen, Branchen, Unternehmensgröße und Phasen differenzieren[57]. Er ließe sich darüber hinaus in der architektonischen Neugestaltung von Fabriken oder im ostentativen Stil vieler Unternehmerresidenzen wiederfinden und spezifizieren[58]. An dieser Stelle bescheiden wir uns jedoch mit dem Eindruck eines schwierigen Kompromisses zwischen der liberalen Bekräftigung unternehmerischer Prärogative sowie der Festlegung allgemein verbindlicher Regeln einerseits und der Durchsetzung mancher Bürgerrechte zugunsten der Betriebsbelegschaft andererseits. Diese an sich widersprüchliche Struktur ist nicht mit der Bürgerlichkeit zu vergleichen, wie sie im öffentlichen Leben in Erscheinung trat. Offensichtlich waren bürgerliche Herrschaftsformen im Unternehmen vor dem Ersten Weltkrieg noch im Entstehen begriffen.

57 Vgl. für Deutschland: W. Ruppert (Hg.), Die Arbeiter, München 1986; H. Steffens, Autorität und Revolte, Weingarten 1986; E. Glovka-Spencer, Management and Labor in Imperial Germany. Ruhr Industrialists as Employers, 1896–1914, New Brunswick 1984; H. Junkers, Entwicklung und Wachstum der Stahl- und Hüttenwerke Oberhausen und Neu-Oberhausen 1880–1890. Beispiele unternehmerischer Entscheidungen in der Gute-Hoffnungs-Hütte, Diss. Heidelberg 1970; V. Hentschel, Wirtschaftsgeschichte der Maschinenfabrik Esslingen AG 1846–1918, Stuttgart 1977; G. Schulz, Die Arbeiter und Angestellten bei Felten und Guilleaume, Wiesbaden 1979; S. H. F. Hickey, Workers in Imperial Germany. The Miners of the Ruhr, New York 1985.

58 K. Herding, Industriebild und Moderne. Zur künstlerischen Bewältigung der Technik im Übergang zur Großmaschinerie (1830–1890), in: H. Pfeiffer u. a. (Hg.), Art social und art industriel. Funktionen der Kunst im Zeitalter des Industrialismus, München 1987, S. 424–468.

Wolfgang Kaschuba

Deutsche Bürgerlichkeit nach 1800
Kultur als symbolische Praxis

»So fühlte man sich denn stets in wichtigster Gesellschaft, wenn man das Blatt las, in der Gesellschaft, welche vor ganz Europa und darüber hinaus die deutsche Kultur vertrat.« Diesen pathetischen Satz schrieb im Jahr 1869 der Schriftsteller Heinrich Laube, in seinen Lebenserinnerungen zurückblikkend auf die Zeit der 1830er Jahre[1]. Jenes Blatt, von dem er sprach, war die ›Augsburger Allgemeine Zeitung‹, herausgegeben vom Stuttgarter Großverleger Johann Friedrich Cotta, damals eben »die« Zeitung schlechthin in Deutschland. Und ihr Lesepublikum verstand sich wohl in der Tat als der berufene Träger und Hüter einer Kultur, die besten deutschen Bildungssinn und Bürgergeist verkörpern wollte. Wäre die damalige Abonnentenliste der ›Allgemeinen‹ noch erhalten, sie bildete gewiß kein schlechtes ›Who's who?‹ zeitgenössischer deutscher Bürgerlichkeit.

Nun existiert diese Liste nicht, und zudem ginge jene historische Gleichung kaum so einfach auf. Zwar lasen damals die »besseren« Bürger fast überall die ›Allgemeine‹, doch reichte deren Verbreitung bereits weit über die bürgerlichen Kreise hinaus. Wer sich gut informiert und überdies auf der Höhe bürgerlicher Diskussion und Konversation zeigen wollte, ohne selbst schon der guten Bürgergesellschaft anzugehören, für den war der Preis des Zeitungsabonnements eine durchaus rentable Statusinvestition. Mochte man als Leser der ›Allgemeinen‹ doch sich selbst das Gefühl und zudem nach außen den Anschein vermitteln, dennoch dazuzugehören, wenigstens im Blick auf seinen Bildungs- und Kulturhorizont »bürgerlich« zu sein. – Jener Umkehrschluß, er hätte also ohnehin nicht funktioniert: Als zuverlässiges Kennzeichen von »Bürgerlichkeit« ließe sich das Merkmal »›Allgemeine‹-Leser« deshalb kaum verwenden, weil die Zeitgenossen selbst daraus bereits ein modisches Statussymbol gemacht und es damit in seinem wirklichen bürgerlichen Symbolwert »entwertet« hatten.

[1] H. Laube, Erinnerungen 1810–1840, in: ders., Gesammelte Werke, hg. v. H. H. Houben, Bd. 40, Leipzig 1909, S. 157f.

Dieses Beispiel mag auf das grundsätzliche Problem verweisen: »Bürgerlichkeit« war und ist alles andere als eine systematische Kategorie, sondern besitzt eher deskriptive und assoziative Qualität; sie bezieht sich zunächst auf mentale Einstellungen und auf kulturelle Tatbestände und sperrt sich gegen feste soziologische Zuordnungen. Bürgertum und Bürgerlichkeit ergeben keine kongruenten Größen. Die Markierungen auf dem gesellschaftlichen Feld lassen sich nicht einfach auf die kulturelle Folie umkopieren. Diese semantische Tücke zeigt sich bereits im historischen Sprachgebrauch zu Beginn des 19. Jahrhunderts, als die Bedeutung des Attributs »bürgerlich« sich aus dem ursprünglichen juristisch-politischen Feld in einen neuen sozialkulturellen Wertekontext hinein zu verlagern beginnt. Nun bezeichnet »Bürgerlichkeit« keinen schlichten Rechtsstatus mehr, sondern sie entwickelt sich zu einem ebenso komplexen wie komplizierten sozialen Statusbegriff[2], der sich auf eine Vielzahl unterschiedlichster Kriterien bezieht vom Besitz bis zum Beruf, vom Geschmack bis zur Bildung – und letztlich auf die Umsetzung all dieser Eigenschaften in eine angemessene Form bürgerlichen Kultur- und Lebensstils.

Wenn es also um »Bürgerlichkeit« im Sinne historisch gewachsener kultureller Praxis geht, müssen wir wohl umdenken: nicht ausgehend von einer vordefinierten Sozialstruktur eine feste Zuordnung kultureller Werte und Muster versuchen, sondern solche gesellschaftlichen Situationen und Figurationen als Maßstab nehmen, in denen sich bürgerliche Kulturpraxis zugleich als ein konkreter sozialer Handlungskontext präsentiert. Dort definiert die Kultur ihre »bürgerliche Qualität« selbst, und sie entwirft zugleich ein bestimmtes soziales Profil: Wer darf sich wann mit welchem Recht »bürgerlich« nennen?

Wohl nirgendwo spiegelt sich ein historisches bürgerliches Selbstverständnis deutlicher wider als in der Flut von Autobiographien und Briefen nach der Wende ins 19. Jahrhundert. Als »subjektive Zeugnisse« sind sie Spiegelbild und Selbstbespiegelung bürgerlichen Lebens zugleich. Daß sie als Lebenserinnerungen meist erst aus dem Abstand von Jahren

[2] Zur Begriffs- und Bedeutungsgeschichte s. M. Riedel, Art. ›Bürger, Staatsbürger, Bürgertum‹, in: O. Brunner u. a. (Hg.), Geschichtliche Grundbegriffe. Historisches Lexikon zur politisch-sozialen Sprache in Deutschland, Bd. 1, Stuttgart 1972, S. 672–725.

oder Jahrzehnten nach den geschilderten Ereignissen verfaßt wurden, macht sie als Quelle in gewisser Weise fast noch wertvoller. Ohne dabei das Problem der Erinnerung und der interpretierenden Rückschau zu übersehen, wird gerade durch die Retrospektive jener Blickwinkel noch verstärkt, der ebenso zum literarischen Genre der Autobiographie gehört wie er eine wesentliche Bestimmung bürgerlicher Kultur ausmacht: die soziale Selbstdarstellung und Selbststilisierung als ästhetische Praxis.

Bezeichnenderweise setzen sich schriftliche Lebenserinnerungen ja überwiegend aus der Schilderung von Szenen und Situationen zusammen, in denen die Themen, die Beteiligten und deren Verhaltensweisen im Lichte ganz bestimmter Muster und Beziehungsfiguren erscheinen. Bewußt wie unbewußt gibt die Erinnerung an familiäre Begebenheiten oder an gesellige Anlässe, an berufliche Stationen oder an öffentliche Vorgänge damit zugleich auch die innere Strukturierung bürgerlicher Lebenswelten wieder. Die Authentizität nicht des Geschehens, als vielmehr der subjektiven Wahrnehmung steht im Vordergrund: Rückblicke auf die Geschichte durch die Brille der erinnerten, der re-interpretierten und nach bürgerlichem Modell geformten Lebensgeschichte.

Gewiß vermag diese Quellenbasis kein sozialstatistisch repräsentatives Bild bürgerlicher Lebensläufe in der ersten Hälfte des 19. Jahrhunderts zu liefern[3]. Doch anders als sozialstrukturelle

[3] Als Quellen herangezogen wurden von mir rund 30 gedruckt erschienene Lebenserinnerungen überwiegend männlicher Autoren der Geburtsjahrgänge vor allem zwischen 1790 und 1805, niedergeschrieben vor dem Hintergrund ganz unterschiedlicher bürgerlicher Berufswege und Lebenswelten und auch in unterschiedlichem Alter bzw. zeitlichem Abstand zu den geschilderten Lebensphasen verfaßt. Als Ergänzung dienten edierte Briefwechsel und zeitgenössische Kulturskizzen. Ohne dabei nach einem systematischen Schlüssel verfahren zu sein, weichen die Auswahl und die Ergebnisse vielleicht nicht einmal so sehr von der realen Struktur der historischen »Bürgerwelt« ab. Die autobiographisch am häufigsten dokumentierten Berufe wie Universitätsprofessor, Fabrikant, Schriftsteller oder hoher Beamter repräsentieren damals in der Tat die zahlenmäßig größeren und gesellschaftlich einflußreicheren bürgerlichen Gruppierungen. Zugleich verkörpern sie denjenigen Bürgertypus, dem die autobiographische Selbstdarstellung gegenüber Familien und Freunden wie gegenüber der Öffentlichkeit als kulturelles Muster offenbar fast schon eine Selbstverständlichkeit ist. Dagegen bleiben die Erinnerungen des Malers, des Kunsthändlers, des praktischen Arztes oder die vergleichsweise kleine Zahl weiblicher Autobiographien offenbar eher noch Ausnahmeerscheinungen. Insofern mag aus der getroffenen Auswahl immerhin der Umriß einer bürgerlichen Gruppenbiographie zwischen Jahrhundertwende und Vormärz sichtbar werden.

Untersuchungen kann ein derartiger gruppenbiographischer Zugang manche tieferen, charakteristischen Einblicke vermitteln in das Feld bürgerlicher Kulturstile. Und damit sind beide Auffassungen von Kultur gemeint, sowohl der Umgang mit bürgerlichen Bildungsgütern im engeren historischen Sinn, wie im heutigen, weiteren Verständnis die kulturelle Alltagspraxis, der bürgerliche »Lebensstil« insgesamt.

1. Zwischen den Revolutionen: Bürgerlicher Aufbruch

In der historischen Rückschau erscheint uns dieser Beginn des »bürgerlichen« 19. Jahrhunderts als eine Zeit zwischen den Revolutionen: hinter sich die Französische Revolution von 1789, die das Problem des Aufbaus und der Gestaltung einer zumindest nachabsolutistischen Gesellschaft auch in Deutschland auf die Tagesordnung setzt; vor sich noch die deutsche Revolution von 1848, in der das kaum begonnene Experiment einer »Bürgergesellschaft« angesichts der rasch lernenden, ihre Rechte fordernden »Massen« bald wieder abgebrochen werden wird zugunsten bürgerlich-pragmatischer »Realpolitik«. – Zwei Zäsuren europäischer Geschichte, zwischen denen entscheidende Ideen geboren und sozialgeschichtliche Weichen gestellt werden auf dem Weg zu einem künftigen, klassengesellschaftlich orientierten und organisierten deutschen Bürgertum.

Zwar noch nicht völlig losgelöst von der alten ständischen Ordnung, doch diese in vieler Hinsicht bereits transformierend, beginnt sich hier das ökonomische, soziale und kulturelle Profil bürgerlicher Existenz allmählich neu zu formen. Karl Marx spricht von den »Klassenbedingungen«, die in dieser Zeit vom deutschen Bürgertum schrittweise geordnet werden; und er meint damit auch die Seite der sozialen und kulturellen Lebensformen, keineswegs nur jene der Produktionsverhältnisse. Namentlich im Blick auf die Kultur bedeutet das eine grundlegende Umgestaltung der Lebenswelten und der Lebensstile städtischer Bürgergruppen, die sich nun nicht mehr einfach in die Schablonen alter »pfahlbürgerlicher« Patrizier- und Honoratiorenmodelle einpassen lassen. Für die zwei, drei Jahrzehnte zwischen deutscher Spätaufklärung und dem beginnenden Biedermeier kann man sogar den Eindruck einer regelrechten bürgerlichen »Experimentierphase« gewinnen. Neue Berufskarrieren und neue Bildungsstrategien werden entwickelt, neue Formen des öffentlichen wie des privaten Lebens gesucht, neue Familienmodelle und Geschlechterrollen erprobt. In den Lebensläufen und Lebensentwürfen spiegelt sich deutlich wider, wie sehr sich die Erfahrungs- und Erwartungshorizonte der Geburtsjahrgänge kurz vor und nach der Wende ins 19. Jahrhundert bereits unterscheiden vom Horizont der Eltern- und der Großelterngeneration. Man spürt förmlich, um wieviel offener der Raum bürgerlicher Erfahrungen und Lebensentwürfe geworden ist etwa durch die »Entdeckung« der Kindheit und der Jugend als einer eigenen, wichtigen biographischen Lernphase, durch neue Geselligkeitsformen und Bildungsmöglichkeiten, durch neue politische Ideen und gesellschaftliche Wertvorstellungen[4].

Gewiß gilt das zunächst nur für relativ kleine privilegierte Bürgergruppen. Ganz summarisch gesagt sind es die Fabrikanten- und die Kaufmannsfamilien, die beamteten Bildungsbürger in Staatsverwaltung, Schule und Universität und dazu manche der »freien Berufe« wie die Schriftsteller, Journalisten, Anwälte, Künstler, die diese neuen Wege beschreiten können[5]. Und es gilt überwiegend für Männer und für Männerrollen. Die Möglichkeiten der Frauen, zu eigenen beruflichen und privaten Lebensentwürfen zu gelangen, bleiben auch in dieser neuen Bürgerwelt mehr als bescheiden. Um so stärker empfinden sie offensichtlich den Widerspruch zwischen ihren positiven Erwartungen, Hoffnungen und ihren negativen Erfahrungen. Im Gegenlicht neuer bürgerlicher Emanzipationsideen müssen die Frauen der jungen Generation die auferlegten Rollenzwänge noch sehr viel stärker verspüren als die Generation ihrer Mütter. Therese Huber, Schriftstellerin, Ehefrau, Mutter und seit 1816 Redakteurin des Stuttgarter ›Morgenblattes für die gebildeten Stände‹, schreibt resignierend an einen Freund: »Ich wußte stets, das Weib soll schweigen, wenn Männer sprechen, und nie außer dem innigsten Zirkel von Politik sprechen«, und sie fügt demselben Thema wenig später sarkastisch hinzu: »Sagen Sie

[4] Siehe dazu auch die 1935 verfaßte, jetzt wieder veröffentlichte und immer noch lesenswerte Untersuchung von H. H. Gerth, Bürgerliche Intelligenz um 1800. Zur Soziologie des deutschen Frühliberalismus, Göttingen 1976.

[5] Soziologische Umrisse und soziale Profile skizziert ausführlicher R. M. Lepsius, Zur Soziologie des Bürgertums und der Bürgerlichkeit, in: J. Kocka (Hg.), Bürger und Bürgerlichkeit im 19. Jahrhundert, Göttingen 1987, S. 79–100.

dem Publikum, daß ich lieber und besser Strümpfe stricke, als redigiere.«[6]

Bereits nach 1819, nach den Befreiungskriegen, nach den ersten süddeutschen Verfassungserfolgen, freilich auch nach den Karlsbader Polizeistaats-Beschlüssen, scheint sich diese Experimentierfreude, diese Suche nach neuen Wegen ohnedies wieder abzuschwächen. Unter den veränderten Vorzeichen von Restaurationspolitik und Biedermeierkultur beginnt sich bürgerliches Leben in einer nicht-bürgerlichen Gesellschaft einzurichten. Sich mit dem Erreichten vorerst begnügend, denkt man offensichtlich mehr über die verfassungsrechtliche und gesellschaftspolitische Sicherung bürgerlicher Positionen nach als über einen endgültigen Aufbruch zu bürgerlichen Ufern, der dann auch 1848 nur mehr mit halbem bürgerlichem Herzen unternommen wird.

Obschon hier nur stichwortartig angedeutet und trotz gewisser Einschränkungen und zeitlicher Differenzierungen, erscheint diese Zeit zwischen den Revolutionen insgesamt als diejenige – vielleicht die einzige – Spanne in der deutschen Sozialgeschichte, in der das Attribut »bürgerlich« unumstritten positiv akzentuiert ist. Zwei, drei »junge« Bürgergenerationen wachsen in einem gesellschaftlichen Selbstverständnis auf, das immerhin für eine klare antiabsolutistische und antietatistische Stoßrichtung steht, für Ideen und Programme einer neuen, modernen Gesellschaft. Ihr bürgerliches Interesse und ihre Vorstellungen verknüpfen sich in bestimmten politischen und sozialen Grundauffassungen: etwa im Prinzip »Öffentlichkeit«, im Prinzip »Individualität«, im Prinzip »Diskurs«, im Prinzip »Allgemeinwohl« und im Prinzip »Fortschritt«. Das sind ethisch-moralische Wertvorstellungen, die in dieser Zeit noch kaum im Verdacht ideologischer Leerformeln stehen können. Denn vorerst beschreiben sie noch bürgerliche Ideale und Erwartungen, noch müssen sie nicht die Beweislast »herrschender« gesellschaftlicher Handlungsmaximen tragen.

Mit welchem Optimismus, auch mit welch naiver Empathie dieser Fortschritt teilweise angestrebt wird, mögen beispielhaft die Diskussionsthemen eines bürgerlich-studentischen Vereins

[6] Zit. nach G. König, Therese Huber, in: Baden und Württemberg im Zeitalter Napoleons, hg. v. Württembergischen Landesmuseum Stuttgart, Bd. 1.2, Stuttgart 1987, S. 1126f.

in Freiburg aus dem Jahr 1818 illustrieren: »Ob es in einem monarchischen oder Repräsentativstaate einen vermittelnden Stand zwischen Souverain und Volk geben dürfe? – Ob die Teutschen einen Geschmack haben? – Warum bisher in Teutschland kein Pantheon errichtet? – Ob die männliche oder weibliche Natur sinnlicher sey? – Ob ein Regent das Recht habe, einen Unterthan hinrichten zu lassen? – Über die wahre und falsche Ausbildung des Geistes – Versuch einer Bildungsgeschichte des teutschen Volkes.«[7]

2. »Bürgerlichkeit« als kultureller Habitus

Solche Themen sind charakteristisch für jenen bürgerlichen Diskurs über den menschlichen und den gesellschaftlichen Fortschritt, wie er bis in die Vormärzjahre hinein überall in Deutschland geführt wird. Es ist ein Stück bürgerlicher Alltagskultur, sich »raisonnierend« darüber mit Geschäftsfreunden, Bekannten, Gleichgesinnten zu unterhalten und auszutauschen. An diesem bürgerlichen Diskurs nimmt selbstverständlich die lokale Gesellschaftselite teil, vielfach indessen auch der wohlhabende Handwerksmeister oder der kleine Beamte. Er diskutiert mit als Bürger unter seinesgleichen, durchaus geachtet und respektiert offenbar in seinen Meinungen. Doch ist er da wirklich unter »seinesgleichen«, gehört er mit seiner Begeisterung für bürgerliche Lebensideale bereits zu den »bürgerlichen Kreisen«?

Wie diffizil sich solche Zugehörigkeits- und Abgrenzungsfragen damals darstellen, mag eine Szene verdeutlichen, die der Jurist und spätere Minister Robert von Mohl in seinen Erinnerungen beschreibt. Selbst aus guter bürgerlicher Familie stammend, schildert er darin seine Tanzstunde in Stuttgart während der Jahre 1815/1816, die er mit »Mädchen aus ganz anständigen, wenn auch nicht gerade aus den ersten Familien« absolvierte, mit »Töchtern von Beamten, Kaufleuten und dergleichen«. Mit ihnen übte man in der Tanzschule gemeinsame Tanzschritte – jedoch: »Man begleitete niemals diese Mädchen nach der Stunde nach Hause; ein Anreden oder Mitgehen auf der Straße bei etwaigem Begegnen war ganz außer aller Frage.«[8] Denn das

[7] E. Münch, Erinnerungen, Lebensbilder und Studien aus den ersten sieben und dreißig Jahren eines teutschen Gelehrten, Bd. 1, Karlsruhe 1836, S. 316.
[8] R. v. Mohl, Lebenserinnerungen 1799–1875, Bd. 1, Stuttgart 1902, S. 82.

hätte nicht nur zu emotionalen Verwicklungen führen können, sondern vor allem auch zu sozialen Irritationen. Wiewohl »anständig«, gehörten die Familien eben doch nicht zur »guten Gesellschaft«. Angemessene Partnerinnen aus den »ersten Familien« fand Mohl dann auf geschlossenen und entsprechend steifen Abendgesellschaften und Bällen, zu denen seine Tanzstundendamen wiederum keinen Zugang hatten.

Bezeichnenderweise sind derartige Konstellationen damals auch die beliebtesten Stoffe der beginnenden Trivialliteratur, die der sozialen Wirklichkeit quasi nur noch jenes Happy-end aufsetzen muß, welches »das Leben« selbst meist verweigert. Ihr Szenario jedoch ähnelt der eben zitierten Realität: Vor dem Hintergrund der städtischen Gesellschaft insgesamt repräsentieren auch diese »anständigen« Familien durchaus »bürgerliches Milieu«. Sie sind in bestimmten sozialen Situationen und im Vergleich zu den anderen sozialen Gruppen noch akzeptabel, dürfen sich noch dazugehörig fühlen. Als gesellschaftlich-geselliger Umgang indessen, bei dem es dann um dauerhafte Beziehungen geht, um soziale Heiratskreise, um den Besitz höherer Bildung und guten Geschmacks, kommen sie nicht in Betracht.

Generelle soziale Grenzziehungen erweisen sich erneut als schwierig. In unterschiedlichen Situationen besitzt das Attribut »bürgerlich« offenkundig auch unterschiedliche Aussagekraft und Reichweite: in literatursoziologischer Hinsicht andere als im Bereich der Geselligkeit, wiederum andere im politischen Diskurs. Der Versuch, »dem« Bürger jeweils »seinen« sozialen Status und »seine« Kultur zuzuordnen, funktioniert in der historischen Realität deshalb so schwer, weil sich bürgerliche Kultur über weite Strecken eben nicht sozialformativ entwikkelt, nicht ausschließlich gebunden an eine bestimmte Trägergruppe. Vielmehr ist sie stets auf allgemeine gesellschaftliche Situationen, Kontexte und Interaktionsfiguren bezogen, in deren Mittelpunkt zwar häufig »die Bürgerlichen« stehen, meist jedoch weder als ausschließlich Beteiligte noch als einheitlich auftretende soziale Gruppe. Und das macht einen wesentlichen Unterschied aus zu den Modellen älterer Gruppenkulturen, etwa jenen der adligen Gesellschaft oder der vorindustriellen Handwerkerwelt. Dort erschienen Kulturpraxis und soziale Formation noch weitgehend kongruent. Zudem waren das Repertoire kultureller Verhaltensweisen und ihr sozialer Geltungskreis vielfach über feste Gebote und Verbote geregelt; wir kennen die ständegesellschaftlichen Kleider-, Trauer- und Festordnungen und die sonstigen Reglementierungen der Alltagskultur, die sich im jeweiligen Gruppenkomment von »Sitte und Brauch« verbargen.

Umgekehrt wird im bürgerlichen Selbstverständnis gerade das Prinzip der Verbreitung und Vergesellschaftung der eigenen kulturellen Werte und Verhaltensmuster zur zentralen Funktionsbestimmung von Kultur. Als Lebenskultur, als Verhaltenskultur erhebt sie Anspruch auf gesellschaftliche Allgemeingültigkeit, will sie Leithorizont sein auch für die übrigen gesellschaftlichen Gruppen. Insofern baut sie nicht nur auf ihre innere Kontinuität und Geschlossenheit, sondern sie »lebt« vielleicht mehr noch durch den Dialog mit anderen gesellschaftlichen Teilkulturen und durch die damit verbundenen ständigen Austausch- und Wandlungsimpulse. »Nicht mehr Staat, Kirche, Familie, sondern die Gesellschaft ist jetzt Alles, fordert Alles, verschlingt Alles; sie ist uns Schicksal, Nemesis, Nothwendigkeit. Seiner Natur Gewalt anzuthun, sein Temperament umzuwandeln, den angebornen Neigungen und seinem ganzen Charakter zu entsagen, wenn er nicht in den Model der Gesellschaft paßt, wird heut zu Tage für eine ganz billige Forderung gehalten«, schreibt 1831 der liberale Politiker Paul Pfizer, nachdenklicher Kritiker und zugleich faszinierter Augenzeuge dieses bürgerlichen »Aufbruchs in die Gesellschaft«[9].

Selbst dort, wo dann – wie im Tanzstunden-Beispiel – eine Einschränkung dieses universellen Anspruchs erfolgt, um ein bestimmtes Maß an bürgerlicher Exklusivität zu erhalten, geschieht dies nicht über die formale Verbotsebene, sondern über die Ebene der kulturellen Praxis und ihrer symbolischen Sprache. Wer nicht als Kind bereits erste lyrische Gehversuche unternahm, wird sich in Gesprächen und Briefen schwer tun, seiner »Befindlichkeit« mit dem nötigen melancholischen Timbre Ausdruck zu verleihen; wer in der eigenen Familie nie mit Hausmusik in Berührung kam, dem fehlen wichtige »Talente« in der damaligen bürgerlichen Salonkultur, kurz: Wer die kulturellen Regeln nicht beherrscht, wird durch sie ausgeschlossen. Die Verwandtschaft der Empfindungen und die kulturelle Fähigkeit, diese auszudrücken – das entscheidet darüber, ob die Kultur als einigendes Band wirkt oder als Praxis sozialer Di-

[9] Briefwechsel zweier Deutscher, hg. v. P. Pfizer, Stuttgart 1831, zit. nach der Ausg. von 1832, S. 112.

stinktion[10]. Eine ›Kulturgeschichtliche Skizze‹ des bürgerlichen Kassel in den 1820er Jahren stellt fest, dort habe man, abgesehen vom Adel, nur »zwei Schichten der Gesellschaft« unterscheiden können: »Die höhere bildete sich aus den Studirten, vor allem aus den höhern Beamten, den höhern Künstlern, den Offizieren und Personen in ähnlicher Stellung. Aus dem Handels- und Gewerbestand konnte man nur einzelne, welche durch eine größere Bildung, durch Familienbeziehungen oder andere hervorragende Eigenschaften eine besondre Stellung sich erworben hatten, zu dieser Gesellschaftsklasse rechnen. Die zweite Schicht der Gesellschaft bestand aus der großen Masse der Handel- und Gewerbetreibenden, welchen sich dann auch die Subalternbeamten, geringere Künstler u.s.w. anschlossen. Alles, was noch darunter war, kam als besondrer Teil der Gesellschaft nicht in Betracht.«[11] Das ist das soziale Gefüge städtischen Bürgertums, formiert in zwei Kulturschichten, von denen sich »bürgerlich« doch nur die erste nennen durfte.

Eben dies meint »Bürgerlichkeit«, verstanden als ein sozial bestimmter und kulturell geformter Habitus: ein in sich zwar vielfach abgestuftes und variiertes, in seinen Grundzügen jedoch verbindliches Kulturmodell, das entscheidende Momente sozialer Identität in sich birgt. Es vermittelt bürgerliches Selbstverständnis und Selbstbewußtsein, definiert durch den Gebrauch materieller Güter, durch den Bezug auf ideelle Werte, durch die Benutzung kultureller Verhaltensmuster, die zusammengenommen ein lebensweltliches Ensemble bilden. Es ist gleichsam die »zweite Natur« der Bürgerlichen, die sich darin verkörpert, die sich in eigenen Formen und Normen habitualisiert und damit der »Kultur« eine doppelte Funktion zuschreibt, als Identitätsmodell wie als Distinktionsmittel.

Dabei kommt dieser zweiten Wirkungsebene, der Distinktionsfähigkeit, zu Beginn des 19. Jahrhunderts zweifellos eine ganz besondere Bedeutung zu. Bietet sie allein doch den bürgerlichen Gruppen die Möglichkeit, trotz des Verzichts auf ständische Privilegien und formale Schranken dennoch soziale Grenzen und Distanzen in der Gesellschaft zu wahren, sich als Individuum wie als soziale Gruppe kenntlich machen zu können. Man braucht dabei nur an Sprachverhalten und Bildung zu

[10] Zum Begriff der sozialen Distinktion s. P. Bourdieu, Die feinen Unterschiede. Kritik der gesellschaftlichen Urteilskraft, Frankfurt 1982, bes. S. 405–499.

[11] O. Bähr, Eine deutsche Stadt vor 60 Jahren. Kulturgeschichtliche Skizze, Leipzig 1884, S. 157.

denken, an Kleidung und Körperlichkeit, an Eßkultur und Wohnstile, an Familienformen und Ehrbegriffe, um vor sich ein breites, alltägliches Verhaltensspektrum zu sehen, das wie ein Signalsystem funktioniert. Seine Wirkung beruht auf »sozialen Zeichen« und »symbolischen Formen«, in denen sich eine bestimmte Umgangsweise mit materieller und geistiger Kultur ausdrückt, bestimmte Muster von Stil und Geschmack als Signets für »Bürgerlichkeit«.

Angesichts seiner begrenzten gesellschaftlichen Gestaltungsmöglichkeiten und seiner bislang noch geringen sozialen und territorialen Einheit ist dieser kulturelle Konstitutionsvorgang für das deutsche Bürgertum offensichtlich von wesentlich größerer Bedeutung als für die bürgerlichen Eliten in vergleichbaren westeuropäischen Ländern. Im Hinblick etwa auf Verfassungsleben und Presse, auf Wirtschaftspolitik und Beamtenlaufbahnen, auf die Gestaltungsmöglichkeiten des öffentlichen Lebens insgesamt scheinen die gesellschaftlichen Handlungsfelder des englischen oder französischen Bürgertums bereits sehr viel breiter, fast schon klassenmäßig organisiert zu sein. In Deutschland hingegen können bürgerliche Ambitionen und Identitätsvorstellungen vorerst nur in der »Kultur« einen gemeinsamen Ausdruck finden, in der selbstbestätigenden Wirkung einer gemeinsamen Auffassung und Handhabung von Kunst und Literatur, von Bildung, Geschichte und Ästhetik. Wobei diese kulturelle Praxis dennoch nicht ausschließlich als ein Kompensationsmodell der gesellschaftlich-politischen Schwäche zu verstehen ist, sondern durchaus auch in ein positives Programm sozialer Fähigkeiten und Eigenschaften der neuen bürgerlichen Elite umgemünzt wird: Bildung bedeutet dann auch Berufs- und Laufbahnausbildung, bürgerliche Geschichtsauffassung wird zu einer Leitlinie im politischen Verfassungsdiskurs.

Das Neue an diesem Verständnis von »Kultur« besteht sicherlich in dem vielseitigen, alle Lebensbereiche berührenden Gebrauchswert bürgerlicher Kulturmuster. Das sind keine mechanischen Verhaltensregeln mehr, abgeleitet aus ständischen Lebenswelten und festgeschrieben in statischen Gesellschaftshorizonten. Vielmehr wirkt die neue Bürgerkultur nun wie eine Querspange zwischen vorher getrennten Gruppen, Teilkulturen, Berufen und Konfessionen. Sie stellt durch gemeinsame Ideen und Interessen neue Übergänge und Verbindungen her, manchmal lange bevor diese Gemeinsamkeiten überhaupt eine feste soziale Form erhalten haben. Musik, Literatur, Kunst oder Philosophie sind zunächst Kommunikations- und Diskurselemente, um die sich allmählich festere Geselligkeitsformen kristallisieren und die dann auch in Gestalt der Zirkel oder Vereine zu dauerhaften Strukturen bürgerlicher Öffentlichkeit werden.

3. »Neue Gesellschaft« – Bürgerliche Gruppierungen und Figurationen

Im rückblickenden Vergleich ist den Zeitgenossen selbst der Unterschied zum späten 18. Jahrhundert evident. Dort bot das »bürgerliche Leben« in den Reichs-, Residenz- und Mittelstädten ein getreues Abbild der territorialen, der ständischen, der konfessionellen Zerrissenheit Deutschlands und bedeutete meist lokal begrenzte, berufsständisch eingebundene, noch im »hausväterlichen« Denken befangene Horizonte. Von einer bürgerlichen Öffentlichkeit konnte noch kaum die Rede sein, da auch die wenigen »geheimen« Gesellschaften oder die frühen Lesezirkel ohne ein entsprechendes kulturelles und kommunikatives Umfeld eher wie kleine Inseln künftiger deutscher Bürgerlichkeit wirken mochten[12].

Über die 1790er Jahre schreibt Andreas Wilhelm Cramer, Professor und immerhin aus bester Kieler Familie: »Man kannte noch keine Clubbs, keine Restaurationen, keine Conditors ... Man rechnete neben dem Amtsfleiße auch noch auf Privatfleiß, auf eine Hausfrau, die des Stickens, der Sprachen und der vier Könige allenfalls unkundig, desto kundiger wäre des Flickens und Strickens, der Küche und des Kellers.«[13] Von bürgerlicher Salonkultur war in Kiel also noch wenig zu spüren. Ähnlich bescheidene Maßstäbe legt der Beamtensohn Ernst Münch an »sein« badisches Kleinstadtleben um die Jahrhundertwende an: »So sparsam in meiner Vaterstadt für feinere gesellige Bildung und Zirkel ... gesorgt schien, so bildeten sich doch von Zeit zu Zeit recht artige Gesellschaften und Kränzchen, mit welchen auch oftmals ein Liebhabertheater in Verbin-

[12] S. dazu R. v. Dülmen, Die Gesellschaft der Aufklärer, Frankfurt 1986, bes. S. 81 ff.; M. Prüsener, Lesegesellschaften im 18. Jahrhundert, in: Börsenblatt für den Deutschen Buchhandel (Frankfurter Ausgabe) 27, 1972/10, S. 189–301.

[13] A. W. Cramer, Haus-Chronik, meinen Anverwandten und Freunden zum Andenken gewidmet, Hamburg 1822, S. 15 f.

dung gesetzt wurde. Was als Stammhalter des guten Tones in Rheinfelden galt, erhielt Einladungen.«[14] Und Karl Friedrich Klöden erinnert sich an karge Schulzeiten in Preußisch-Friedland: »Denn literarisch war die Stadt eine wahre Wüste. Außer Bibel, Gesangbuch und den unter den Schulbüchern genannten Schriften sowie dem Kalender waren wenig Bücher zu finden.«[15]

Der nach 1800 eintretende Wandel bürgerlicher »Gesellung und Gesellschaft« läßt sich in den Autobiographien direkt ablesen am Kontrast der Lebensstile von Eltern- und Kindergeneration. Die Gruppierungsformen und die Berufe der Jüngeren verändern sich, neue bürgerliche Milieus und neue Sozialbeziehungen entstehen, für die eine gemeinsame Kulturpraxis die Voraussetzungen und die Verständigungsbasis schafft. Besonders die aufblühende neue Geselligkeit formt mit ihren vielfältigen informellen wie organisierten Beziehungsmustern nun die bürgerlichen Lebensläufe und Lebenswelten um. Die Geburtstage und die Kinderfeste, die Spaziergänge auf den gerade eingerichteten Promenaden und die Ausflüge ins städtische Umland, die Hausmusikabende und die Bälle, die Caféhausbesuche und die Abende in den Museumsgesellschaften – viele dieser Anlässe und Formen waren in der bürgerlichen Geselligkeitskultur vorher unbekannt. Festtermine wie der Kindergeburtstag oder Freizeitmuster wie das »Promenieren« sind tatsächlich etwas Neues. Es erinnert durchaus schon an moderne Freizeitgestaltung, wenn Otto Elben aus seiner Zeit als junger Buchhändler in Koblenz von regelmäßigen Wanderungen und Ausflügen berichtet, von abendlichen Turnübungen, vom gemeinsamen Schwimmen mit Freunden, von Musikabenden in der Gastfamilie wie im Gesangverein, von kleinen Gesellschaften und Festen[16].

Gewiß ist nicht alles völlig neu. Manches verrät seine adlige Herkunft, anderes baut auf älteren Modellen bürgerlicher Geselligkeit auf: eben auf den Lesegesellschaften und den literarischen Zirkeln des späten 18. Jahrhunderts, auf den Kaffee- und Teegesellschaften als festen geselligen Konfigurationen (in Gotha besteht solch eine »Theegesellschaft« als ein fester, sich sozial kaum verändernder Kreis von 27 »bürgerlichen

[14] Münch, Erinnerungen, Bd. 1, S. 69.

[15] K. F. Klöden, Von Berlin nach Berlin. Erinnerungen 1786–1824, Berlin 1978, S. 116.

[16] O. Elben, Lebenserinnerungen 1823–1899, Stuttgart 1931, S. 29ff.

Familien« immerhin von 1778 bis in die 1820er Jahre[17]), auch auf den Logen und Orden der Freimaurer und Illuminaten.

Erst jetzt verkörpern diese Geselligkeitsformen jedoch wirkliche bürgerliche Alltagskultur, also Verhaltensweisen, die sich weiter in die Gesellschaft ausbreiten und sich zugleich fest in ihr einrichten. Die informellen Kreise der Theaterfreunde und der Liebhabertheater finden sich; Geselligkeitszirkel für junge bürgerliche Damen und Herren tauchen bald schon in jeder deutschen Kleinstadt auf; Frauenkränzchen bilden sich; das Caféhaus, »elegant und bequem in jeder Hinsicht, mit einem schönen Garten, einem freundlichen Wirthe und einer noch freundlicheren Cousine als Beherrscherin des Buvet«, wird zum »täglichen Sammelplatz«[18]; halb wissenschaftliche Naturforscher-, Völkerkunde- und Geschichtsvereine wenden sich publizistisch an die Öffentlichkeit; dazu kündigt sich die große Welle der vormärzlichen Vereinsgründungen mit ersten Gesangs-, Turn- und Kunstvereinen bereits in den 1820er Jahren an.

Bald wird diese Vereinsszene zur wichtigsten Institution gesellig-politischen Bürgerlebens. Neben der familiären und verwandtschaftlichen »Beziehungsarbeit« bietet sie nun einen neuen Weg, auf dem sich sozial und regional bislang getrennte bürgerliche Gruppen und Milieus verbinden, regelrecht »vernetzen«. So taucht in den Autobiographien etwa die Mitgliedschaft in Turn- und Gesangvereinen erstaunlich früh und erstaunlich häufig auf. Der spätere Verleger Otto Elben lernt in der Stuttgarter Turngesellschaft der 1820er und 1830er Jahre, die sich überwiegend aus Gymnasiasten und deren Eltern zusammensetzt, als Jugendlicher bereits die halbe württembergische Beamten-, Professoren- und Politikerelite des Vormärz kennen, mehr als zwei Dutzend »guter Namen«, die in der Folgezeit auch für enge Freundschaften stehen. Beim ausbildungsbedingten Wechsel nach Koblenz findet er sofort wieder bürgerlichen Anschluß über die dortige Turner- und Sängerszene[19]. Entsprechendes beschreiben Heinrich Laube über seine Ankunft in Halle – er nutzt einen Kreis von Schwimmfreunden quasi als Zugangsschleuse in die dortige

[17] Vgl. H. A. D. Reichard, Seine Selbstbiographie (1751–1828), hg. v. H. Uhde, Stuttgart 1877, S. 92.

[18] Münch, Erinnerungen, Bd. 1, S. 312.

[19] Elben, Lebenserinnerungen, S. 28ff.

Studenten- und Bürgergesellschaft – und Wilhelm von Kügelgen für Dresden[20].

Dieses Verschmelzen der bürgerlichen Gruppen in gemeinsamen Organisationen, Kulturstilen und Werthaltungen macht die neuen Muster einer »allgemeinen bürgerlichen Kultur« in der Tat zur einzigen Münze, die überall frei konvertierbar ist, die quasi eine nationale bürgerliche Währung verkörpern kann. Erst die gemeinsame Sprache der bürgerlichen Bildungswelt und Alltagskultur überwindet allmählich die Schranken zwischen den lokal-regionalen Bürgerwelten. »Bürgerliche Gesellschaft« kann in Hamburg nun ähnlich aussehen und denselben Grundregeln folgen wie in Gotha oder in Karlsruhe. Wer das Grundmodell kennt und seinen Umgang beherrscht, verfügt hier wie dort über das Entréebillet in die »guten« bürgerlichen Kreise.

So lobt der gebürtige Schlesier Heinrich Laube seine diesbezüglich positiven Erfahrungen im Göttingen der 1830er Jahre: »Es gibt kaum irgendwo eine so gründliche Kultur unter den Gebildeten, eine so feine Ausbildung in Kenntnis und Geschmack wie hier.«[21] Und Kügelgen, als Kunststudent seinerseits selbst nur Gast in Dresden, führt einen fremden Kommilitonen schon nach kurzem Gedankenaustausch und unauffälliger Prüfung in die dortige Gesellschaft ein: »Mit einigem Stolz präsentierte ich den neuen Freund, Ernst Förster von der Jenenser Burschenschaft, im Kunstverein, und er ward so herzlich aufgenommen, als hätte man es vorausgewußt, daß er selbst bald Maler, trefflicher Schriftsteller im Kunstgebiete und der Schwiegersohn des allgemeinen Lieblings Jean Paul Friedrich Richter werden würde.«[22] Daß diese relative Offenheit keineswegs nur für das akademische Milieu deutscher Universitätsstädte gilt, zeigen viele ähnlich gelagerte Erfahrungen aus anderen Städten.

Vorbedingung dafür sind freilich Stadtbürgertum, städtisches Milieu, eine gewisse Urbanität des gesellschaftlichen Lebens. »Bürgerlichkeit« setzt damals die städtische Lebenswelt nicht allein deshalb voraus, weil nur dort sich größere Gruppen der bürgerlichen Elite konzentrieren, weil nur dort sich breitere berufliche Existenzmöglichkeiten eröffnen und weil in diesem

[20] Vgl. Laube, S. 54f.; W. v. Kügelgen, Jugenderinnerungen eines alten Mannes (1870), Berlin o.J., S. 339f.

[21] Laube, Erinnerungen, S. 78.

[22] Kügelgen, Jugenderinnerungen, S. 356.

»vom Staat wenig gegängelten Experimentierfeld«[23] eben auch die historischen Grundlagen und kulturellen Traditionen bürgerlichen Denkens einen Nährboden bilden. Entscheidender noch ist, daß allein der städtische Raum eine entsprechend hohe Konzentration jener kulturvermittelnden Gesellschaftsformen und Institutionen aufweist, in denen sich »Bürgerlichkeit« erst lebensweltlich zu konstituieren vermag: Gymnasien und Theater, Zeitungen und Verlage, Gesellschaften und Vereine, Turnplätze und Promenaden. In dieser städtischen Mischung und Dichte sind das notwendige Voraussetzungen für das Entstehen bürgerlicher Öffentlichkeitsformen, ohne die wiederum bürgerliche Kultur sich nicht entfalten kann. Letztlich trennt das dann den Goethe lesenden Kleinstadtpfarrer oder -apotheker von einem Bürgertum, dessen Bürgerlichkeit sich nicht in einzelnen Bildungsattitüden oder Stilornamenten erschöpft, sondern das sich der kulturellen Klaviatur in ihrer gesamten Breite bedient.

Robert von Mohls Vergleich der Universitätsstädte Tübingen und Heidelberg noch in der Umbruchzeit vor 1820 ist in dieser Hinsicht sehr aufschlußreich. In Tübingen mit seiner eher konservativen Wissenschaftstradition der Theologie, mit seinem ganz auf Landesuniversität, auf Beamtendienst, auf protestantische Ethik orientierten Horizont scheint bürgerliches Leben eine »ganz eigentümliche Färbung« zu besitzen, etwas Borniertes, Enges, Kleinstadt- und Kleinbürgerhaftes. »Von einer feineren Geselligkeit war in Tübingen auch bei den Professoren nicht die Rede. Das Leben war das echt schwäbischer Bürgerfamilien.« Mohl vermißt die ungezwungenen Besuche von Bekannten »unter Tags«, die »Hausbälle«, die musikalischen Unterhaltungen, die Teegesellschaften, ihm fehlen freie Gastlichkeit wie freie Gastronomie (»abends war alles hermetisch geschlossen«) – all jene Dinge, die er beim Wechsel nach Heidelberg dann vorfindet. »An der Stelle des eng-bürgerlichen Lebens in dem schwäbischen Landstädtchen war hier eine freiere, feinere Geselligkeit und Lebenssitte«, die er wohl zu Recht in Verbindung bringt auch mit der »moderneren« wissenschaftlichen Ausrichtung der Heidelberger »Universität hauptsächlich für Juristen und von Juristen«. Die Atmosphäre in Universität und Stadt ist eine ganz andere, eher bestimmt von

[23] J. Reulecke, Geschichte der Urbanisierung in Deutschland, Frankfurt 1985, S. 17.

einem großbürgerlich-adeligen Hintergrund. Als bürgerliche Mode-Wissenschaft zieht die Jurisprudenz in- wie ausländische Gelehrte, Studierende und Interessierte in eine fast kurorthaft gesellig beschriebene Stadt, »so luxuriös, verhältnismäßig raffiniert« erscheint Mohl das Leben weiter neckarabwärts[24]. Und diese feine Unterscheidung zwischen »roh-gemütlich« und »luxuriös« bezieht sich in ihrem Kern auf Kulturstile und Kulturformen, durch die eben auch unterschiedliche bürgerliche Sozialprofile städtischer »Gesellschaft« hindurchschimmern – hier von Mohl modellhaft auf zwei Städte verteilt.

Geselligkeit nach »Heidelberger Art« wirkt natürlich auch als sozialer Numerus clausus. Angesichts der erheblichen Besitz- und Einkommensunterschiede der bürgerlichen Gruppen vermittelt sie eine ungefähre Vorstellung davon, welche ökonomische Existenzbasis oder welches Maß an existentieller Sicherheit erforderlich ist, um »Bürger« im Sinne eines bestimmten Kulturstils und sozialen Verkehrskreises sein zu können. In Zahlen läßt sich dies sicherlich nicht ausdrücken, da es nicht nur um ökonomisches Nominalvermögen geht, eher um eine Kombination von materiellem Lebenshaltungsniveau und moralisch-kulturell bestimmtem Lebensstil. Es bedeutet jedenfalls, nicht nur relativ frei von Mangel leben, sondern darüber hinaus noch einen bestimmten Aufwand bürgerlicher Geselligkeitsformen und -pflichten tragen zu können. Wem es zwar nicht an Bildung, jedoch an Existenzmitteln fehlt, um sich jener »bürgerlichen Gesellschaft« der Teenachmittage, der Ausflüge, der Bälle, der Essenseinladungen, der Vereinsmitgliedschaften mehr oder weniger regelmäßig anzuschließen, der schließt sich auf Dauer selbst aus. Ohne »ein anständiges bürgerliches Auskommen«[25] kann die »Bürgerlichkeit« damals weder als geselliger, noch als beruflicher oder als politischer Status überhaupt gedacht, geschweige denn gelebt werden.

Hier zeigt sich jener soziale Selbstregulationsmechanismus, der als Grenzziehung zwischen »bürgerlich« und »nicht-bürgerlich« völlig alltäglich funktioniert, da sich das Drinnen und Draußen durch die selektive Wirkung von ökonomischen, sozialen und kulturellen Hürden gleichsam naturwüchsig ergibt. Anschaulich schildert Ernst Dronke am Beispiel des vormärzli-

[24] Mohl, Lebenserinnerungen, S. 103ff.

[25] F. C. Dahlmann, Die Politik auf den Grund und das Maß der gegebenen Zustände zurückgeführt, hg. v. O. Westphal, Berlin 1924 (Nachdruck der 2. Aufl. von 1847), S. 14.

chen Berlin, wie sich »gehobene« bürgerliche Alltagskultur durch eine Mauer gleichsam aus Sozialgefüge und Preisgefüge abschirmt: durch Dienstbotenhaushaltung und gehobenen Beruf, durch Mode und Theatermiete. In der sozialen Wohntopographie und der Kaffeehaus- und Clubszene zeichnet er die gesellig-gesellschaftliche Infrastruktur des Großstadtlebens nach: um die Mittagszeit im Café Kranzler die »Offiziere und jungen Fashionables«, in der Königstadt-Konditorei die »Kaufleute und Börsenmänner«, im Café Unter den Linden die Studenten, bei Stehéli am Gendarmenmarkt die Mischung von Geheimrat und Opernstar, von »gelehrtem Herrn« und Offizier[26]. Präsent ist man da nur mit genügend Geld, mit sicherem Auftreten, auch mit relativ freier Zeitdisposition. Denn Freizeit, Muße für Bildungs- und Unterhaltungszwecke wird demonstrativ vorgeführt; nachmittags – erinnert sich der Industrielle Werner von Siemens – trifft sich die »feine Gesellschaft« zur Promenade im Tiergarten und »Unter den Zelten«[27].

4. Gesinnungszeichen: Politische Embleme der Alltagskultur

Maßstäblich verkleinert spiegelt sich in diesen unterschiedlichen Geselligkeitsformen bereits mancher Grundgedanke künftiger bürgerlicher Gesellschaft wider. Besonders fällt das Bemühen auf, bislang getrennte soziale Erfahrungsbereiche und Handlungsfelder stärker aufeinander zu beziehen, die alten Grenzen und Segmente kultureller Praxis aufzubrechen. Ernsthafte Bildungsarbeit wird mit lockerem Vergnügen verbunden, ästhetischer Genuß mit dem politischen Diskurs, geistige Tätigkeit mit körperlicher Erholung. Die Menschen und ihre Bedürfnisse sollen sich ganzheitlich, universell ausbilden und ausleben können, sollen sich in ihrem »bürgerlichen Interesse« offen darstellen: ihre Vorstellungen von Vergnügen, Bildung, Beruf, Politik. Es ist die bürgerliche Öffentlichkeit, die hier entsteht, die ihre ersten Konturen solcher »Gesinnungs- und Meinungsgemeinschaften«[28] gewinnt, die in ihren geselligen Formen und Strukturen gleich auch ihre politischen Ansprüche in einem immer noch halb absolutistischen Staats- und Gesellschaftsgefüge

[26] E. Dronke, Berlin (1846), hg. v. R. Nitsche, Darmstadt 1974, S. 46ff.
[27] W. v. Siemens, Lebenserinnerungen, Leipzig 1943, S. 65.
[28] W. Hardtwig, Vormärz. Der monarchische Staat und das Bürgertum, München 1985, S. 26.

formuliert und organisiert. Madame de Staël bescheinigt dem »geselligen« Berlin: »Dagegen machte in den letzten Jahren die Pressefreiheit, der Verein geistreicher Männer, die Kenntnis der deutschen Sprache und Literatur, die sich allgemein verbreitet hatte, Berlin zur wahren Hauptstadt des neuern, des aufgeklärten Deutschlands.«[29]

Besonders weit in die Öffentlichkeit wagen sich die studentischen Burschenschaften um 1817/18 vor, die in ihren »Klubs« demonstrativ »gemeinsames deutsches Wesen« pflegen, gleichermaßen gerichtet gegen lokalbürgerliches »Philistertum« wie gegen kleinstaatliche Obrigkeiten. »Wir verachteten die Landsmannschaften, in denen nur der Märker zum Märker, der Sachse zum Sachsen, der Westfale zum Westfalen stand. Je zahlreicher die Landsmannschaften unter uns vertreten waren, desto stolzer waren wir auf unsere reiche deutsche Landsmannschaft.«[30] Selbst die äußerlich so biederen Gesang- und Turnvereine beziehen sich in ihrem Selbstverständnis nachdrücklich auf nationale Geschichtsbilder wie auf die Idee einer nationalen deutschen Kultur und prägen damit die politischen Auffassungen vormärzlicher Bürgereliten in erheblichem Maße mit. Und vielleicht noch wichtiger: Sie wirken über die bürgerlichen Kreise hinaus in die Gesellschaft hinein als Propagandisten und Multiplikatoren bürgerlicher Werte und Ideen, die vielfach erst dadurch ihre gesellschaftliche Öffentlichkeit und politische Breitenwirkung erhalten. Heinrich Laube bescheinigt seiner eigenen Bürgergeneration stolz: »Man irrt sich, wenn man den eigentlichen deutschen Patriotismus und das Verlangen nach einem einigen Deutschland weit zurücklegt in die Geschichte. Diese Gesinnung und dies Bestreben sind modern.«[31]

Bürgerliche Geselligkeit bedeutet nun stets auch Öffentlichkeit und Politik. Es ist kein Zufall, daß bereits die ersten »nationalen« Feste und Feiern zur Erinnerung an die Befreiungskriege ab 1814 wesentlich von den Vorläufern der späteren Turner- und Sängerbewegung mitgetragen werden, daß dort intensiv über die Darstellung und Vermittlung von Geschichtsbewußtsein und Nationalidee nachgedacht wird. Schon geraume Zeit vor dem Wartburgfest von 1817 entstehen im Rahmen dieser Festkultur Inszenierungsmodelle jener deutschen Nationalfei-

[29] A. G. de Staël, Über Deutschland (1814), hg. v. M. Bosse, Frankfurt 1985, S. 110.

[30] Laube, Erinnerungen, S. 56.

[31] Ebd., S. 51.

ern, die den Vormärz dann in Gestalt von Goethe- oder Schillerfeiern durchziehen. Gefunden sind damit zugleich auch Muster nationaler Mythenbildung und nationaler Kultformen, deren Symbolik auch in bürgerliches Alltagsverhalten übergreift. Nochmals Madame de Staël, nun mit verhaltenem Spott: »Die Frauen versuchen sich als Roman zu arrangieren und die Männer als Geschichte.«[32]

Am prägnantesten wohl drückt sich dieser Gestus aus in jenem subkulturellen Habitus der »Jugend nach 1813«, als man sich nach den antinapoleonischen Befreiungskriegen mit wehendem Freischarmantel, langer Haartracht und schwarz-roter Mütze zum »Altdeutschen« bekennt. Laube berichtet aus Schlesien, wie überall »das Turnertum, die altdeutsche Tracht, Jahns Volkstum, die grimmigen Lieder gegen welsches Wesen« auftauchen[33]. Ludwig Uhland schreibt 1816 aus Stuttgart an seine Eltern: »Alles spricht von Turnanstalten und Nationaltracht.«[34] Ähnliches erlebt Kügelgen in Dresden, und selbst der später so ironisch-bissige Ludwig Börne formuliert 1814 noch pathetisch: »Wir wollen freie Deutsche sein, frei in unserem Hasse, frei in unserer Liebe ... Wir aber sind Waffensöhne; in dem Eisen ist unser Gold.«[35] Bei vielen rücken hier demokratische Gesellschaftsvisionen und nationalistisch-militaristische Vaterlandsträume erstmals beängstigend nahe zusammen.

Kultur- und politikgeschichtlich gesehen sind diese Erscheinungen deshalb so bemerkenswert, weil sich darin zum ersten Mal in dieser Form und Breite eine Art von politischem »Gesinnungshabitus« manifestiert. Man bedient sich ganz spezifischer Ausdrucksformen und Stilmittel, um bestimmte gesellschaftlich-politische Überzeugungen darzustellen, und zwar in der und für die Öffentlichkeit, keineswegs nur in kleinen, bohemienhaft sich selbst zugewandten Künstler- oder Literatenkreisen. In den Quellen finden sich vielfältige Hinweise auf solche Signale und Symbolbildungen im »normalen« bürgerlichen Alltag, auf demonstrativ »politische« Freundschaftskulte und burschenschaftliche Gesinnungszeichen, auf Kleidungsstile und Grußrituale, auf geläufige Schlüsselzitate aus Kultbüchern wie Schillers ›Räuber‹ oder Novalis' ›Heinrich von Ofterdingen‹.

Solche Formen der symbolischen Parteinahme in Sachen

[32] De Staël, Über Deutschland, S. 637.
[33] Laube, Erinnerungen, S. 10.
[34] Uhlands Briefwechsel, hg. v. J. Hartmann, 2. Teil, Stuttgart 1912, S. 25.
[35] L. Börne, Gesammelte Schriften, Bd. 2, Berlin o.J., S. 125.

deutscher Geschichte und Politik stellen damals tatsächlich etwas qualitativ Neues dar. Sie tragen ganz wesentlich zu jener politischen Einfärbung der bürgerlichen Alltagskultur bei, die allen Zeitgenossen jetzt sichtbar und fühlbar wird, zusätzlich inspiriert gewiß auch durch französische oder englische Vorbilder. Daß es sich bei diesem »bekennenden« politischen Gestus keineswegs um eine vorübergehende Mode handelt, sondern tatsächlich um eine generelle Erweiterung und Ausdifferenzierung des kulturellen Habitus in die Dimension »des Politischen«, in Vorformen einer modernen politischen Massenkultur, das bestätigen dann die Vormärzjahre, in denen politische Symbole und Embleme den bürgerlichen Alltag noch dichter durchwirken. Dezenter angedeutet vielleicht als beim »Befreiungskrieger«, doch in seiner Zeichenhaftigkeit ebenso unmißverständlich, präsentiert sich dort ein Typus »des Liberalen« oder »des Demokraten«, der von der Zeitungslektüre bis zur Bartmode, vom Vokabular bis zum Kleidungsschnitt bestimmten ästhetischen und stilistischen Mustern folgt. Hinzu kommen Formen demonstrativen Gruppenverhaltens: In Karlsruhe treffen sich »die Freisinnigen« im »Museum«[36], in Berlin zeigen sich die »Schriftsteller der radikal-politischen Partei« im Café Stehéli[37]. Gewiß bedeutet das nicht, daß die Benutzung solcher politischen Gesinnungszeichen damit für den Vormärz-Bürger obligatorisch wäre. Wohl aber gehört die Kenntnis dieses politischen Zeichencodes und die Beachtung seiner Regeln nun zu den kulturellen Qualifikationen von Bürgerlichkeit.

5. Bildung als »Kultur der Gebildeten«

Das zentrale Scharnier indessen, um welches sich Bürgerleben und Bürgerwelten drehen, bleibt zweifellos der Kanon »bürgerlicher Bildung«. Er wirkt als ein Verbindungsglied, das nun noch stärkere kulturelle Gemeinsamkeiten schafft als in der Eltern- oder gar der Großelterngeneration. In seinen Grundzügen ist es bereits ein »modernes« Bildungsmodell, das schon die frühe Kindheitsphase zu einer Art von Vorschulerziehung in den Elternhäusern nutzt. Zu ersten Schreib- und Leseunterrich-

[36] K. A. Varnhagen von Ense, Denkwürdigkeiten des eignen Lebens, Bd. 2, Berlin 1971, S. 340.
[37] Dronke, Berlin, S. 48.

tungen kommen regelrechte Einführungen in den literarischen Kanon hinzu, mitunter sogar kleine naturwissenschaftliche Lernspiele und Experimente. Trotz der Freiheit, die dabei der Wahl der kindlichen Lesestoffe und der spielerischen Beschäftigung gelassen wird, schimmert stets die absichtsvolle Pädagogik hindurch, wenn Bücher aus der elterlichen Bibliothek zur Lektüre empfohlen, wenn Lieder beigebracht, kleine Mineraliensammlungen angelegt, Spielzeuge mit magnetischen und elektrischen Effekten geschenkt werden, oder wenn nach einem Familienausflug »dem Vater eine Reisebeschreibung« verfaßt werden soll.[38]

Im Bildungsgang folgt dann der Elementar- oder Bürgerschulbesuch, in der Regel ergänzt durch zusätzlichen häuslichen Unterricht von Eltern, Verwandten und Hauslehrern. Auffällig dabei ist, wie gezielt die Kinder hier schon auf spätere öffentliche Rollen vorbereitet werden, indem man sie im Familien- oder Freundeskreis zur Rezitation von Gedichten oder zum Vorspielen am Klavier ermutigt, auch zum Vortrag eigener Gedanken und Gedichte. Gleichfalls wird die Vorbereitung auf die geschlechtsspezifischen Rollen deutlich: Die Mädchen erscheinen oft eher als »Gesellschafterinnen« beim Unterricht ihrer Brüder, erhalten ihrerseits mehr musischen und Handarbeitsunterricht, in besonders bildungsambitionierten Familien zudem noch Literaturstunden.

Durch alle Autobiographien zieht sich eine sehr plastische Erinnerung an solche häuslichen Lern- und Bildungssituationen im Alter bereits von drei, vier Jahren. Das unterstreicht, als welch prägende Erfahrung diese gemeinsamen Wissens- und Phantasiestoffe empfunden werden: prägend für die Kindheitserfahrung einer neuen Generation, prägend indes auch für deren gemeinsamen Geschmacks-, Geschichts- und Welthorizont als spätere Erwachsene. Schon mit der kindlichen, noch kaum bewußten Aufnahme von Lese- und Wissensstoffen beginnt bürgerliche Bildung ihre Rolle als »kollektive Stilbildnerin« zu übernehmen. Nicht mehr die Eigenart des regionalen und beruflichen Umfeldes der Eltern, sondern die ästhetische und pädagogische Ähnlichkeit, die analog gestaltete Bildungsstruktur der bürgerlichen Lebenswelt formt nun bürgerliches Kinderleben.

Schließlich kommen – für die Söhne – die Gymnasial- und

[38] Elben, Lebenserinnerungen, S. 10.

dann meist die Universitätsjahre, in denen einer selbständigen Orientierung und Interessenbildung der Jugendlichen bzw. jungen Erwachsenen offensichtlich erstaunlich großer Raum gegeben wird. Dabei gilt das besondere Augenmerk einer Kombination von klassisch-humanistischem Kanon mit naturwissenschaftlichem Unterricht und charakterlichen Bildungskonzepten – letzteres häufig ergänzt durch zusätzlichen Religions-, Moral- oder Philosophieunterricht. Nach dementsprechenden Kriterien werden Gymnasien und Schulorte ausgesucht. Und vor diesem Hintergrund einer gesicherten Allgemeinbildung wird von den Eltern dann auch ein »Querstudieren« durch die verschiedensten Fächer in Gymnasium wie Universität akzeptiert. Nicht alles muß sich gleich direkt »verwerten« lassen, wichtiger noch scheint oft der Ausbau eines vielseitig einsetzbaren »Bildungskapitals«.

»Unsere Eltern hatten schon, als wir noch Kinder waren, den Entschluß gefaßt, jeden von uns nach Beendigung der Universitätsstudien eine längere Reise zur Vollendung der Bildung machen zu lassen.« Diese Pause als Orientierungsphase am Ende der Ausbildung, wie sie Robert von Mohl und seinen drei Brüdern durch familiäre Reisestipendien ermöglicht wird[39], setzt in ähnlicher Form auch in den meisten anderen Lebensläufen eine Zäsur. Längere Reiseaufenthalte, Besuche bei befreundeten Familien, freiwillige Volontariate und Praktika in unterschiedlichen Geschäfts- und Berufsfeldern markieren den Übergang von der Jugend- und Ausbildungszeit zum Berufs- und Erwachsenenleben. Zugleich werden diese »Lehrjahre« zu einer bewußten, verlängerten Phase des Sich-Umsehens, des Sich-Erprobens vor der endgültigen Berufsentscheidung, auch zu einer zusätzlichen charakterlichen »Bildungszeit«. Obschon gerade Autobiographien an solchen Punkten natürlich zur Verklärung und zur selektiven Erinnerung neigen, scheint diese Berufsorientierung doch in vielen Fällen weitgehend selbstbestimmt. Der familiäre Kontext prägt zwar vor, und die Eltern lenken mit, allerdings kaum mehr im Sinne des herkömmlichen Vorschreibens von Berufs- und Lebenswegen. Immer seltener wird auch einfach die väterliche Berufslaufbahn eingeschlagen, in den vorliegenden Biographien ist das nur mehr eine Minderheit. Selbst Heinrich Laube, dessen Eltern ihm kein Studium finanzieren

[39] Mohl, Lebenserinnerungen, S. 119.

können, bleibt da in seinen Entscheidungen frei – soweit er diese materiell eben selbst ausgestalten kann[40].

Auch diese Angleichung des Bildungskontextes in den Lebensläufen und Lebensentwürfen schafft zusätzliche Nähe, verdichtet die Gemeinsamkeiten in der jungen Generation der verschiedenen bürgerlichen Gruppen. Es ist eine in dieser Einheitlichkeit neue biographische Strukturierung des »Bildungsprozesses« von Bürgersöhnen, die auf gemeinsamen Sozialisationsformen aufbaut und dementsprechend gemeinsame Erfahrungsmodelle vermittelt: Im gleichen Alter lebt man ähnlich und erlebt man ähnliches. Spiele und Spielsachen, Schulfreundschaften, Klavierunterricht, Goethe-Lesen und eigene Schreibversuche, jugendliche »Tabakkollegien«, die Gruppenkultur der Primaner, die studentischen Burschenschaften, die jugendliche Peer-Group-Struktur insgesamt, die dann noch weit bis ins Berufsleben hineinwirkt – alles das ordnet sich nun in Stationen bürgerlicher »Rites de Passage«. Und zu jeder dieser Stationen gehören bestimmte altersmäßig, geschlechtsspezifisch, ästhetisch geordnete Wertfelder und Verhaltensmuster, die in dieser gemeinsamen Praxis bürgerlicher Bildungskultur eingeübt und neu geschaffen werden. Sensibilität und Empfindsamkeit lassen sich so als individuelle Eigenschaft erleben und spiegeln doch zugleich schon Konventionen und Modelle eines sublimen Gefühlskultes wider, besonders gepflegt in arabesken Freundschaftsritualen und Briefstilen. »Du erkundigst Dich nach den Begebenheiten meines psychischen und meines physischen Ich's«, beginnt (nicht nur) ein Brief aus dem Jahr 1818[41], auf der sprachlichen Ebene bereits jene ästhetisierte »Distanz zur Welt auch noch in die persönliche Beziehung« hineinprojizierend[42].

Wer meint, in der biographischen Abfolge solcher Bildungsstationen bereits die Individualität historischer Bürgerlebensläufe gefunden zu haben, verkennt daher, daß sich darin nun bereits ein umfassendes Modell von »Bürgerlichkeit« verkörpert. Es sind nicht mehr singuläre Lebenswege, wie teilweise noch in der Vätergeneration, sondern fast schon Bilder einer »Generation im Gleichschritt«. Viele der autobiographischen Selbstdarstellungen zeigen einheitliche gruppenbiographische Umrisse, obgleich die Autoren natürlich von der Einmaligkeit

40 Laube, Erinnerungen, S. 54.
41 Münch, Erinnerungen, Bd. 1, S. 326.
42 W. Lepenies, Melancholie und Gesellschaft, Frankfurt 1969, S. 100.

gerade »ihres« Weges überzeugt sind. Selten, daß einer so offen wie der Kieler Jurist Andreas Wilhelm Cramer rückblickend von der »goldenen Mittelmäßigkeit« seines Lebensweges spricht[43] und damit das bürgerliche Individualitätsideal (selbst)-ironisch beleuchtet: jene neuen, freien Möglichkeiten bürgerlicher Lebensgestaltung – die in der Realität eben schon in genormte, »durchschnittliche« Bürgerlebensläufe münden.

Die Bestimmung solcher Bildungsstrategien erfolgt also in doppelter Weise: einmal sicherlich im engeren Blick auf Bildungspatent und Berufsqualifikation, zum andern jedoch auch mit Rücksicht auf die besondere Wertigkeit jener »Kultur der Gebildeten«, die als bürgerliches Passepartout wirkt und deren Fehlen sich augenscheinlich weder durch Vermögen noch durch Berufsqualifikation vollständig kompensieren läßt. Auch die »Wirtschaftsbürger«, die Fabrikanten und die großen Kaufleute, sind daher um Teilnahme an diesem Bildungsprozeß sehr bemüht. Sie suchen die Mitgliedschaft in Kunstvereinen, Salons, Zirkeln, in denen diese »feinere« Bildung gepflegt und vermittelt wird – jener Stil, den ein Zeitgenosse pietätlos so karikiert: »Nur mit Feder und Papier in der Hand ist der Deutsche unsrer Tage noch ein, menschlicher Äußerungen und Thätigkeiten fähiges Wesen, nimmt man ihm jene, so scheint er auch der Denkkraft beraubt; nur in der Oper und im Schauspiel erkennt er den Gang der Welt und die Gesetze der Geschichte, wird er seiner sittlichen Grundsätze und seiner geistigen Freiheit sich bewußt.«[44]

Wie aufmerksam dieser »Bildungsprozeß« an sich selbst beobachtet und selbstkritisch registriert wird, mag stellvertretend eine Selbsteinschätzung Robert von Mohls am Ende seiner Studienzeit andeuten. Er schrieb sie rückblickend, offensichtlich jedoch auf der Basis von Tagebuchblättern aus dem Jahr 1824: »Ich war beinahe 25 Jahre alt, von denen ich zwölf auf dem Gymnasium, dreieinhalb auf Universitäten, gegen drei auf Reisen zugebracht hatte ... Die Einbildungskraft reichte aus zur Vorstellung der Folgen eines neuen Gedankens in einer Wissenschaft oder einer Verbesserung von Lebensumständen; eine poetische Begabung war nicht vorhanden; von Anlage zu metaphysischer Spekulation oder auch nur von Achtung einer solchen gar keine Spur; über eine induktive Auffindung der Geset-

[43] Cramer, Haus-Chronik, S. 21.
[44] Pfizer, Briefwechsel zweier Deutscher, S. 113.

ze des Bestehenden ging ich nicht hinaus. – Meine Bildung war wesentlich eine moderne.«[45]

Nicht sonderlich originell, folgt diese Selbstcharakteristik doch ganz bestimmten Topoi von »Bildung«. Eben damit illustriert sie, wie weit sich individuelle Erfahrungen und Ambitionen auf dieser Folie bereits einordnen und messen lassen, wie sehr die Selbstwahrnehmung, die ästhetischen Muster, die persönlichen Lebensentwürfe gleichsam »standardisierten« und »nationalisierten« Normen folgen. Das bürgerliche Subjekt hat sich selbst bereits zum »Objekt« seiner Beobachtungen und Bemühungen gemacht, es schaut seinem eigenen menschlichen Bildungsgang analytisch interessiert, fast wie von außen zu. Um diesen komplexen Bildungsbegriff herum, der eine bestimmte sozial-kulturelle Praxis im Sinne von Wertsystemen und Handlungsmodi entwirft, scheinen letztlich all jene Phänomene zentriert, die wir zur »Bürgerlichkeit« rechnen. Durch die Autobiographien jedenfalls zieht sich diese »Kultur der Gebildeten« wie ein roter Faden, der singuläre Lebenswege in das Gewebe bürgerlicher Gruppenbiographie verflicht.

6. Bürgerlichkeit als Modernität: Signale und Signets

Bürgerliche Auffassungen von »Fortschritt« und »modernem Leben« bieten in der Zeit nach 1800 ein endlos weites Feld, und sie bilden überdies ein Thema, dessen Diskussion sich die Zeitgenossen selbst bereits mit Hingabe widmen. Denn zweifellos sind die Einstellungen zu »neuen« Dingen, Ideen und Verhaltensweisen damals besondere Prüfsteine bürgerlichen Stils und Geschmacks, gerade weil sich da zwischen Modernität und Modesucht jene Welt der »feinen Unterschiede« auftut.

Ein aufschlußreiches Gebiet ist der Umgang mit Technik. Neue Verkehrsmittel wie Dampfschiff und Eisenbahn, dazu erste industrielle Produktionstechniken und die Fabriken selbst als neue Produktionsstätten sind, wenngleich noch nicht überall reale Umwelt, bereits am Horizont sichtbar. Vor allem dringen kleinere technische Neuerungen schon weit in den bürgerlichen Alltag vor: Fernrohre und lackiertes Blechgeschirr, Glasharmonika und Uhrenwecker, lithographierte Farbbilder und Stockschirme, vieles technische Spielzeug wie Elektrisiergeräte, Kin-

[45] Mohl, Lebenserinnerungen, S. 139.

derdraisinen, Baukästen. Namentlich die panoramatischen »Guckkästen« mit ihren kolorierten und beleuchteten Perspektivdarstellungen von Städten oder Schlachten faszinieren Erwachsene wie Kinder, als frühe »Fernseher« zugleich ein neues Sehen schulend: Fernes, Fremdes, Exotisches weitet bürgerliche Blicke und Horizonte[46]. Fontane dankt es den »augenblendenden« Guckkastenbildern seiner Kinderjahre, daß sich ihm »die geschichtlichen Ereignisse der zwanziger Jahre« wie die Freiheitskämpfe der Griechen unauslöschlich eingeprägt haben[47]. Und der junge Ernst Münch lädt nach und nach »die ganze Schule« zu sich ein, um im väterlichen Guckkasten Merians Kupferstiche zu bewundern. Ihm selbst – so empfindet er erinnernd – formte sich daraus eine ganz eigene »Art Weltansicht von Altem und Neuem in dem kleinen Kopfe«[48].

Beides scheint gleichermaßen wichtig: der Besitz von technischen Objekten wie der Umgang mit ihnen, die demonstrative Handhabung von »Technik im Alltag«. Manches wird bereits mit den kleinen Kindern systematisch eingeübt – mitunter auch in durchaus ungeplanten Situationen, wenn die Kinder etwa das Prinzip des Fernrohrs dadurch begreifen lernen, daß der Großvater sie mit Hilfe des neuen Instrumentes von ferne beim Spielen beaufsichtigt und, dabei ertappt, nun seine geheimnisvolle »Weitsicht« erklären muß. Und Erwachsene lernen nicht viel anders: Das Innehalten beim sonntäglichen Spaziergang, um näher kommende Bekannte durch das mitgeführte Taschenfernrohr zu fixieren, ist eine beliebte und durchaus statthafte Demonstration moderner Sehweise – bis dann zu viele Nachahmer daraus eine Mode machen und die Geste umgekehrt zu einem Zeichen ungehöriger Aufdringlichkeit wird.

Daß solche Technikfaszination wiederum sehr wohl mit bürgerlicher Zivilisationskritik und Natursehnsucht vereinbar ist, daß die aufklärende »Entzauberung der Welt« (Max Weber) auch ausgleichende neue »Verzauberungseffekte« schafft, zeigt im übrigen gerade das Beispiel des Fernrohrs. Immerhin dient seine optische Wirkung ja auch dazu, den Panorama-Blick auf Alpengipfelketten oder in Flußtäler noch ausschnitt-

[46] Siehe dazu etwa den Ausstellungskatalog Baden und Württemberg.
[47] T. Fontane, Meine Kinderjahre, Leipzig 1959, S. 127.
[48] Münch, Erinnerungen, Bd. 1, S. 39.

haft zu vertiefen, visuelles Erfahren als spannungsvollen Wechsel von Totalität und Partialität zu gestalten, um so die Naturkulisse »genießend in sich aufzunehmen«[49].

Ein ganz anderes Feld eröffnet der damalige Diskurs über neue Rollen und »moderne« Formen des Familienlebens. Es geht um die Grenzen von privater und öffentlicher Sphäre, um veränderte Kinder-Eltern-Beziehungen, um neue männlich-väterliche und weiblich-mütterliche Rollengestaltung, auch im Sinne einer allgemeinen Diskussion der »Geschlechtscharaktere«[50]. Um nur ein Moment herauszugreifen: In den ersten beiden Jahrzehnten des 19. Jahrhunderts scheint es jedenfalls nicht ungewöhnlich, daß sich (bildungs-)bürgerliche Väter auch im emotionalen Versorgungs- und Lernprozeß der Kinder stärker engagieren. Wilhelm von Kügelgen schildert die vorübergehende Teilung der Familie in eine männliche und eine weibliche Hälfte, als die Mutter mit den Schwestern zu einem längeren Badeaufenthalt fährt und der Vater mit den beiden Söhnen zurückbleibt. »Hier gestaltete sich nun ein Zusammenleben, wie es zwischen Vater und Söhnen nur ausnahmsweise zustandekommen mag.« Er berichtet von gemeinsamen Spielen, von stark emotional eingefärbten Abendgesprächen[51], also von sehr gefühlsoffenen, »intimen« Situationen, die man sich in späteren Bürgermilieus der Reaktionszeit oder gar des Wilhelminismus kaum vorstellen kann. Ähnlich der Juraprofessor Cramer, der über die ersten Jahre nach seiner Heirat schreibt: »Keine glücklichere Zeit als diese, wo ich mit dem einen Fuß wiegte (die Kinderwiege nämlich; W. K.), und mit der Hand alberne Varianten aus bestäubten Handschriften excerpierte.«[52]

Gewiß sind das keine Belege gegen die Gültigkeit jenes damals sich formenden bürgerlichen Familien- und Geschlechterrollen-Modells. Doch bleibt immerhin interessant, wie in dieser Übergangszeit noch beiläufig auch andere Verhaltensmöglichkeiten ausgelotet werden, bevor dann Biedermeier und Vor-

[49] K. W. Kolbe, Mein Lebenslauf und mein Wirken im Fache der Sprache und der Kunst, Berlin 1825, S. 9.

[50] Siehe dazu den immer noch grundlegenden historischen Problemaufriß von K. Hausen, Die Polarisierung der »Geschlechtscharaktere« – Eine Spiegelung der Dissoziation von Erwerbs- und Familienleben, in: W. Conze (Hg.), Sozialgeschichte der Familie in der Neuzeit Europas, Stuttgart 1976, S. 367–393, sowie U. Frevert, Frauen-Geschichte. Zwischen Bürgerlicher Verbesserung und Neuer Weiblichkeit, Frankfurt 1986, bes. S. 15–80.

[51] Kügelgen, Jugenderinnerungen, S. 380ff.

[52] Cramer, Haus-Chronik, S. 19.

märz beginnen, die Drehbücher bürgerlicher Familienrollen festzuschreiben, in denen im buchstäblichen wie im übertragenen Sinne endgültig das Korsett triumphiert.

Diese relative Offenheit und Experimentierbereitschaft läßt sich als Ausdruck bürgerlicher Identitätssuche am Anfang des 19. Jahrhunderts wohl ein Stück weit verallgemeinern. Umgekehrt erscheinen geistige Unbeweglichkeit und unambitionierte »Talentlosigkeit« als ausgesprochen unbürgerliche Eigenschaften. Konservativismus mögen sich jeweils auf ihre Art die Kleinbürger oder die Adeligen leisten, der Bürger sucht neue Horizonte. In solchen ideologischen Grundeinstellungen sind die Unterschiede wohl zu zeichnen: nicht wie der Adel die Gegenwart durch die Vergangenheit interpretieren, sondern umgekehrt in der Gegenwart bereits eine Vorgeschichte der Zukunft sehen; und nicht wie der Kleinbürger die geschichtliche und die lokale Welt zur besten aller Welten verklären, sondern weitsichtig und selbstkritikfähig den Vergleich suchen mit der Geschichte und mit anderen Ländern. Modernität ist da keine passive Eigenschaft, kein bloßes Mitschwimmen im Strom des Wandels, sondern beinhaltet konkrete bürgerliche Wünsche und Interessen. Sie fragt nach aktuellen Entwicklungsbedürfnissen und Fortschrittshemmnissen und zieht Bilanz. Dieses Verständnis spricht auch aus der Selbstbezeichnung »Mittelstand«, die damals noch kein soziologisches Modell meint, sondern das Bild einer Gesellschaft entwirft, um deren bürgerliche »Mitte« sich die Welt wie um eine Achse dreht.

In dieser Richtung etwa ließe sich aus den Autobiographien ein gemeinsamer Reflexionsbogen zum Thema Modernität und Fortschritt herauslesen. Oder in bürgerlichem Originalton: »Ich gewöhnte mich von Jugend an, die alten Dinge neu werden, das kaum Gegründete wieder abändern zu sehen, sah die größten Weltbegebenheiten wenigstens in ihren Anfängen und in ihren Trägern, ohne etwas davon zu leiden, vielmehr mit angenehmer Unterhaltung. Unter diesen Umständen konnte eine Pietät gegen das Alte und Bestehende so wenig als eine Furcht vor großen Aenderungen aufkommen.«[53]

Freilich bedeuten solche Einstellungen damals keineswegs einfach einen kühlen Abschied von Geschichte und Vergangenheit. Sie eröffnen nur einen neuen Blick auf die Gegenwart als einer Etappe zwischen Geschichtlichem und Zukünftigem, ge-

[53] Mohl, Lebenserinnerungen, S. 73.

ben dem Verhältnis zur Vergangenheit eine klare Richtung und eine feste Bestimmung in der eigenen biographischen und in der gruppenbiographischen Perspektive. Ohnehin entsteht der Eindruck, daß sich diese ersten »neuen« Bürgergenerationen nur in ganz bestimmten Bereichen soziale und kulturelle Experimente leisten können und wollen. Trotz der Betonung von Aktivität, Leistung, Individualität und trotz der daraus abgeleiteten gesellschaftlichen Modernisierungsforderungen scheint die Bindung an den sittlich-moralischen Wertekanon der alten »bürgerlichen Tugenden« gerade im öffentlichen Leben noch sehr dominant. Selbst die Wirtschaftsbürger und die Freiberufler disziplinieren sich in dieser Hinsicht selbst, bleiben demonstrativem Luxus und Konsum gegenüber meist ebenso reserviert wie etwaigen Bohemien-Moden.

Gewiß geschieht das nicht nur aus Pietät gegenüber einer abstrakten Wertetradition. Zurückhaltung empfiehlt sich offensichtlich auch deshalb, weil der ökonomische und soziale Status der neuen Elite in mancher Hinsicht noch labil erscheint, noch vom Eingebundensein ins breite bürgerliche Spektrum abhängt. Das verlangt den Nachweis der Solidität, des Pflichtbewußtseins, der Honorigkeit auch in der persönlichen Lebensführung. Bezeichnenderweise ist das ja auch die Botschaft der Autobiographie-Schreiber an ihre eigenen Kinder, deren Lebensspanne dann schon bis weit in die zweite Hälfte des 19. Jahrhunderts hineinreicht: Die Autobiographie selbst soll als Vermittlerin eines sozialen Wertekontinuums wirken, das Traditionen und Neuerungen verbindet, das auch die Wertekontinuität zwischen den familiären Generationen sichert.

Der Zeitungsverleger Otto Elben skizziert die Auffassungen seines Vaters von Modernität an Hand eines Redaktionskonzeptes für die ›Schwäbische Kronik‹ aus den 1820er Jahren. Neu aufgenommen werden damals »die lebensvollen Festbeschreibungen vom ersten Cannstatter Volksfest an bis zu den Liederfesten, der Naturforscherversammlung, dem großen Schillerfest; die Berichterstattung über die Gewerbeausstellungen; die Beschreibung von Fabriken; der Weinpreiszettel, eine volkswirtschaftlich sehr wichtige Einrichtung; viele volkswirtschaftliche Aufsätze; wirksame und nachhaltige Unterstützung des Eisenbahnbaus durch belehrende und agitatorische Artikel; die Einführung der Abteilung Länder- und Völkerkunde«[54]. Eine

[54] Elben, Lebenserinnerungen, S. 3.

Einstellung zu Tradition und Fortschritt, deren ausgewogene Balance auch dem Sohn imponiert und die er als Leitlinie übernimmt.

»Bürgerlichkeit« erscheint da als eine Form von Fortschrittsgewißheit, die zunächst auf dem Glauben an die eigene Modernisierungsfähigkeit und auf deren gesellschaftlich vorbildhafte Wirkung gründet. Natürlich sind das Balanceakte, bei denen bürgerliche Selbstdefinitionen häufig genug in Widerspruch geraten zur bürgerlichen Alltagspraxis. So paßt der liberale politische Standort kaum zu jener willkommenen Nobilitierung, die von Beamten wie Industriellen als »Adelung« ihrer staatsbürgerlichen Verdienste so gerne akzeptiert wird; der demokratische Freiheitsbegriff reibt sich an nationalistischer Mythenbildung; der anti-obrigkeitsstaatliche Impetus endet beim Werben um Staatsaufträge oder beim Aufbau von Beamtenkarrieren. Da erhält der bürgerliche Wertehorizont wiederum sehr pragmatische, oft ambivalente Züge, wenn aus Forderungen nach allgemeinem gesellschaftlichem Fortschritt unversehens Konzepte individuellen bürgerlichen Fortkommens werden.

In dieser Hinsicht sind gerade die bürgerlichen Autobiographien wahre Kunstwerke der Ideologiegeschichte, indem sie solche Theorie-Praxis-Widersprüche immer wieder als Leitthemen aufnehmen, um sie dann in biographischen Legitimationsfiguren aufzulösen. Soziale Verbindlichkeit und politische Kompromißbereitschaft rechtfertigen sich als unabdingbare bürgerliche Eigenschaften in einer noch »vorbürgerlichen« Umwelt. Nicht umsonst wird eigenes Verhalten so gerne durch Attribute wie »maßvoll« oder »bescheiden« charakterisiert. Fortschritt und Modernität bezeichnen so wohl ideelle Imperative, die dann freilich lebensgeschichtlich verzeitlicht und gesellschaftspolitisch harmonisiert werden: Die eigene Biographie, der eigene Erfolg ist letztlich der Beweis für die Richtigkeit dieses »mittleren Weges«.

7. Reise in die Moderne

Trotz der gängigen Bilder vom »mobilen« 19. Jahrhundert erstaunt es dennoch, wie häufig in den Autobiographien das Reisemotiv auftaucht und wie vielfältig damals bereits das Spektrum bürgerlicher Reisemodelle ist. Neben regelmäßigen mehrtägigen Familienausflügen, Verwandtschaftsbesuchen, jugendlichen Gruppenausflügen, Familien- und Geschäftsreisen stehen vor allem immer wieder Bäderreisen auf dem Programm. Ganz selbstverständlich wird vom immerhin 37. Besuch in Karlsbad berichtet oder vom jährlichen Aufenthalt im »Nordseebad Wyk auf Föhr«[55], und Robert von Mohl beschreibt boshaft einen Beamten, »dessen größte That war, daß er fünfzig Jahre hintereinander das Bad in Teinach besuchte, wofür ihm dann dort ein Denkmal gesetzt worden ist«[56].

Erstaunlich ist aber auch der Umfang der ausgesprochenen Bildungsreisen. Bei einzelnen Autoren taucht dieses »Reisefieber« so häufig und regelmäßig auf, daß dadurch nochmals ein besonderes Licht auf das neue Verhältnis von Bürgertum und Freizeit geworfen wird: Die »Muße«, die freie Zeit oder jedenfalls eine entsprechend große zeitliche Dispositionsmöglichkeit ist entscheidende Voraussetzung für bürgerliches Reisen wie für den bürgerlichen Bildungsprozeß insgesamt. Auch das gehört zu jener neuen »Zeitökonomie«, die mit dem Prinzip der effektiven und rationellen Arbeitszeit-Rechnung nur unvollständig und einseitig charakterisiert wäre und eben auch jenes andere, eher geruhsame Bildungszeit-Prinzip kennt.

Offensichtlich sind die alten Modelle der bürgerlichen Bildungsreise auch in den Familien nach der Jahrhundertwende noch in regem Gebrauch: jene »sentimentale Reise« etwa auf Goethes Spuren zu »Naturgenuß, Naturschwelgerei, Naturbeschauung« vor allem in die Schweiz, in jenes »Mekka der Naturreisenden« mit seinen klassischen Routen und seinen »panoramatischen Blicken«, die bürgerliches Naturerleben schulen und ästhetisch formen sollen[57]. Reichardt nennt diesen Reisetypus in seinen Erinnerungen bereits einen »festen Modeartikel«[58], und die stehende Formulierung »meine erste Schweizerreise« (sic!) taucht in anderen Lebenserinnerungen immer wieder auf. Auch die Reise in die Kunstgeschichte wird als Begegnung mit Antike und Klassik nach wie vor gepflegt. Durch Reiseliteratur und Reiseführer ist auch das Bildungserlebnis genau beschrieben und vorgeschrieben – einschließlich der praktischen Hinweise darauf, wo man übernachtet oder wo man seine

[55] Laube, Erinnerungen, S. 179; C. v. Tiedemann, Aus sieben Jahrzehnten. Erinnerungen, Bd. 1, Leipzig 1905, S. 141.

[56] Mohl, Lebenserinnerungen, S. 49.

[57] So R. Prutz, Schriften zur Literatur und Politik, hg. v. B. Hüppenauf, Tübingen 1973, S. 37f.

[58] Reichard, Seine Selbstbiographie, S. 50.

Initialen durch Fremdenführer in ehrwürdigen Mauern verewigen lassen kann; Goethe selbst hat solches ja bereits auf dem Turm des Straßburger Münsters vorexerziert[59]. Auch das gehört schon zum Ritual der Bildungsreise: Reisen wird als Erfahrungsmodell wie als Modellerfahrung regelrecht inszeniert, es ist demonstrativer Nachweis der Bereitschaft zu praktischer Welt-Anschauung und tätiger Selbst-Bildung.

Jene älteren Modelle indessen schrieben als angemessenes Fortbewegungsmittel noch fast ausschließlich die Reisekutsche vor, sie nannten als Stationen nur »gute« Gasthäuser, planten Zwischenaufenthalte gern bei Freunden und Verwandten ein. Der Raum, obwohl er sich geographisch weitete, blieb kulturell eher noch eng. Bürgerliches Reisen bedeutete ein Sich-Bewegen in vertrauten sozialen Formen und auf der gewohnten sozialen Stufe, eben eine Radhöhe über dem fremden Alltag. Auch in der Fremde suchte man Vertrautes.

Mit dieser kulturellen Isolation brechen nun die neuen Modelle. Das Sich-Einfühlen und Sich-Einfinden in eine regional entfernte, durch Bildung und Lektüre jedoch schon vertraute Kultur und Kunst wird allmählich abgelöst durch die Suche nach dem Dialog mit Fremdem und mit Fremden, mit fremder Kultur und Gesellschaft. Zum neuen Programm gehören jetzt Kultur und Technik ebenso wie Politik und Geschichte, wie Wissenschaft und Literatur, wie Kunst und Alltag. Fast läßt sich das typologisieren: Die *tour d'horizon* in Kunst, Geschichte und Wissenschaft anderer Städte und Länder bleibt obligatorisch; sie führt weiterhin in Museen und Kirchen, in Theater und Opernaufführungen, in Universitäten und Archive. Ebenso bleibt das gesellige und gesellschaftliche Programm mit Freunden und Bekannten in Privathäusern, Cafés, Ballsälen.

Hinzu kommt nun jedoch das Besondere, die Reise »in die Moderne«. Das beginnt bereits bei den Verkehrsmitteln, zu denen jetzt, wo immer es geht, Dampfschiff und Eisenbahn zählen. Ein eigenes Technik-Besichtigungsprogramm wird absolviert hin zu neuen Fabriken und Brücken, zu Maschinenanlagen und Kriegsschiffen, zu Hafenanlagen und Bahnhöfen, um dort den »Fortschritt« studieren, ihn vor allem auch sinnlich aufnehmen zu können. »Unterwegs noch eine schöne Dampfmaschine auf einem Kohlberge besehen«, notiert ein Belgien-Reisender

[59] Ebd., S. 207.

1828 in seinem Tagebuch[60]. Auch keine Reise nach Frankreich oder England wird mehr ohne solche Programmbestandteile unternommen.

Ebenso gibt es nun die politisch-zeitgeschichtliche Bildungsreise. Wer nach Paris fährt, pilgert dort oft noch vor den Museen zu den Orten der Revolution, zu den »Originalschauplätzen« von Kämpfen und Hinrichtungen. Und nachdem die von 1789 genügsam bekannt sind, schaffen die Barrikaden der Julirevolution von 1830 rechtzeitig neue Attraktionspunkte. Wer Leipzig besucht, versäumt selten mehr den Ausflug zum Ort der Völkerschlacht, und eine Londonvisite ohne das Parlament und das Erlebnis einer seiner Debatten bedeutet eine Bildungslücke. All das ist stets auch Suche nach der bürgerlichen Identität an Hand historischer Spuren und Spiegel und im Nacherleben nationaler Weihestunden und -stätten.

Hinzu kommt drittens schließlich eine Art von Inlands-Ethnologie: die Suche nach dem »Volksleben« und nach dem Fremden in der (eigenen) Gesellschaft. Heinrich Laube vermutet dieses »Volk« in Prager Kellerlokalen der 1830er Jahre – »Ich wollte seine Vergnügungen kennenlernen und suchte am Abend einen Tanzsaal auf« – und auf Wiener Volksfesten in der Brigittenau[61]. Andere begeben sich zum gleichen Zweck in den Kopenhagener Tivoli oder in die Pariser Vergnügungsviertel und Volkstheater, nicht mehr per Kutsche, sondern nun zu Fuß. Sich ohne äußeren Abstand, nur noch in innerer kultureller Distanz mitten »unter dem Volke« zu bewegen, das ist moderne Reiseerfahrung. Im Omnibus fährt man durch London, um das Metropolitane, »das Getriebe dieser Weltstadt«, auch sinnlich zu erleben; man besichtigt die Docks und die Bahnhöfe, selbst Irrenanstalten und Gefängnisse, um gesellschaftliche »Anschauung« zu erhalten. Manche Schilderung klingt in der Tat wie der Expeditionsbericht in ein unbekanntes Landesinnere, wenn in Manchester »die Quartiere« durchwandert werden, »darunter auch die Schmutz und Elend zeigenden Quartiere der Fabrikbevölkerung«. Dazwischen findet sich Abwechslung: »Dicht dabei auch schöne Plätze und Denkmale. Interessant sind die über die Straßen und Häuser in die Höhe gebauten Eisenbahnlinien.«[62]

[60] Reiseberichte eines westfälischen Glasindustriellen, hg. von H. Vollmerhaus, Dortmund 1971, S. 70.

[61] H. Laube, Reise durch das Biedermeier, Hamburg 1965, S. 299 u. 257.

[62] Elben, Lebenserinnerungen, S. 84f. und 91.

Vieles, was fremde Gesellschaft und Kultur charakterisiert, wird nun breiter, vielfältiger, offener gesehen. Und entsprechend breit ist auch das Tableau der Reisemodelle, aus dem in jeweils individueller Weise Typen und Kombinationen ausgewählt werden können. Je nach Umständen, nach individuellen Interessen und Bildungsbedürfnissen werden unterschiedliche Schwerpunkte gesetzt, möglichst jedoch wird Verschiedenartiges kombiniert, wird die Reise in Erlebniskontrasten und Kontrapunkten inszeniert: Kunst und Technik, Kirchen und Revolutionsschauplätze, Ball und Irrenhaus, Eisenbahnreise und Fußwanderung. Auch hierin zeigt sich jenes »distinktive« Moment bürgerlicher Praxis: Nun ist das touristische Reisen kein ständisches Privileg mehr, die Wunderwerke der Kunst und der Technik sind frei zugänglich, die Eisenbahn oder die Fußwanderung steht jedem offen; alle Einzelbestandteile des Reisens sind scheinbar »egalitär« gestaltet – von kleinen Preisunterschieden einmal abgesehen. Dennoch bleibt das Modell »Reise« als bürgerliches »Bildungsabenteuer« letztlich demjenigen vorbehalten, dessen kulturelle Erfahrungsmuster und Sehweisen auf diese Art der Welt-Anschauung literarisch und ästhetisch entsprechend vorbereitet sind.

Um die Horizontbreite und die kulturelle Synthesefähigkeit eines solchen Reiseprogramms exemplarisch zu verdeutlichen, sei hier nur in Stationen und Stichworten eine Reise skizziert, die der Verleger und Liberale Otto Elben im Jahr 1846 unternimmt. Sein Ziel ist ein deutsch-flämisches Sängerfest in Köln, wohin er sich von Heilbronn aus per Dampfschiff erst neckar-, dann rheinabwärts begibt, auf der »herrlichen, poetischen Fahrt« schon in regem Kontakt mit zusteigenden bürgerlichen »Liedertafeln«, die dasselbe Ziel haben. In Köln angelangt, hält Elben eine der zahlreichen Festreden (»die Sängerfeste wurden mir zur Schule des Sprechens«), nimmt an Musikaufführungen und Chorveranstaltungen mit deutlich nationaler Einfärbung teil und unternimmt Besichtigungen und Ausflüge (»Wahre Volksversammlungen gestalteten sich auf dem Drachenfels und in Godesberg«).

Dann geht es mit den Gesangvereinen wiederum per Dampfschiff zurück nach Mainz; von dort mit der Eilpost nach Leipzig – Besichtigung des Völkerschlachtfeldes – und mit der Eisenbahn nach Dresden, wo Kunstsammlungen, Universitätsbesuch, Caféhäuser und ein Ausflug in »die Natur der Sächsischen Schweiz« auf dem Programm stehen. Von Dresden reist Elben per Eisenbahn nach Berlin: Oper und Schauspiel, Gneist und Ranke »live« in der Universität, Potsdam und Charlottenburg, Besuche von Zeitungsredaktionen und Landsleuten. Nun folgen drei Tage Fußwanderung auf Rügen, ein längerer Abstecher nach Kopenhagen samt »Volksleben« im Tivoli, Museumsbesuchen, Dampfschiffahrten, Besichtigung der dänischen Reichsmarine und von Festungsanlagen. Mit dem Nachtschiff fährt er zurück nach Kiel, begibt sich von dort mit der Eisenbahn nach Rendsburg, um in Diskussionen und auf Volksversammlungen zur »deutschen Sache« in Schleswig-Holstein zu sprechen. Anschließend geht es per Post und Eisenbahn über Hamburg nach Belgien zu einem Sängertreffen in Brüssel, bei dem er »in verschiedene Vereine, Casinos, Lesegesellschaften eingeführt« wird, Museen und elektrische Telegraphenanlagen besichtigt. Danach folgen noch Monate in Paris, London, Schottland, eine längere Seereise nach Portugal und Afrika, die Rückkehr schließlich über Italien, bis Elben nach 15 Monaten wieder zu Hause ist. Ein halbes Jahr später heiratet der Verleger, exakt am 2. März 1848, an jenem Tag, als in Württemberg die Pressefreiheit verkündet wird[63].

Es ist eine bürgerliche Zeitreise, die nach Begegnungen mit Natur und Technik, mit Nationalem und Exotisch-Fremdem, mit Geselligkeit und Politik, mit Wissenschaftlichem und Geschäftlichem, mit Kunst und Kriegsschiffen, mit Freundschaften und Beziehungen tatsächlich in der Moderne endet, mitten in der Aufbruchstimmung der deutschen Bürger des Jahres 1848 – jener Bürger, die sich dann doch wieder auf das »Maß des Fortschritts« besinnen, um später in Ruhe ihre Autobiographien schreiben zu können: ihre Lebensgeschichte als »Lehrjahre« deutscher Bürgerlichkeit.

[63] Ebd., S. 64–112.

Ute Frevert

Bürgerlichkeit und Ehre
Zur Geschichte des Duells in England und Deutschland

1. Das Duell im 19. Jahrhundert – feudales Relikt oder bürgerliche Konvention?

Für Zeitgenossen des ausgehenden 20. Jahrhunderts hat der Begriff »Ehre« einen altertümlichen Klang; sein Gebrauch ist aus der Mode gekommen. Jüngste Versuche, ihn für politische Zwecke zu reaktivieren, erwiesen sich als Fehlschläge: Daß die Ausladung eines bayerischen Ministerpräsidenten seitens österreichischer Behörden die »Ehre« des gesamten Freistaates verletze, blieb hohles Pathos, und das »Ehrenwort« eines schleswig-holsteinischen Ministerpräsidenten hielt journalistischen und polizeilichen Recherchen nicht lange stand.

Großer Beliebtheit erfreut sich dagegen der Begriff »Duell«. Fast täglich kann man in Zeitungen von parlamentarischen Rededuellen, Tennisduellen, Firmenduellen lesen – den Wortverbindungen sind keine Grenzen gesetzt. Gemeint sind stets Konstellationen, in denen zwei Personen bzw. Institutionen ihre Kräfte messen, miteinander konkurrieren um einen Sieg, der ihnen Ansehen, Macht oder ökonomischen Gewinn einbringt. Mit dem klassischen Duell, dem *Ehren*zweikampf, haben solche »Duelle« allerdings nichts mehr gemein, geht es in ihnen doch nicht um Ehre, sondern um Wettstreit, um Leistungsvergleiche.

Dem Bedeutungsverlust des Begriffs »Ehre« entspricht eine Banalisierung des Begriffs »Duell« – wo »Ehre« nicht mehr verhaltenswirksam ist, haben auch »Duelle« ihren sozialen Sinn eingebüßt. Daß trotzdem so oft von ihnen die Rede ist, deutet darauf hin, daß dem Wort nach wie vor ein eigentümlicher Zauber anhaftet, dem sich »moderne« Menschen nicht gänzlich entziehen können, auch wenn sie die authentische Situation weder nachempfinden noch nachleben können und wollen.

Hier ist nicht der Ort, die Veränderungen der Semantik von »Ehre« und »Duell« samt ihren gesellschaftsgeschichtlichen Ursachen bis in unsere Zeit hinein zu verfolgen[1]. Die kurzen Hin-

[1] Erörterungen und Erklärungsversuche mit größerer zeitlicher Spannweite und historischer Tiefenschärfe bleiben einer umfangreicheren Studie zur Ge-

weise sollten vielmehr verdeutlichen, wie weit die heutige Gesellschaft sich von Einstellungen und Verhaltensformen gelöst hat, die vor hundert Jahren noch alltäglich und selbstverständlich waren. Im 19. Jahrhundert, das schon von Zeitgenossen das »bürgerliche« genannt wurde[2], hatten Ehre und Duell ihren festen Platz; sie gehörten ebenso zur »Atmosphäre des Bürgerlichen« (Thomas Mann) wie Wagner-Kult und Schiller-Feiern. Das Duell als »unbürgerlich« zu kennzeichnen und als einen jener feudalen Reste abzutun, die das vorige Jahrhundert als soziale Anachronismen belastet hätten[3], heißt, an seinen konkreten Erscheinungsformen vorbeizuschauen und seine Bedeutung als *bürgerliche Konvention* zu verkennen. Es heißt damit aber auch, die »Atmosphäre des Bürgerlichen« oder, mit einem moderneren Begriff, die »Kultur der Bürgerlichkeit« fehlzudeuten, die typischen Verwerfungen, Ambivalenzen und Widersprüchlichkeiten dieser Kultur zu übersehen.

Daß diese Widersprüchlichkeit nicht allein die Kultur des Bürgertums im Großen auszeichnete, sondern auch einzelne Personen prägte, zeigt das Beispiel Max Webers. Ein scharfer politischer Kritiker jener »deutschen Form«, die in der »Satisfaktionsfähigkeit« ihren höchsten Ausdruck fand, zögerte er doch nicht, sich dieser Form selber zu unterwerfen, wenn seine persönliche Ehre auf dem Spiel zu stehen schien. Er bekannte sich öffen . als Duellanhänger, pflegte beste Beziehungen zu seiner alten schlagenden Studentenverbindung und strich voller Stolz seinen militärischen Rang als Reserveoffizier heraus. Als Marianne Weber, Aktivistin der bürgerlichen Frauenbewegung, 1910 in einem Zeitungsartikel beleidigt wurde, erklärte er sich sofort bereit, »die Ehre seiner Frau« im Duell zu vertreten, und nur die Weigerung seines Kontrahenten verhinderte einen Waffengang[4].

schichte des Duells vom späten 18. bis zur Mitte des 20. Jahrhunderts vorbehalten, die in Bearbeitung ist.

[2] 1920 schrieb Kurt Tucholsky: »Das bürgerliche Zeitalter ist dahin, was jetzt kommt, weiß niemand.« K. Tucholsky, Politische Texte, Reinbek 1971, S. 104. Thomas Mann nannte das 19. Jahrhundert 1933 die »bürgerliche Epoche«. Th. Mann, Leben und Größe Richard Wagners, in: ders., Wagner und unsere Zeit, Frankfurt 1986, S. 63.

[3] So H.-U. Wehler, Das Deutsche Kaiserreich 1871–1918, Göttingen 1973, S. 163.

[4] Zu diesem Vorfall s. Marianne Weber, Max Weber. Ein Lebensbild, Heidelberg 1950, S. 473ff. Webers politische Einstellung zum »Couleurmenschen« und zum deutschen Ehrenkodex ist nachzulesen in: M. Weber, Wahlrecht und De-

Weber war gesellschaftlichen Konventionen nicht nur persönlich zugetan, sondern widmete ihnen auch in seinem wissenschaftlichen Werk viel Raum. Daß soziale Gruppen, Klassen und Schichten nicht bloß durch materielle Interessen zusammengehalten werden, daß Politik sich keineswegs auf das zweckrationale Aushandeln konkurrierender Bedürfnisse beschränkt, daß Macht nicht nur wirtschaftliche Fundamente besitzt, war ihm selbstverständlich. Gleichberechtigt mit den Marktkräften behandelte er die soziale Ordnung des »ständischen Prinzips«, das die soziale Wirklichkeit ebenso strukturierte wie die ökonomisch bedingte »Klassenlage«. Dieses ständische Prinzip materialisierte sich in der »Ehre«, die den Angehörigen eines Standes eine bestimmte Lebensführung abforderte und sie auf diese Weise von anderen ständischen Gruppierungen absetzte. »Die maßgebende Rolle der ›Lebensführung‹ für die ständische ›Ehre‹« und die ständische Zugehörigkeit bringe es mit sich, so Weber, »daß die ›Stände‹ die spezifischen Träger aller ›Konventionen‹ sind: alle ›Stilisierung‹ des Lebens, in welchen Äußerungen es auch sei, ist entweder ständischen Ursprungs oder wird doch ständisch konserviert.«[5]

Zu solchen Konventionen, Stilisierungen oder Zeichen, die der Bewahrung und Festigung ständischer Ehre dienten, zählte Weber auch die »Satisfaktionsfähigkeit«, d.h. die Gewohnheit, verletzte persönliche Ehre in einem Duell zu rehabilitieren. Das Duell war gleichsam das reinste Ausdrucksmittel der Ehre, der letzte Beweis ehrenhafter Gesinnung und Lebensführung. Es erkannte die Ehre als höchstes Lebensmotiv an, dem sich individuelles Handeln bis zur letzten Konsequenz zu unterwerfen hatte. Für die Ehre lebte man nicht nur, man starb auch für sie, sofern es keinen anderen Weg gab, sie unbefleckt zu erhalten.

Nicht alle ständischen Gruppierungen aber hielten es für erforderlich, »Ehre« in dieser Weise zu betonen und zu schützen. Lediglich die Offiziers- und »Scholarenehre« schufen sich, so Weber, einen Kodex, der den Ehrenzweikampf vorschrieb und die ständische Zugehörigkeit an die Satisfaktionsfähigkeit und -bereitschaft des Einzelnen band. Das Duell war damit in Deutschland für die militärische und zivile Oberschicht zu einer Konvention avanciert, die diese Schicht sozial integrierte

mokratie in Deutschland (1917), in: ders., Gesammelte politische Schriften, hg. v. J. Winckelmann, Tübingen 1958², v.a. S. 266–272.

[5] M. Weber, Wirtschaft und Gesellschaft, Tübingen 1972², S. 637.

und ihr »Distanz und Exklusivität« (Weber) gegenüber anderen »Ständen« sicherte. Wer immer in diesen exklusiven Kreis aufgenommen zu werden wünschte, mußte sich den Spielregeln beugen, die der Ehrenkodex vorschrieb. Besitz und Vermögen waren zwar notwendige, aber keineswegs hinreichende Zulassungsbedingungen, denn Ehre »steht normalerweise vielmehr mit den Prätentionen des nackten Besitzes als solchem in schroffem Widerspruch«[6]. Auch Offiziers- oder Bildungspatente als formale Qualifikationen mußten durch eine entsprechende Lebensführung inhaltlich unterfüttert und in ihrem sozialen Geltungsanspruch abgesichert werden. Erst diese Lebensführung, die weit mehr umfaßte als berufliche Tüchtigkeit und Erfolg, verlieh Ehre, die sowohl das Kollektiv als auch den dazugehörigen Einzelnen sozial hervorhob und »adelte«.

Als ein in diesem Sinne ständisches Phänomen entzog sich »Ehre« der eindeutigen Zuordnung zu einer Klasse, und die Duell-Ehre der satisfaktionsfähigen Oberschicht ging nicht in den kulturellen Konventionen einer nur durch ihre Marktmacht definierten Klasse auf. Zugleich aber läßt sich auch das in eine Vielzahl von Berufs- und Besitzgruppen segmentierte Bürgertum kaum mit einem Klassenmodell Weberscher oder Marxscher Provenienz beschreiben, so daß es notwendig wird, dafür nicht-ökonomische Kriterien heranzuziehen. Das Bemühen, die innere Kohäsion und die äußeren Grenzen des Bürgertums durch eine Analyse seiner »Kultur« oder Lebensführung aufzuspüren[7], kann daher in der Untersuchung der Ehre und des Ehrverhaltens einen wichtigen Ansatzpunkt finden.

[6] Ebd., S. 635.

[7] Der Ansatz, das Bürgertum durch seine Kultur zu definieren, ist keine Erfindung heutiger Historiker. Schon 1919 bezeichnete Tucholsky »den Bürger« als »eine geistige Klassifikation, man ist Bürger durch Anlage, nicht durch Geburt und am allerwenigsten durch Beruf«. Tucholsky, Texte, S. 87. Die meisten neueren Studien zur Sozialgeschichte des deutschen, französischen oder englischen Bürgertums weisen Werthaltungen, Lebensstilen und Verhaltensweisen einen zentralen Stellenwert zu. Vgl. z.B. H. Henning, Das westdeutsche Bürgertum in der Epoche der Hochindustrialisierung 1860–1914, Wiesbaden 1972; A. Daumard, Les Bourgeois de Paris au XIXe siècle, Paris 1970, S. 352; P. Stearns, The Middle Class. Toward a precise definition, in: Comparative Studies of Society and History 21, 1979, S. 377–396, v.a. S. 385. Konzeptioneller jetzt: J. Kocka, Bürgertum und Bürgerlichkeit als Probleme der deutschen Geschichte vom späten 18. zum frühen 20. Jahrhundert, in: ders. (Hg.), Bürger und Bürgerlichkeit im 19. Jahrhundert, Göttingen 1987, v.a. S. 42–48, sowie H. Bausinger, Bürgerlichkeit und Kultur, ebd., S. 121–142, und der Kommentar von T. Nipperdey, ebd., S. 143–148.

Die folgenden Ausführungen zur Geschichte des Duells im 19. Jahrhundert verstehen sich jedoch nicht nur als Beitrag zur »psychologie bourgeoise« (Adeline Daumard) in Deutschland. Der Blick über die deutschen Grenzen nach England soll darüber hinaus erhellen, ob und inwieweit der Ehrenkodex der deutschen bürgerlich-adligen Oberschicht eine nationale Besonderheit darstellte. Immerhin nahm die Konvention des »Ehrenpunktes« in England seit der Mitte des 19. Jahrhunderts eine gänzlich andere Entwicklung als in Deutschland, was die Frage nahelegt, wie diese Abweichung vor dem Hintergrund unterschiedlicher sozialer und kultureller Profile der jeweiligen Oberschichten zu erklären ist.

Neigt man dazu, das Duell als feudales Relikt einzustufen, wird man sein frühes Verschwinden in England als Indiz für den bürgerlicheren Charakter des Inselstaates deuten und der deutschen Entwicklung auf diesem Gebiet ein »Defizit an Bürgerlichkeit« attestieren müssen. So argumentierte Lujo Brentano bereits 1909, als er den Rückgang der Duelle mit der gesellschaftlichen und politischen Hegemonie des englischen Bürgertums begründete und den »schwächliche(n) Charakter des heutigen deutschen Bürgertums« für die »wachsende Anerkennung« des Duellprinzips auf dem Kontinent verantwortlich machte[8]. Diese Interpretation findet auch auf englischer Seite Unterstützung, wenn eine Untersuchung des Duells im Lichte seiner Kritik zwischen 1700 und 1850 zu dem Schluß gelangt, daß der Ersatz des *code of honour* durch einen *code of Christian commerce* um die Mitte des 19. Jahrhunderts auf das gewachsene Selbstbewußtsein des englischen Bürgertums zurückzuführen sei[9]. Eben daran müsse es, so könnte man folgern, dem deutschen Bürgertum gemangelt haben, in dem es, wie August Bebel 1896 anklagend monierte, zum »guten Ton« gehöre, »die Allüren und Manieren der Aristokratie nachäffen« zu können und »das Duellwesen ... wenigstens ebenso sportmäßig« zu betreiben wie adlige Kreise[10].

[8] L. Brentano, Über die Duellfrage, in: Mitteilungen der Deutschen Anti-Duell-Liga, Nr. 29, 1909, S. 2–7.

[9] D. T. Andrew, The Code of Honour and its Critics. The Opposition to Duelling in England, 1700–1850, in: Social History 5, 1980, S. 409–434, v.a. S. 431 ff. Ähnlich: H. Perkin, The Origins of Modern English Society 1780–1880, London 1974, S. 271 ff.

[10] Stenographische Berichte über die Verhandlungen des Reichstags, IX. Legislaturperiode, IV. Session 1895/97, Bd. 3, Berlin 1896, S. 1809.

Nicht immer aber treffen zeitgenössische Urteile ins Schwarze, und fast immer gibt es nicht die eine, sondern mehrere historische Wahrheiten. Allein schon die Sympathie, derer sich das Duell im 19. Jahrhundert auch in solchen Kreisen erfreute, die dem Adel eher distanziert gegenüberstanden, weckt Zweifel, ob eine einfache Feudalisierungsthese diese Affinitäten plausibel erklären kann. Umgekehrt ist die soziale, politische oder kulturelle Hegemonie des englischen Bürgertums in der Forschung durchaus umstritten und zumindest für die Jahrhundertmitte, als das Duell aus dem gesellschaftlichen Komment der Oberschichten verschwand, alles andere als bewiesen.

Bevor deshalb die Entwicklung des Duells in Deutschland als Beleg für einen deutschen Sonderweg, für ein deutsches Defizit an bürgerlicher Ehre und Kultur herangezogen werden kann, muß das Phänomen des Ehrenzweikampfes zunächst genauer beobachtet und in den gesellschaftsgeschichtlichen Kontext beider Länder eingeordnet werden.

2. Der barocke Ehrenzweikampf

Seit wann genau Duelle in Deutschland und England ausgetragen wurden, ist ebenso unklar wie ihre Beziehung zu den verschiedenen Formen gerichtlicher und außergerichtlicher Zweikämpfe, die aus dem Mittelalter überliefert sind. Spätestens in der zweiten Hälfte des 16. Jahrhunderts jedoch tauchte der Begriff »Duell« in der englischen und deutschen Sprache auf, und bereits seit Beginn des 17. Jahrhunderts sind obrigkeitliche Duellverbote dokumentiert.

In England untersagte James I. 1613 »private challenges and combats«, die, wie ein Zeitgenosse 1606 bemerkte, »now a day among soldiers and men of honour« gebräuchlich waren und dazu dienten, »to discharge a man of an injury received«[11]. Der König erklärte diese Praxis für unvereinbar mit den »quallities of gentlemen« und verwies die Kombattanten an das gemeine Recht. Zugleich forderte er seinen Generalstaatsanwalt Francis Bacon auf, ein Exempel zu statuieren[12]. Drei Jahre später verurteilte Bacon den adligen Offizier Gervase Markham wegen Vor-

[11] L. Bryskett, A Discours of Civill Life, London 1606, S. 65, zit. nach F. Billacois, Le duel dans la société française des XVIe–XVIIe siècles, Paris 1986, S. 51.

[12] L. Stone, The Crisis of the Aristocracy 1558–1641, Oxford 1965, S. 247f.

bereitung einer Herausforderung zu einer hohen Geld- und Gefängnisstrafe. Strafverschärfend kam hinzu, daß Markham, der ein hochadliges Mitglied des Oberhauses der Lüge bezichtigt und damit zum Duell gereizt hatte, nur dem niederen Adel angehörte. Angehörige der Gentry aber, so Bacon, seien bloß »second Nobles« und setzten sich durch Beleidigung eines britischen Pairs doppelt ins Unrecht. In jedem Fall aber stelle ein Duell, wie jede andere Form des Mordes auch, einen »direct affront of law« dar »and tends to the dissolution of magistracy«[13].

Weder die Mißbilligung des Königs noch die Strenge seines obersten Staatsanwaltes konnten den englischen Adel dazu bewegen, auf Duelle zu verzichten. In einer Zeit, die an inneradligen Fehden nicht eben arm war, schien der neue, von Frankreich beeinflußte Ehrenkodex eine willkommene Möglichkeit zu bieten, Konflikte zu begrenzen und geregelt auszutragen. Auf der Basis von Zeitungsberichten, privaten Briefwechseln und offiziellen Verlautbarungen gelangt Lawrence Stone zu dem Schluß, daß die Häufigkeit, als Pair in gewalttätige Auseinandersetzungen verwickelt zu werden, zwischen 1580 und 1640 merklich zurückging; in der gleichen Zeit aber nahm die Zahl der Duelle und Herausforderungen deutlich zu. In den beiden ersten Jahrzehnten des 17. Jahrhunderts lief danach etwa jeder vierte Pair einmal in seinem Leben Gefahr, ein Duell bestehen zu müssen[14]. Auch die Angehörigen des mittleren und niederen Adels machten sich den neuen *code of honour* offensichtlich zu eigen und nutzten das Duell dazu, Konflikte untereinander und mit dem Hochadel »on terms of equality« (Stone) zu lösen – auch wenn König und Gerichte alles taten, diese Verwischung sozialer Unterschiede zu unterbinden.

Auch im weiteren Verlauf des 17. und 18. Jahrhunderts kamen immer wieder Duelle vor. Der Londoner Admiralitätssekretär Samuel Pepys notierte in seinem Tagebuch mehrere Fälle aus den 1660er Jahren, in denen Adlige ihre Ehre mit dem Degen verteidigten, und gab zugleich seiner Hoffnung Ausdruck, die Obrigkeit möge »some good laws« dagegen erlassen[15]. 1713, nach einem tödlichen Duell zwischen zwei Ange-

[13] The Works of Francis Bacon, hg. v. J. Spedding, Bd. 13, London 1872, S. 103–115, Zitate S. 108, 112.

[14] Stone, Crisis, S. 770.

[15] The Diary of Samuel Pepys, hg. v. H. B. Wheatley, Bd. 2, London 1893, S. 299, 311f., Zitat S. 312; Bd. 7, London 1896, S. 47f.

hörigen des Hochadels, beriet das Unterhaus darüber, wie dieser Konvention am besten beizukommen sei, konnte sich jedoch nicht auf gesetzliche Maßnahmen einigen[16]. Ohnehin waren Gesetze und Verordnungen solange wirkungslos, wie der Duellkodex sich in den gesellschaftlich führenden Schichten behaupten konnte und es hier als Feigheit ausgelegt wurde, eine Beleidigung nicht mit einer Duellforderung zu beantworten. Im übrigen scheuten die Gerichte in der Regel davor zurück, Duelle so, wie das Common law es vorsah, als Mord zu bestrafen, und selbst wenn eine Verurteilung erfolgte, hob sie der König häufig auf dem Gnadenwege wieder auf.

Nicht viel anders sah es zu dieser Zeit auf dem Kontinent aus. Auch in den deutschen Staaten fochten Adlige Duelle aus, um Angriffe auf ihre Ehre oder das, was sie dafür hielten, zurückzuweisen, und auch hier suchten Könige und Fürsten dieser Gewohnheit mit Hilfe von Edikten beizukommen. Seit dem späten 16. Jahrhundert erließen fast alle deutschen Staaten Mandate und Dekrete, in denen die Herausforderung ebenso wie die Teilnahme an einem Duell unter Strafe gestellt wurden[17]. Ihre häufige Wiederholung bezeugt ihre relative Erfolglosigkeit, aber auch das Interesse, das die Landesherren an einer Eindämmung der Duelle hegten. Sie nahmen vor allem daran Anstoß, daß ihre Untertanen, wie es 1714 im ›Hochfürstlich-Württembergischen Edict wider die Duellen‹ hieß, »die Rache selbst zu nehmen« gewillt waren, anstatt sie »Uns/als der höchsten Lands-Obrigkeit/zu überlassen/als die Wir nach der von GOTT uns hierunter gegebenen Authorität, daran seyn werden/daß ein jeglicher an Ehr/Leib und Gut ungekränckt erhalten/und gerettet werden möge«[18]. Das Gewaltmonopol des Staates sollte ebensowenig angetastet werden wie seine Rechtshoheit, vor der jede Form von Selbstjustiz als frevelhaft und potentiell destabilisierend galt.

Über die tatsächliche Verbreitung und Häufigkeit von Duellen in den deutschen Territorien wissen wir ebensowenig wie über ihre Anlässe und Teilnehmer. Es scheinen überwiegend Adlige gewesen zu sein, die dieses Mittel wählten, um Beleidi-

[16] R. Baldick, The Duel. A History of Duelling, London 1965, S. 71f.

[17] Vgl. dazu D. Prokowsky, Die Geschichte der Duellbekämpfung, Diss. Bonn 1965, S. 34ff.

[18] Hoch-Fürstlich-Württembergisches Edict, Wider die Duellen, Stuttgart 1714 (Hauptstaatsarchiv Stuttgart, A 59 Bü 21). Dieses Edikt wurde in ähnlicher Form 1724, 1736 und 1738 wiederholt.

gungen zu ahnden, obwohl Edikte und (spärlich überlieferte) Gerichtsakten im 17. und frühen 18. Jahrhundert zuweilen auch von Nichtadligen berichten, die miteinander Duelle ausfochten. In einem hamburgischen Mandat aus dem Jahre 1660 wird erwähnt, daß »gemeinen Standes Leute, ad exemplum der Grösseren« sich ebenfalls zu duellieren begännen, »darum auch dem einreissenden Übel mit mehrer Schärfe und Ernst zu begegnen« sei[19]. Im Fürstentum Lippe weisen die Kriminalakten für 1688 zwei Duelle aus, an denen Handwerker oder bürgerliche Amtsträger beteiligt waren, und in Bremen zogen 1769 zwei Barbiergesellen ihre Degen[20]. Auch Studenten fanden offenbar Gefallen daran, sich bei Beleidigungen »eigenmächtige Satisfaction zu schaffen«, wie der sächsische Herzog Johann Georg 1694 mit Blick auf die Universitätsstadt Jena mißbilligend feststellte[21].

Ermöglicht und erleichtert wurde die Neigung, ein Duell auszufechten, durch die Verfügbarkeit entsprechender Waffen. Nicht anders als in England war es auch in Deutschland ursprünglich ein Vorrecht des Adels – als Militärstand par excellence – gewesen, Waffen tragen zu dürfen. Dieses Privileg war jedoch bereits im Mittelalter auf Universitätsangehörige ausgedehnt worden und wurde von den Studenten in späteren Zeiten, als Staat, Stadt- und Universitätsverwaltungen es zurückzunehmen oder einzuschränken trachteten, beharrlich verteidigt. Der Degen gehörte seit dem 16. Jahrhundert zur studentischen Kleidung und wurde offenbar auch häufig gebraucht, um Ehrenhändel im studentischen Milieu, aber auch Konflikte mit städtischen Bürgern (vor allem Handwerksgesellen) oder Offizieren zu bestehen. Spätestens seit der zweiten Hälfte des 17. Jahrhunderts gab es auf allen deutschen Universitäten Fechtschulen, in denen Studenten lernten, wie »man unverlezet bleib, wann ein verwegner Narr will eitle Ehr erwerben an uns durch wilde Rach«[22]. Was vormals zum Erziehungsprogramm adliger Söhne

[19] Zit. nach Prokowsky, Duellbekämpfung, S. 60f.

[20] Staatsarchiv Detmold, L 86 Nr. 183, 825; Staatsarchiv Bremen, Ratsakten 2-D.17.c.6.

[21] Duell-Mandat und Verordnung, Wornach alle und jede auf Sr. Fürstl. Durchl. gesamte Universität Jena befindliche Studiosi und sonst männiglich daselbst sich gehorsamst zu achten, Eisenach 1694 (Hauptstaatsarchiv Stuttgart, A 202 Bü 2534).

[22] Selbstanpreisung eines universitären Fechtmeisters 1723, zit. nach H.-W. Prahl u. I. Schmidt-Harzbach, Die Universität, München 1981, S. 66. Vgl. auch O. F. Scheuer, Das Waffentragen auf Deutschlands Hohen Schulen, in: Zeitschrift für Historische Waffen- und Kostümkunde 9, 1921, S. 58–68, sowie R. u.

gehört hatte, wurde damit auch den zumeist bürgerlichen Studenten zugänglich – eine soziale Diffusion, die der auf die Stärkung des Adels bedachte Preußenkönig Friedrich II. 1750 vergeblich zu unterbinden suchte. Sein Patent, das bürgerlichen Studenten »das Degentragen auf Universitäten indistinctement« untersagte, adlige Studenten jedoch von dem Verbot ausnahm, konnte nicht verhindern, daß das Fechten und Duellieren ein fester Bestandteil jener akademischen Kultur blieb, die Studenten gleich welcher sozialen Herkunft von anderen bürgerlichen Gruppen unterschied.

Auch an den englischen Universitäten des 17. und 18. Jahrhunderts gehörte das Fechten zum studentischen Habitus, wenngleich es hier nie die Bedeutung wie in Deutschland erlangte. Obwohl in Oxford noch in den 1770er Jahren eine Fechtschule existierte und eine »gute Erziehung« in der ersten Hälfte des 18. Jahrhunderts, wie man bei Jonathan Swift nachlesen kann, neben Tanzen, Reiten, Französischkenntnissen und einer Italienreise auch Fechtkünste erforderte[23], verlor das Fechten als *noble art of self-defense* in Oxford und Cambridge immer mehr an Boden. An seine Stelle traten *country sports* wie Jagen, Reiten und Rudern, und Gruppenspiele wie Kricket erfreuten sich seit Mitte des 18. Jahrhunderts steigender Beliebtheit[24]. Anders als in Deutschland kam die studentische Kleidung deshalb auch ohne Degen aus.

Aber auch der englische Adel verzichtete allmählich auf dieses äußere Insignium seiner gesellschaftlichen Vorzugsstellung. Als Karl Philipp Moritz 1782 England bereiste, fiel ihm auf, daß niemand »auf öffentlicher Straße« einen Degen trug; nur bei Hofgesellschaften, wenn die Aristokratie unter sich war, wurde

R. Keil, Geschichte des Jenaischen Studentenlebens von der Gründung der Universität bis zur Gegenwart (1548–1858), Leipzig 1858, v.a. S. 61ff., 95f., 108ff., 170ff., 250ff.

[23] J. Swift, Eine Abhandlung über gutes Benehmen und gute Erziehung (1754), in: ders., Ausgewählte Werke, Bd. 1, Frankfurt 1972, S. 400. Auch John Locke notierte 1690, daß »fencing and riding the great-horse are so generally looked upon as necessary qualifications in the breeding of a gentleman«. Some Thoughts concerning Education, in: The Works of John Locke, Bd. 9, London 1823, ND Aalen 1963, S. 193.

[24] D. Rothblatt, The Student Sub-Culture and the Examination System in early 19th Century Oxbridge, in: L. Stone (Hg.), The University in Society, Bd. 1, Princeton 1974, S. 247–303, v.a. S. 256ff.; V. H. H. Green, The University and Social Life, in: T. H. Aston (Hg.), The History of the University of Oxford, Bd. 5, Oxford 1986, S. 309–358, v.a. S. 339ff. (erwähnt das Fechten überhaupt nicht).

auch der Degen wieder angelegt. Bereits zwei Jahrzehnte zuvor hatte der preußische Offizier von Archenholz ähnliches beobachtet und hinzugefügt, daß Engländer immer seltener fechten lernten und deshalb überwiegend Pistolenduelle stattfänden[25]. Dazu paßt, daß seit den 1770er Jahren spezielle Duellpistolen auf den Markt kamen und offenbar auf eine rege Nachfrage trafen[26]. In Deutschland dominierte zu dieser Zeit noch das Degenduell.

3. Das Duell in der aufgeklärten öffentlichen Meinung

Die enorme Expansion des Zeitungs- und Literaturmarktes im 18. Jahrhundert rückte auch das Duell stärker ins Licht der Öffentlichkeit. Was zuvor höchstens Gegenstand von Gerüchten, Kanzelpredigten und obrigkeitlichen Erlassen gewesen war, wurde nun in einer Vielzahl von gedruckten Abhandlungen, Broschüren und Journalartikeln zum allgegenwärtigen Diskussionsthema, dessen sich auch die schöne Literatur bereitwillig annahm. Theaterautoren, die Duelle bislang vorzugsweise als szenische Höhepunkte eingesetzt hatten, stellten jetzt häufig das Phänomen selber in den Mittelpunkt der Handlung. Im Königlichen Theater Covent Garden wurde 1773 eine Komödie mit dem Titel ›The Duellist‹ aufgeführt, in der ein duellwütiger General von höchstem Adel nach allen Regeln der Kunst lächerlich gemacht wurde. Mit seinem äußerst reizbaren Ehrgefühl und seiner Duellmanie galt er auch unter seinesgleichen als verrückter Charakter, und ein jüngerer Offizier von weit geringerem sozialen Status wies ihn zurecht: »A sense of honour does not consist in impatience at just reproof, or in the fear of unmerited reproach.« Auf die rhetorische Frage des Generals, »how is a man of honour at present to support his consequence without having recourse to the Duel?« antwortete der Offizier: »By having recourse to his good-nature, my dear General.«[27]

Dieses Theaterstück, das scharfe Kritik an den Sitten und Gepflogenheiten der Aristokratie übte, reihte sich ein in die

[25] C. P. Moritz, Reisen eines Deutschen in England im Jahr 1782, hg. v. O. zur Linde, Berlin 1903, S. 50; J. W. v. Archenholz, England und Italien, T. 3, Leipzig 1787², S. 45f.

[26] J. A. Atkinson, Duelling Pistols and Some of the Affairs they Settled, London 1964, S. 37ff.

[27] W. Kenrick, The Duellist. A Comedy, London 1773, S. 80.

massive publizistische Kampagne, die vor allem seit der zweiten Hälfte des 18. Jahrhunderts gegen das Duell und den ihm zugrundeliegenden Ehrenkodex geführt wurde. Zwar zählte William Jackson Duelle noch 1784 zu den »universal passions«, die Respekt erheischten und durch kein Gesetz zu unterdrücken seien. Bestimmte Beleidigungen könnte nur der Beleidigte selber ausräumen, der dazu »by something antecedent, and superior to all law, and by a desire as eager as hunger or lust« veranlaßt werde[28]. Die Mehrzahl seiner publizierenden Zeitgenossen zeigte sich jedoch nicht bereit, Duelle als gleichsam natürliche, übergesetzliche Leidenschaft hinzunehmen. Eine kultivierte Erziehung, argumentierte etwa der Universitätsdozent Richard Hey ebenfalls 1784 in einer preisgekrönten Schrift, müsse jegliche Racheinstinkte unterdrücken und einen Begriff von »virtuous Honour« an die Stelle jener »selfish and degenerate Honour« setzen, die Männer bei nichtigen Anlässen zur Waffe greifen lasse. Eine mit Tugend verbundene Ehre bedürfe keiner äußeren Machtmittel und gerate damit auch nicht in Widerspruch zu den Gesetzen der Gesellschaft[29].

Daß Duelle gesetz-, religions- und vernunftwidrig seien, war in der Duellkritik des späten 18. und frühen 19. Jahrhunderts ein oft wiederholter Gemeinplatz, der auch in die zeitgenössischen Lexika Eingang fand. Zugleich aber konnte man 1788 in ›Chambers' Cyclopaedia‹ lesen: »At the same time it must be admitted, that to this absurd custom we must ascribe, in some degree, the extraordinary gentleness and complaisance of modern manners and that respectual attention of one man to another, which at present, render the social intercourses far more agreeable and decent than among the most civilized nations of antiquity.«[30] Ganz ähnlich hatte zu Beginn des Jahrhunderts der Arzt Bernard Mandeville in seiner vielbeachteten ›Bienenfabel‹ argumentiert, als er Duellen einen ungemein positiven Einfluß auf die Verfeinerung des Umgangstons und die Zivilisie-

[28] W. Jackson, Thirty Letters on Various Subjects, Bd. 1, London 1784², ND New York 1970, S. 6, 12ff.

[29] R. Hey, Three Dissertations on the Pernicious Effects of Gaming, on Duelling and on Suicide, Cambridge 1812, S. 83–176, Zitate S. 174. Vgl. auch die ausführlichere Diskussion der englischen Duell-Kritik im 18. und 19. Jahrhundert bei Andrew, Code, v. a. S. 416ff.

[30] E. Chambers, Cyclopaedia or, an universal Dictionary of Arts and Sciences, Bd. 2, London 1788, Art. ›Duel‹. Ich danke Ulrike Spree und Willibald Steinmetz für ihre Hilfe bei der Durchsicht englischer Lexika zwischen 1755 und 1892.

rung der Oberschicht konzedierte. Die Aussicht, für ein unehrenhaftes Verhalten zur Rechenschaft gezogen zu werden und es möglicherweise mit dem Leben büßen zu müssen, verweise, so Mandeville, die Vornehmen in ihre Schranken und produziere »Tausende von manierlichen und feingebildeten Herren in Europa, die ohnedem freche und unerträgliche Narren wären«[31].

Unnachgiebigere Gegner des Duells hielten dem entgegen, daß der Ehrenpunkt im Laufe der Zeit eine Raffinesse ausgebildet habe, die schon kleinste Verletzungen der Etikette als Beleidigungen klassifiziere und auf diese Weise eine Unmenge potentieller Duellanlässe schaffe. Solcherart »falsche Ehre« gehe in Äußerlichkeiten auf und habe mit der »wahren Ehre«, die stets im Individuum selber wurzele, nichts gemein. Sowohl der Rationalismus der Aufklärung als auch die ernste Innerlichkeit der puritanischen Erweckungsbewegung verbanden ihre Kritik an den Konventionen und Verhaltensweisen der gesellschaftlichen Oberschicht mit dem Entwurf eines neuen Modells bürgerlicher Ehre, die auf vernünftiger bzw. christlicher Tugend und Moralität basierte und durch künstliche kulturelle Inszenierungen nicht tangiert werden konnte.

Aus dem gleichen Argumentationsfundus schöpfte auch die deutsche Kritik am Duell. Ehre sei, schrieb 1746 der Hallenser Prediger und »öffentliche Lehrer der Weltweisheit« Georg Friedrich Meier, »ein Schatten der Tugend« und könne nur durch tugendhaftes Benehmen verteidigt werden[32]. Der Staatswissenschaftler von Justi sekundierte ihm 1750: »Unsere Ehre beruhet in uns selbst, und von uns allein, wir behalten selbige beständig, so lange wir keine böse unanständige Handlungen verrichten, unter welche die Duelle selbst gehören; denn wer ein ehrlicher Mann seyn, und diesen Namen führen will, muß nichts vornehmen, was der gemeinen Ruhe, und denen Gesetzen Gottes, und des Vaterlandes zuwider seyn kann.«[33] Wenn schon die innere Ehre nicht durch Handlungen Dritter gekränkt oder gemindert werden könne, seien Angriffe auf den »guten Namen« des Tugendhaften dadurch abzuwehren, daß man den Beleidiger vor Gericht verklage.

Von einer besonderen Standesehre, die in gewissen Situatio-

[31] B. Mandeville, Die Bienenfabel (1714), Berlin 1957, S. 194ff., Zitat S. 195.

[32] G. F. Meier, Gedancken von der Ehre, Halle 1746, S. 225, 313.

[33] J. H. G. v. Justi, Deutsche Memoires, oder Sammlung verschiedener Anmerkungen, T. 1, Wien 1750², S. 81.

nen zum Duell verpflichte, wollten solche Definitionsversuche bürgerlicher Ehre nichts wissen. Allenfalls Offizieren gestand man ein professionell bedingtes, extrem empfindliches Ehrgefühl zu, das nicht an der Elle ziviler Ehrbegriffe gemessen werden sollte. Im Grundsatz galt: »Jeder Stand hat dagegen gleichen Anspruch, mit den anderen, auf Ehre, der Niedrigste mit dem Höchsten, gleich.«[34]

In der Praxis jedoch wurde dieser Grundsatz nur selten befolgt. Die preußische Gesetzgebung des späten 18. Jahrhunderts legte an die Ehre ihrer Untertanen durchaus verschiedene Maßstäbe an, wenn sie Beleidigungen unter Personen des »Bauern- oder geringern Bürgerstandes, zu welchen letztern Handwerker und Professionisten ... gerechnet werden«, mit weitaus geringeren Strafen ahndete als solche, die unter »Personen des *höhern* Bürgerstandes« vorkamen. Adlige und Königliche Räte wurden ihrerseits für das gleiche Vergehen doppelt so hart bestraft wie die »höheren Bürger«[35]. Hinter diesem ständisch abgestuften Strafmaß stand die Vorstellung, daß das Ehrgefühl in den oberen Gesellschaftsschichten höher entwickelt sei als in den unteren, daß daher Beleidigungen unter Adligen schwerer wögen und ernster zu nehmen seien als Schimpfworte, die unter Bauern oder Handwerkern gewechselt würden.

Aus eben diesem Grund weigerten sich die Gesetzgeber auch, gewaltsame Auseinandersetzungen innerhalb des »Bürgerstandes«, sei es nun der geringere oder der höhere, als Duelle zu bezeichnen und zu behandeln. Ein Duell lag nur dort vor, wo Männer mit einem besonders hochentwickelten, an ihre Standeszugehörigkeit geknüpften Ehrbewußtsein zur Waffe griffen. Nur dem Adel und dem Offiziersstand wurde eine solche Ehre konzediert – zum großen Verdruß mancher Bürgerlicher, die dieses Standesprivileg auch für sich reklamierten. Bereits 1791 erklärte es ein anonym bleibender »Gelehrter« in einem Journalartikel für »unerträglich«, daß Bürger für Adlige und Offiziere nicht satisfaktionsfähig seien. Das adlig-militärische Point d'honneur sollte entweder »allen Ständen gemein gemacht, oder aufgehoben werden«, wobei der »allgemeine Gebrauch des Degens ... ein anständigeres gesellschaftliches

[34] Über die Ehre, in: Monatsschrift von und für Mecklenburg 2, 1789, Sp. 656–666, Zitat Sp. 663.

[35] Über Injurien, Hausrecht, Nothwehr und Duelle, nach Preußischem Rechte, Berlin 1827, S. 173.

Betragen mehr verbreiten« und Übergriffe des Militärs in Grenzen halten würde[36].

An diesem Punkt offenbarte sich eine eigentümliche Ambivalenz der zeitgenössischen, fast ausschließlich von Männern der »gebildeten Stände« geführten Duelldebatte in Deutschland. Lehnte man das Duell einerseits aus politischen, religiösen, moralischen und vernunftmäßigen Gründen ab, beneidete man den Adel andererseits um die Chance, im Duell seine »Eigenliebe«, seine »zärtliche Selbstkultur«[37] zelebrieren und die Integrität der eigenen Person rücksichtslos verteidigen zu können. Die »bürgerliche Ehre« und der Verweis auf Rechtsmittel ließen einer solchen »Selbstkultur« wenig Raum. Sie verlegten Ehre in das Innere des Menschen, machten sie zum Privatissimum und reduzierten ihren öffentlichen Ausdruck auf die Möglichkeit, ehrenrührige Angriffe vor Gericht zu bringen. Zugleich schmolz eine allgemein-menschliche Definition bürgerlicher Ehre, wie sie der rheinische Abgeordnete und Großkaufmann Gustav Mevissen 1847 im Preußischen Landtag vorschlug, alle sozialen Differenzierungen ein und gab dem individuellen Distinktionsbedürfnis kaum Entfaltungsmöglichkeiten[38].

Wie uneins die bürgerliche »öffentliche Meinung« in der Frage des Ehrenpunkts war, zeigt ein Blick in Konversationslexika des 19. Jahrhunderts. Während die Mehrzahl der in Artikel- oder Broschürenform publizierten Duellschriften eher ihre negativen Seiten hervorhob, rühmte das liberale ›Staatslexikon‹ 1847 die »guten Wirkungen« von Duellen und betonte, »daß die *Herrschaft einer selbständigen persönlichen Ehre und Ehrengesetzgebung* und *einer männlichen muthvollen Gesinnung* und *Tüchtigkeit zu ihrer Vertheidigung eine der herrlichsten Seiten unserer ganzen neueren Cultur bildet* und zugleich die kräftigste Schutzwehr (gegen politische Despotie, UF) ... und gegen die schmachvolle Herrschaft des Materialismus und der Gemeinheit«[39]. Zwanzig Jahre später bezeichnete das konservative

[36] Besonderheiten des sogenannten militärischen Points d'Honneur, in: Journal von und für Deutschland 8, 1791, S. 155–157.

[37] J. C. Schmid, Über die Duelle, Landshut 1802, S. 3, 28.

[38] Mevissen hatte bürgerliche Ehre, als »allgemeine Ehre des Volkes«, durch die Übereinstimmung mit Recht und Sitte der bürgerlichen Gesellschaft zu definieren versucht. E. Bleich (Hg.), Der Erste Vereinigte Landtag in Berlin 1847, T. 2, Berlin 1847, S. 202.

[39] C. Welcker, Art. ›Infamie‹, ›Ehre‹, ›Ehrenstrafen‹, in: C. v. Rotteck u. ders. (Hg.), Das Staats-Lexikon, Bd. 7, Altona 1847, S. 377–404, Zitat S. 390.

›Staats- und Gesellschafts-Lexikon‹ Hermann Wageners das Duell als »Notwehr der Ehre« und verkündete selbstgewiß: »Wir können und wollen nun einmal nicht die Ehre und das Recht des Einzelnen in dem absoluten omnipotenten Staat aufgehen lassen und wir halten daher fest an dem durch ihre jeweilige Stellung bedingten obrigkeitlichen Recht und der Pflicht der Person, ... der *eigene Vertheidiger* und *Vertreter seines Reiches und seiner Ehre* zu sein.«[40]

In englischen Lexika dieser Zeit waren solche Duell-Apologien nicht (mehr) zu finden. ›Chamber's Encyclopaedia‹ konnte 1860 vermelden, daß »the practice has fallen into disrepute, by the gradual operation of public opinion, and in this country it may probably be now regarded as finally abolished«, und die ›Encyclopaedia Britannica‹ bezeichnete Duelle 1877 als »in England obsolete«. »The latest survival of feudalism« sei »as a result of the increasing reason and humanity of English society« endgültig von der Bildfläche verschwunden, was als großer Fortschritt gegenüber der Entwicklung auf dem Kontinent gewertet wurde[41]. 1884 schließlich interpretierte ein Chronist der viktorianischen Ära die »utter discontinuance of the duelling system« als Zeichen des »rapid growth of a genuine civilization« und fügte voller Stolz hinzu: »At the present hour a duel in England would seem as absurd and barbarous an anachronism as an ordeal by touch or witch-burning.«[42]

Aus deutscher Sicht nahm sich dieser »Sieg der Zivilisation« anders aus. Heinrich von Treitschke, populärster und einflußreichster Historiker des Kaiserreichs, urteilte 1894 über die englische Aristokratie der ersten Jahrhunderthälfte: »Die alten Ehrbegriffe und Vorurteile des Standes zerstoben vor der Übermacht des Geldes, derweil der deutsche Adel arm, aber ritterlich blieb. Kaufmännische Luft durchwehte das gesamte Leben der Nation. Das unentbehrliche letzte Notmittel gegen die Verwilderung der Gesellschaft, das Duell, kam außer Brauch und verschwand bald gänzlich; die Reitpeitsche verdrängte Degen und Pistole, und dieser Sieg der Roheit ward als ein Triumph

[40] H. Wagener (Hg.), Staats- und Gesellschafts-Lexikon, Bd. 23, Berlin 1867, Art. ›Zweikampf‹, S. 199f., Zitat S. 200.

[41] Chamber's Encyclopaedia, Bd. 3, London 1860, Art. ›Duel‹, S. 692; The Encyclopaedia Britannica, Bd. 7, Edinburgh 1877, S. 511–515.

[42] J. McCarthy, A Short History of Our Own Time (1884), zit. nach J. R. Reed, Victorian Conventions, Athens 1976, S. 146.

der Aufklärung gefeiert.«[43] Treitschke machte Kapitalismus und Kommerz für die Deformation des Ehrenpunktes in England verantwortlich und argumentierte damit nicht viel anders als fünfzehn Jahre später Lujo Brentano, der diese Deformation allerdings positiv bewertete und den Triumph des bürgerlichen über das aristokratische Prinzip ausdrücklich begrüßte. Ob dieser Erklärungsansatz neueren Einsichten über Struktur und Mentalität der englischen Oberschicht standhält, wird im folgenden zu prüfen sein.

4. Englische Gentlemen und ihr *code of honour*

Im Jahre 1824 erschien in London ein Buch mit dem Titel ›The British Code of Duel: A Reference to the Laws of Honour and the Character of Gentleman‹. Es richtete sich sowohl an eine breite Öffentlichkeit, der es die Legitimität des Duellprinzips zu verdeutlichen suchte, als auch an jene Kreise, in denen Duelle üblich waren. Indem er die Regeln ehrenhaften Konfliktverhaltens festlegte, beabsichtigte der anonym bleibende Autor, »to preserve to *gentlemen,* in their purity, the rights which have so long remained to them under the recognized laws of honour«[44]. Zu dieser Gruppe satisfaktionsfähiger Gentlemen zählte er alle männlichen Mitglieder des Adels *(nobility),* ohne Rücksicht darauf, ob sie Zivilisten oder Offiziere waren.

Mit einer solchen Definition begab sich der Autor in Schwierigkeiten, denen er jedoch nicht weiter nachzugehen gedachte. Der Begriff des Adels hatte in England, anders als in Deutschland, keine klaren Konturen, was vor allem auf das Prinzip der Primogenitur zurückzuführen war. Eigentlich dazu bestimmt, die Kontinuität und Kohäsion dieser Klasse zu sichern, tendierte es mindestens ebenso stark dazu, ihre Abgrenzung gegen andere Klassen zu durchlöchern. Wenn nur der älteste Sohn Titel und Besitz des Vaters erbte, bedeutete das für seine Brüder, sich einen Platz außerhalb der Herkunftsklasse suchen und ihren Lebensunterhalt auf andere Weise verdienen zu müssen. Erziehung, Wertvorstellungen und Handlungsnormen verbanden sie aber weiterhin mit dem sozialen Milieu der Abstam-

[43] H. v. Treitschke, Deutsche Geschichte im Neunzehnten Jahrhundert, Bd. 5, Leipzig 1894, 1914⁶, S. 480.
[44] The British Code of Duel, London 1824, S. 74.

mungsfamilie. In den »absteigenden« Söhnen des Adels konnten somit zwei Welten aufeinandertreffen – die der landbesitzenden Elite und die der freien Berufe, Offiziere, kirchlichen und öffentlichen Amtsträger.

Selbstverständlich hatten auch diese »Absteiger« Anspruch auf den (informellen) Titel eines Gentleman, ebenso wie jene bürgerlichen Geschäftsleute und Bankiers, die ihren Reichtum dem kommerziellen und finanziellen Engagement in den großen Handelshäusern und Banken der Londoner City verdankten und mit den *landed interests* auf vielfache Weise verbunden waren. Wie schon die etymologische Nähe der Begriffe vermuten läßt, gehörten darüber hinaus auch die männlichen Angehörigen der Gentry, der titellosen Grundbesitzer, zum Kreis der Gentlemen. Diese Bezeichnung war demnach nicht an die Zugehörigkeit zu einer besonderen Besitzklasse geknüpft, sondern an eine bestimmte Lebensform, an ein mehr oder weniger genau umrissenes Ensemble sozialer Normen, Glaubenssätze und Verhaltensweisen. Zweifellos bedurfte diese Lebensform eines soliden ökonomischen Fundaments, das ihren Anhängern genügend Geld und Zeit zur Verfügung stellte. Soziale Unterschichten, aber auch große Teile der *middle classes* fielen damit aus der Gruppe der Gentlemen heraus. Übrig blieben die wohlhabenden, in gesicherten Verhältnissen lebenden Mitglieder der *landed elite* und der ihr »klientelistisch« verbundenen Mittelschichten[45].

Die Lebensform eines Gentleman setzte vor allem eins voraus: freie Zeit. Männer, die tagaus, tagein angestrengt für ihren Lebensunterhalt arbeiteten, hatten diese Zeit nicht und konnten daher auch nicht – oder nur sehr begrenzt – an jenen Aktivitäten teilnehmen, die einen wahren Gentleman auszeichneten: Jagd, Pferderennen, öffentliche Ämter, ausgedehnte Besuche bei befreundeten Familien, Vergnügungen vielfältiger Art. Diese aristokratische Freizeitkultur wurde durch eine strenge Etikette zusammengehalten; sie war nach festen Spielregeln struk-

[45] Vgl. dazu E. P. Thompson, Die englische Gesellschaft im 18. Jahrhundert: Klassenkampf ohne Klasse?, in: ders., Plebejische Kultur und moralische Ökonomie, Frankfurt 1980, S. 247–289, v. a. S. 259f.; L. Stone u. J. C. Fawtier Stone, An Open Elite? England 1540–1880, Oxford 1986, v. a. S. 164ff., 277ff.; Perkin, Origins, v. a. S. 271ff. S. auch die Beiträge von E. J. Hobsbawm und W. Mosse in diesem Werk, Bd. 1 u. 2. Zur literarischen Präsentation des englischen Gentleman vgl. P. Mason, The English Gentleman. The Rise and Fall of an Ideal, London 1982, sowie D. Castronovo, The English Gentleman. Images and Ideals in Literature and Society, New York 1987.

turiert, die von allen Spielern peinlich genau beachtet und befolgt werden mußten. Ein Gentleman, der die Regeln verletzte, war keiner mehr. Beglich er seine Spielschulden nicht, konnte er gewiß sein, bei der nächsten Gelegenheit nicht mehr zum Spieltisch zugelassen zu werden. Bezahlte er dagegen seine Kleiderrechnung nicht, kreidete ihm dies keiner seiner *fellow gentlemen* als Regelverstoß an. Die Regeln des *gentlemanly behaviour* galten nur innerhalb der eigenen gesellschaftlichen Gruppe, dort allerdings ohne Wenn und Aber.

So großzügig und souverän sich ein Gentleman über die Gepflogenheiten des bürgerlichen Alltags hinwegsetzen konnte, so empfindlich mußte er darauf bedacht sein, sein Ansehen unter anderen Gentlemen zu wahren. 1790 hieß es dazu: »A person whose situation, but more particularly whose conduct in life, entitles him to the appellation of gentleman, cannot exist without preserving his character absolutely unspotted.«[46] Ein hochdifferenzierter Ehrenkodex sorgte dafür, daß eventuelle *spots* auf ehrenvolle Weise beseitigt werden konnten, und verpflichtete den Gentleman unter seinesgleichen zu einem ritterlichen, ausgesucht höflichen Betragen. Ließ er es daran fehlen, mußte er mit sofortigen Konsequenzen rechnen: Ein ungebührliches Wort gegenüber einer Dame, die Beleidigung eines anderen Gentleman zogen in der Regel eine Duellforderung nach sich. Im Duell zeigte der Beleidigte, daß er genügend Mut und Ehrgefühl besaß, um Angriffe auf seine persönliche Integrität unter Einsatz des eigenen Lebens zurückzuweisen: Er präsentierte sich als Ehrenmann. Der Beleidiger wiederum bewies, daß es auch ihm nicht an Ehrliebe mangelte und daß er für sein Verhalten die volle, mit tödlichem Risiko belastete Verantwortung übernahm. Das Ende eines Duells ließ beide Parteien, soweit sie überlebten, »gereinigt« zurück. Beide hatten ihre ehrenhafte Gesinnung unter Beweis gestellt und konnten wieder respektvoll miteinander umgehen. Es gab keine Gewinner oder Verlierer, und anders als beim alten »Gottesurteil« entschied der Ausgang des Zweikampfes auch nicht über die Streitsache selber. Konflikte wurden auf diese Weise nicht gelöst, sondern in der persönlichen Interaktion der Kontrahenten gleichsam aufgehoben.

Beispielhaft für diesen komplizierten Zusammenhang war das

[46] S. Stanton, The Principles of Duelling, London 1790, zit. nach Atkinson, Pistols, S. 24.

Duell, das 1762 zwischen dem Unterhausabgeordneten und Zeitungsverleger John Wilkes und Earl Talbot in der Nähe von London stattfand. Talbot hatte sich von Bemerkungen in Wilkes' Zeitung beleidigt gefühlt, die er Wilkes selber zuschrieb, welcher sich dazu jedoch nicht äußern wollte. In einem Gespräch unter vier Augen verwahrte sich Wilkes gegen das Ansinnen, eine Erklärung abgeben zu müssen, und berief sich auf seinen Status als »private English gentleman, perfectly free and independent«. Als solcher lehne er es ab, »to submit to the arbitrary dictates of a fellow subject ...; my superior indeed in rank, fortune, and abilities, but my equal only in honour, courage and liberty«. Er sei jedoch bereit, Talbot Genugtuung zu geben, und würde ihm nach dem Duell, sofern er es überlebte, Rede und Antwort stehen. Das geschah denn auch. Unmittelbar nach dem ersten Schußwechsel – niemand war getroffen worden – bekannte sich Wilkes als Autor des inkriminierten Artikels. Daraufhin lobte ihn Talbot wegen seines Mutes »and said he would declare every where that I was the noblest fellow God had ever made. He then desired that we might now be good friends, and retire to the inn to drink a bottle of claret together, which we did with great good humour and much laugh.«[47]

Für Wilkes war die Affäre eine Gelegenheit, seine persönliche Integrität als »private English gentleman« gegen die Zumutungen eines rangmäßig Höherstehenden zu verteidigen. In der Situation des Duells erwiesen sich die beiden gesellschaftlich ungleichen Männer als einander ebenbürtig. Beide handelten als *men of honour.* Der Akt des Zweikampfes schaffte nicht nur den Stein des Anstoßes aus der Welt und restituierte die angeblich verletzte Ehre des Adligen, – er baute auch eine Brücke zwischen zwei Gentlemen und konstruierte Gemeinsamkeiten über Unterschiede des sozialen Rangs, des Vermögens und der Macht hinweg. Außerdem grenzte er die Gentlemen deutlich von allen nicht-satisfaktionsfähigen Männern ab und stellte ein unübersehbares Zeichen der Zugehörigkeit zur »guten Gesellschaft« dar.

Daß diese Grenzlinien im späten 18. und frühen 19. Jahrhundert Gefahr liefen, durchlöchert zu werden, war für Verteidiger

[47] Zit. nach J. P. Gilchrist, A Brief Display of the Origin and History of Ordeals; Trials by Battle; Courts of Chivalry or Honour; and the Decision of Private Quarrels by Single Combat: also, a chronological Register of the Principal Duels fought from the Accession of his Late Majesty to the Present Time, London 1821, S. 68–76.

des Duells ein Grund ständiger Sorge. Der Offizier Stanton schärfte den Männern besserer Kreise 1790 ein, das Duellprinzip sei »not intended to descend below those whose situation in life ranks them as gentlemen« und warnte sie davor, sich mit einem Kontrahenten, der kein Gentleman sei, auf ein Duell einzulassen. Auch der Autor des ›British Code of Duel‹ empfahl 1824, vor einem Duell sicherzustellen, daß beide Parteien zur Klasse der Gentlemen gehörten[48]. Da die Definition eines Gentleman jedoch, wie Stanton selber vermerkte, weniger auf das objektive Kriterium »situation in life« als auf das des »conduct of life« zurückgriff, konnte das Duell – als besonders herausgehobenes Symbol dieser Lebensführung – auch dazu benutzt werden, die soziale Position eines Gentleman zu aquirieren.

In der Tat waren es in den 1820er Jahren längst nicht mehr nur Angehörige der *nobility*, die ihren Status als Gentlemen in einem Duell zum Ausdruck brachten. Der Offizier Gilchrist, der 1821 eine Liste der wichtigsten Duelle zusammenstellte, welche zwischen 1763 und 1821 zur Kenntnis der Öffentlichkeit gelangt waren, zählte unter den 344 Duellanten – darunter so bekannte Namen wie die der beiden Premierminister William Pitt (1798) und des Duke of Wellington (1829) – nur relativ wenige Mitglieder der Hocharistokratie auf; die meisten waren Männer ohne Adelsprädikat, Offiziere, Journalisten, Rechtsanwälte, Ärzte, Studenten, Pfarrer, Schauspieler. Auch Geschäftsleute fehlten nicht in dem illustren Kreis: 1784 duellierte sich ein bürgerlicher Brauereibesitzer mit einem Herrn, der ihn in Ascot beschuldigt hatte, seine Wettschulden nicht zu bezahlen, und 1820 endete ein Kaffeehausstreit zwischen einem Kaufmann und einem *gentleman of fortune* in einem Pistolenzweikampf[49]. Als der Oberste Richter Lord Ellenborough 1812 mehrere Prozesse gegen Geschäftsleute zu führen hatte, die wegen Herausforderung zum Duell angeklagt waren, ließ er verlauten, es sei höchste Zeit, »to stop this spurious chivalry of the compting house and the counter«[50].

Was der Aristokrat Ellenborough als unechte, nachgemachte Ritterlichkeit abkanzelte, mochte für Bürgerliche der Versuch gewesen sein, ihre (erstrebte) Zugehörigkeit zu den höchsten

[48] Stanton, Principles, zit. nach Atkinson, Pistols, S. 23; British Code, S. 23.
[49] Gilchrist, Brief Display, S. 172ff., 320f.
[50] Zit. nach Andrew, Code, S. 433.

Gesellschaftskreisen zu dokumentieren. Ob diese soziale Diffusion allerdings wirklich dazu führte, daß, wie die ›Edinburgh Encyclopaedia‹ 1830 vermutete und hoffte, »the great may be led to renounce a practice which can no longer be regarded as honourable«[51], ist mehr als fraglich. Schließlich beruhte die erst gegen Ende des 19. Jahrhunderts aufgebrochene Machtstellung des Adels in der englischen Gesellschaft gerade darauf, daß er sich nicht kastenmäßig abkapselte, sondern eine gewisse Offenheit und Adaptionsfähigkeit zeigte. Wenn adlige »Absteiger« – als Opfer der Primogenitur – und bürgerliche »Aufsteiger« Elemente aristokratischer Lebensführung beibehielten bzw. übernahmen, bezeugte das zunächst nur die Attraktivität und Integrationskraft des aristokratischen Modells und sicherte letztlich dessen Überlebensfähigkeit.

Das Duell allerdings, anders als viele andere Stilisierungen der *landed elite,* überlebte nur bis zur Mitte des 19. Jahrhunderts und starb dann einen relativ plötzlichen Tod. In der zweiten Jahrhunderthälfte regelten bürgerliche und adlige Gentlemen ihre Konflikte nicht mehr im Hyde Park oder im Wimbledon Common, sondern gingen damit vor Gericht. Ein Streit wie der zwischen dem Schriftsteller Oscar Wilde und Lord Queensberry in den 1890er Jahren hätte fünfzig Jahre früher sicherlich in einem Duell geendet. Als Queensberry, dem die homosexuelle Beziehung seines Sohnes mit Wilde ein Dorn im Auge war, den Schriftsteller in einem Londoner Klub öffentlich beleidigte, strengte dieser einen Prozeß an. Wenngleich die Sprache, in der Wildes Biograph 1918 von diesem Vorfall berichtete, die des Duells war – »challenge«, »mortal combat«, »fight«, »death duel« –, stand ein Zweikampf offenbar nicht mehr zur Wahl – obwohl er diese für alle Seiten peinliche und skandalträchtige Affäre vermutlich diskreter und stilvoller beendet hätte als der Prozeß vor dem Londoner Strafgericht. Auch die Präliminarien wären wahrscheinlich weniger grob ausgefallen: Einige Monate vor dem endgültigen Eklat hatte Queensberry Wilde gedroht, ihn zu verprügeln, wenn er ihn zusammen mit seinem Sohn sähe, worauf Wilde ihm antwortete: »I don't know what the Queensberry rules are, ...but my rule is to shoot at sight in case of personal violence.«[52]

[51] The Edinburgh Encyclopaedia, Bd. 8, Edinburgh 1830, S. 181.

[52] F. Harris, Oscar Wilde. His Life and Confessions, Bd. 1, New York 1918, v. a. S. 186 ff. Den Hinweis auf Wilde verdanke ich Gabriel Motzkin.

Solche »Regeln« hatten mit denen des klassischen Ehrenkodexes nichts mehr gemein, sondern erinnern in der Tat an Treitschkes abschätziges Wort von der Reitpeitsche, die Degen und Pistole zum Schaden der zivilisierten Gesellschaft verdrängt hätte. Auch in England dachte man damals laut darüber nach, ob es nicht sinnvoll sei, Duelle wieder einzuführen, um ein Gegengewicht zu »selfishness and ill-breeding ... among well-dressed people« zu schaffen[53]. Zugleich aber empörte sich die öffentliche Meinung über die Nachricht, daß der britische Vizekonsul in Paris 1891 als Sekundant an einem Duell mitgewirkt habe, und der Fall fand ein parlamentarisches Nachspiel[54]. Allenfalls im Theater war man bereit, sich an einem professionell inszenierten Duell zu erfreuen; in der gesellschaftlichen Wirklichkeit hatte es seine Legitimität eingebüßt. Der viktorianische Gentleman hatte dem *code of honour* abgeschworen und sich ein zivileres Gepräge zugelegt. »Duelling in England died when it became ›ungentlemanly‹«, vermerkte ein englischer Journalist 1891[55].

Das war nun allerdings keine Erklärung, sondern eher ein erläuternder Kommentar. Überhaupt standen und stehen die Argumente, mit denen der Tod des Duells in England erklärt wurde, auf äußerst schwachem Grund[56]. Zeitgenossen beriefen

53 Why not revive duelling?, in: Evening News and Post, 11. 8. 1891, zit. nach C. A. Thimm, A Complete Bibliography of Fencing and Duelling (1896), ND New York 1968, S. 471 f. Auch das Fechten wurde gegen Ende des 19. Jahrhunderts in England reaktiviert. Ebd., S. 444 ff., 465, 513 ff.

54 Vgl. Thimm, Bibliography, S. 457 f., 479 f.

55 Zit. ebd., S. 467.

56 Nicht nur Zeitgenossen taten sich schwer mit solchen Erklärungsversuchen. Auch spätere Historiker ließen diesen Punkt im dunkeln, wenn sie ihn denn überhaupt als erklärungsbedürftig anerkannten. Nach O. F. Christie, The Transition from Aristocracy 1832–1867, London 1927, v. a. S. 22 ff., 130 ff., war W. L. Burn (The Age of Equipoise. A Study of the mid-Victorian Generation, London 1964) einer der ersten, die auf den Wandel des Gentleman-Ideals aufmerksam machten und dem Duell eine Schlüsselrolle zuwiesen: »When duelling ... ceased to be obligatory on English gentlemen, the conception of what constituted a gentleman was changing« (S. 259). Gründe dafür, »why a practise which for centuries had been the particular mark of the gentleman ceased with such suddenness« (S. 258), gab er jedoch nicht an. Auch V. G. Kiernan, The Duel in European History. Honour and the Reign of Aristocracy, Oxford 1988, S. 221 f., bietet keine überzeugende Erklärung an. Der Hinweis auf »pecuniary satisfaction« (S. 131, 199) widerspricht dem auf immaterielle Werte setzenden Konzept des Gentleman. Perkin, Origins, vertritt die These, daß das aristokratische Ideal des Gentleman mitsamt Duell durch ein »entrepreneurial ideal« ersetzt wurde, in dem sich die reale gesellschaftliche Hegemonie der »capitalist middle class« abbildete (S. 271–288). Ähnlich argumentiert Andrew, Code. Beide über-

sich entweder auf die Macht der *public opinion* oder auf die Intervention des Prinzgemahls, der sich in den 1840er Jahren dafür einsetzte, Duelle unter Offizieren mit Hilfe militärischer Ehrengerichte nach deutschem Muster zu unterbinden. Auch wenn er sich mit diesem Vorschlag nicht durchsetzen konnte, wurden den ›Articles of War‹ 1844 doch einige Zusätze beigegeben, die Herausforderungen mit Kassation bestraften und Entschuldigungen als »suitable to the character of honourable men« betrachteten[57].

Verschärfte Strafbestimmungen aber, das zeigt der Blick auf Deutschland, waren so lange wirkungslos, wie die öffentliche Meinung, vor allem die der eigenen Referenzgruppe, Duelle für notwendig und unverzichtbar hielt. Solange ein Gentleman, der eine Beleidigung nicht mit einer Duellforderung beantwortete, unter anderen Gentlemen als feige und ehrlos galt und aus der »guten Gesellschaft« ausgeschlossen wurde, konnte auch die Androhung härtester gesetzlicher Strafen die Forderung nicht verhindern.

Prinz Albert überschätzte aber nicht nur den Einfluß des Rechts, sondern auch die Rolle der Armee in der englischen Gesellschaft. Auch hier scheint sich Viktorias Ehemann am deutschen Beispiel orientiert zu haben, wenn er glaubte, daß das Verschwinden des Duells im Militär der erste Schritt sei, dieser Praxis auch im zivilen Leben ein Ende zu bereiten. In England hatte das Militär bei weitem nicht jene gesellschaftsprägende Kraft, die es in Deutschland, vor allem in Preußen, besaß. Schon 1782 wunderte sich Karl Philipp Moritz, daß das Militär im Londoner Straßenbild kaum auffalle: »Offiziere gehen nicht in Uniform, sondern kleiden sich bürgerlich, und zeichnen sich blos durch eine Kokarde am Hut aus.«[58] Auch ein anderer England-Reisender, Carl Gottlob Küttner, berichtete 1792, daß das Militär in der Bevölkerung nur »geringe Achtung« genösse und »keinen besonderen Stand« ausmache[59]. Ein großer Teil der

sehen m.E., daß die definitionsmächtigen Teile der *middle classes* sich, wie z.B. Stone/Fawtier Stone, Open Elite, gezeigt haben, an die adlige Kultur anzupassen bereit waren und die »entrepreneurs« erst gegen Ende des 19. Jahrhunderts gesellschaftlichen Einfluß gewannen.

57 Vgl. T. Martin, The Life of His Royal Highness The Prince Consort, Bd. 1, London 1880^7, S. 169–172; Hansard's Parliamentary Debates, 3rd series, Bd. 73, London 1844, Sp. 811 ff.

58 Moritz, Reisen, S. 39, 50.

59 C. G. Küttner, Beyträge zur Kenntniß vorzüglich des Innern von England und seiner Einwohner, St. 2, Leipzig 1792, S. 100; St. 5, Leipzig 1793, S. 68.

Armee befand sich gar nicht auf der Insel, sondern war in Irland, in Indien oder in anderen Kolonien stationiert. Das galt erst recht für die Marine, die Englands Bedeutung als stärkste europäische Seemacht verkörperte und das stehende Heer auf einen zweiten Rang verwies.

Die geringe Präsenz des Militärs in der Öffentlichkeit trug ebenso wie seine frühzeitige Einbindung in das zivile politische System des Landes dazu bei, daß englische Offiziere in der »guten Gesellschaft« eine wenn nicht marginale, so doch gewiß nicht prägende Rolle spielten. Der englische Offizier paßte sich eher an die Verhaltensstandards eines Gentleman an, als daß er selber dafür Modell gestanden hätte. Die nicht erbberechtigten Söhne der Aristokratie, die sich in die Armee einkauften, brachten das auf Ehre und persönlicher Integrität beruhende Gentleman-Ideal mit und kultivierten es hier zu einem Code des aristokratischen Amateurs, der ehrenhafte Gesinnung höher schätzte als professionelle Kompetenz[60]. Zweifellos vertrug sich der Ehrenkodex eines Gentleman gut mit den Charaktereigenschaften, die eine Armee von ihren Offizieren verlangte: Mut, Tapferkeit und die unbedingte Entschlossenheit, ihr Leben für die Ehre (der Nation, des Vaterlandes, des Königs) einzusetzen. Diese wechselseitige Verstärkung erklärt zwar, warum sich englische Offiziere häufig duellierten, sollte jedoch nicht vergessen lassen, daß sie sich zunächst als Gentlemen und erst dann als Militärs verstanden.

Das galt in ähnlicher Form auch für Studenten, die, anders als ihre Kommilitonen in Deutschland, keine eigenständige Duell-Tradition kannten. Während das deutsche Verbindungswesen Duelle als integralen Bestandteil studentischer Freiheit am Leben hielt, spielte der Ehrenpunkt in den andersartigen Gesellungstypen englischer Studenten des späten 18. und 19. Jahrhunderts keine eigenständige Rolle. Zwar waren Duelle in Oxford und Cambridge nichts Unbekanntes[61], doch unterschieden

[60] Vgl. dazu und zum folgenden G. Harries-Jenkins, The Army in Victorian Society, London 1977, v.a. S. 11ff., 55ff.; E. M. Spiers, The Army and Society 1815–1914, London 1980, v.a. S. 1ff.; Parliamentary Debates, Bd. 73, v.a. Sp. 803ff., 824f.

[61] Darauf verweist schon die übliche Erwähnung von Duellen in jenen englischen Romanen des 18. und 19. Jahrhunderts, die im studentischen Milieu angesiedelt waren, z.B. bei J. G. Lockhart, Reginald Dalton. A Story of English University Life (1823), Edinburgh 1846, v.a. S. 331ff. S. dazu auch M. R. Proctor, The English University Novel (1957), ND New York 1977, v.a. S. 1, 37, 62f., 73.

sich Studenten in ihrem Ehrverhalten nicht von ihren nichtakademischen Standesgenossen. Als Angehörige der adlig-bürgerlichen Oberschicht griffen sie dann zur Pistole, wenn sie ihre Gentleman-Ehre verletzt glaubten; für eine besondere studentische Ehre aber war in diesem Verhaltensmodell kein Raum[62].

Gründe für die Transformation des Ehrenkodexes und für das frühzeitige Verschwinden des Duells müssen deshalb vor allem in den typischen Vergesellschaftungsformen der sozialen Elite selber gesucht werden, in jenen Kreisen also, die die ungeschriebenen Regeln der einem Gentleman angemessenen Lebensführung festlegten und befolgten. Die Tatsache, daß diese Elite neben Adel und Gentry auch Bürgerliche umfaßte und eine – verglichen mit Deutschland – relativ offene und fluide Formation darstellte, sagt über den sozialen Stellenwert von Duellen allerdings noch recht wenig aus, war doch die Aufnahme in die exklusive Gesellschaftsspitze an die Bedingung geknüpft, daß deren Kultur und Verhaltensstandards von »Aufsteigern« übernommen wurden. Solange die Hegemonie der *landed classes* dauerte – nach dem Urteil von Historikern bis in die 1880er Jahre[63] –, war zudem nicht damit zu rechnen, daß die Kritik von Außenseitern an ihren soziokulturellen Normen und Stilisierungen im Innern der Elite gehört und akzeptiert würde. Daß die in England wie übrigens auch in Deutschland überwiegend negative Haltung der »öffentlichen Meinung« zum Duell den Einstellungswandel herbeigeführt hätte, ist daher ebenfalls recht unwahrscheinlich.

Die Institution, in der die eigentlichen Grundlagen der habituellen Veränderungen gelegt wurden, waren die englischen *public schools,* in denen die Söhne des Hochadels, der Gentry sowie der bürgerlichen Freiberufler, Pfarrer, Offiziere, Bankiers und reichen Kaufleute eine gemeinsame Erziehung zum Gentleman genossen. Diese privaten Internatsschulen hatten auch nach Ansicht einer Regierungskommission, die 1864 einen Bericht über sie vorlegte, »perhaps the largest share in moulding the character of an English gentleman«. Sie erzogen ihre Schüler zu Selbstdisziplin, Ordnungs- ebenso wie Freiheitsliebe, Respekt vor der öffentlichen Meinung, *public spirit* und legten

[62] Vgl. dazu V. A. Huber, Die englischen Universitäten, Kassel 1840, ND Aalen 1969, Bd. 2, S. 444 ff., mit aufschlußreichen vergleichenden Beobachtungen.

[63] So v. a. Stone/Fawtier Stone, Open Elite, S. 282 u. passim; E. J. Hobsbawm, Industry and Empire, Harmondsworth 1969, S. 80 ff.

Wert auf »vigour and manliness of character«[64]. In der Regel ging es ihnen weniger darum, formale Kenntnisse, Bildung im technischen Sinn zu vermitteln, als ihren Zöglingen einen bestimmten sozialen Habitus aufzuprägen, der sie dazu befähigen sollte, im späteren Leben alle wichtigen Positionen in Politik, Gesellschaft und Kultur adäquat auszufüllen. Eine Untersuchung der »great schools of England« bezeichnete sie 1865 als »the theatres of athletic manners, and the training places of a gallant, generous spirit for the English gentleman«[65].

Bevor der englische Gentleman jedoch Galanterie und Großzügigkeit auf dem gesellschaftlichen Parkett unter Beweis stellen konnte, durchlief er eine mehrjährige Lehrzeit in einer hierarchischen, straff organisierten Institution, die die einzelnen Schüler in ein uniformes, diszipliniertes Kollektiv einschmolz. In den seit den 1820er Jahren neugegründeten oder reformierten Privatschulen wurden Individualität und Eigensinn wenig geschätzt; ein komplexes Selbstverwaltungssystem, das jüngere Schüler zu Unterordnung, Gehorsam und Dienstleistungen gegenüber Älteren verpflichtete sowie unerbittliche Straf- und Initiationsrituale kannte, förderte eher Gemeinschaftssinn und soziale Anpassung. Auch die immer beliebteren *team games* wie Kricket oder Fußball unterstützten die Tendenz, den Einzelnen in erster Linie als Teil einer größeren Gruppe wahrzunehmen und ihn daran zu gewöhnen, seine eigenen Interessen denen des Kollektivs zu subsumieren, *public spirit* höher zu bewerten als individuelle Bedürfnisse.

Eine solche in den *public schools* gepflegte Erziehung aber entzog dem im Duell kulminierenden Ehrenkodex den Boden, auf dem er gedeihen konnte. Stellte doch das Verhaltensmodell des Ehrenzweikampfs das Individuum, die Einzelperson geradezu emphatisch in den Vordergrund. Auf dem Spiel stand die Ehre dieser einen Person, die von einer anderen Person verletzt worden war, worauf es dem Beleidigten oblag, sie in einem Waffengang mit dem Beleidiger wiederherzustellen. Dabei griff

[64] Zit. nach B. Simon, The Two Nations and the Educational Structure 1780 to 1870, London 1974, S. 312. S. auch G. Best, Mid-Victorian Britain, 1851 to 1875, New York 1972, v. a. S. 162ff., 245ff.

[65] Zit. nach B. Simon, Introduction, in: ders. u. I. Bradley (Hg.), The Victorian Public School, Dublin 1975, S. 4. Vgl. zum folgenden auch T. W. Bamford, Rise of the Public Schools, London 1967, v. a. S. 59ff.; E. C. Mack, Public Schools and British Opinion since 1860 (1941), New York 1973, passim, sowie die Beiträge in Simon/Bradley, Public School.

man zwar auf ein festes Arsenal hochritualisierter Kommunikationsformen zurück, doch fand in diesen Formen nicht Kollektivität, sondern eine absolut gesetzte Individualität ihren Ausdruck. Die in der englischen *public school*-Erziehung des 19. Jahrhunderts vermittelte Priorität der Gruppe, der Gemeinschaft stand einem solchen Individualitätsprinzip diametral entgegen und mag daher für die beobachtete Verhaltensänderung der sozialen Elite von entscheidender Bedeutung gewesen sein.

Je stärker darüber hinaus in der zweiten Jahrhunderthälfte der *cult of athleticism* an den Schulen und Universitäten praktiziert wurde und die soziale Rangordnung der Schüler bzw. Studenten beeinflußte, desto weiter entfernte sich das Bild des Gentleman von jener Idealvorstellung aristokratischer Gleichheit, die im Duell ihr auffälligstes Signifikat fand. Anders als im Sport ging es beim Duell nicht um Wettkampf und Leistungsvergleiche, um erste oder zweite Plätze, sondern um den Mut zur öffentlichen Darstellung individuellen Ehrbewußtseins. Dabei waren weder Gefühle der Angst oder Rache noch Rücksichten auf Familie oder Gesetze zugelassen. Allein die Präsenz zählte, nicht aber eine meßbare, in Sieg oder Niederlage umgemünzte Leistung[66].

Wenn es stimmt, daß *public spirit* und Leistungsdenken vermittels höherer Erziehungsanstalten den Verhaltenskodex englischer Gentlemen im 19. Jahrhundert umprägten und dem extrem individualistischen Duellprinzip allmählich den kulturellen Nährboden entzogen, dann stellt sich erneut die Frage, ob dies gleichbedeutend war mit dem Triumph bürgerlicher Wertvorstellungen und Handlungsmaximen. Der Blick auf Deutschland läßt hier möglicherweise naheliegende Identifikationen von »bürgerlicher« Leistung versus »aristokratischem« Ehrenpunkt sofort in einem gebrocheneren Licht erscheinen.

[66] Diese grundlegende Differenz zwischen Sport und Duell übersah H. Schöffler, England das Land des Sports, Leipzig 1935, der die These aufstellte, daß im England des 18. Jahrhunderts das Boxen an die Stelle des Duells trat. Die Fehldeutung hat sich nichtsdestoweniger als sehr einflußreich erwiesen und findet sich in vielen neueren Studien zur Sportgeschichte. Diesen Hinweis verdanke ich Christiane Eisenberg. – Zum Sport-Kult an englischen *public schools* vgl. v.a. J. A. Mangan, Athleticism in the Victorian and Edwardian Public School. The Emergence and Consolidation of an Educational Ideology, Cambridge 1981.

5. Die Satisfaktion des deutschen Bildungsbürgers

Als sich das gebildete Bürgertum im Deutschland des späten 18. Jahrhunderts um eine eigene Theorie und Praxis seiner Lebensführung zu bemühen begann, distanzierte es sich ebensosehr von den Verhaltens- und Denkweisen des alten, korporativ verfaßten Stadtbürgertums wie von den Prätentionen des Adels, dessen sozialer Habitus häufig als dekadent und zutiefst unmoralisch abgelehnt wurde. So verachtungsvoll man jedoch auf die adligen Sünden der Spielleidenschaft, der galanten Verführung und des bloßen Scheins hinabblickte, so sehr bewunderte und beneidete man doch den »Edelmann« ob seines souveränen Auftretens, seiner freien Weltläufigkeit und seiner kunstvollen Selbstdarstellung. Trotz aller aufklärerischen Kritik besaß die aristokratische Repräsentationskultur für Bürgerliche doch einen merklichen Reiz, der sich beispielsweise in Goethes 1795 erschienenem Bildungsroman ›Wilhelm Meisters Lehrjahre‹ ausgedrückt fand. Wilhelm berichtete darin seinem kaufmännisch tätigen Bruder über die Vorzüge des »Edelmanns«, dem »eine gewisse allgemeine, wenn ich sagen darf personelle, Ausbildung möglich« sei. Während die Persönlichkeit des Bürgers vom Arbeitsleben aufgezehrt werde, könne und müsse der Adlige sich als »öffentliche Person« bewähren, und zwar unabhängig von materiellen Motiven und Rücksichten. Ein »Edelmann« durfte statt Waren gleichsam sich selber produzieren und hierbei einen hohen Perfektionsgrad erlangen: »Da er mit seiner Figur, mit seiner Person, es sei bei Hofe oder bei der Armee, bezahlen muß: so hat er Ursache, etwas auf sie zu halten und zu zeigen, daß er etwas auf sie hält.«[67]

Ein solches ausgefeiltes Persönlichkeitszeremoniell, das die adlige Lebensführung und der ihr zugrunde liegende Begriff ständischer Ehre vorschrieben, erschien den »neuen Bürgern« als durchaus attraktiv. Auch sie legten den Akzent auf Öffentlichkeit, auf Kommunikation, die nun allerdings nicht mehr ständisch abgeschlossen und begrenzt, sondern allen »Gebildeten« zugänglich zu sein hatte. Eine solche bürgerliche Öffentlichkeit zeichnete sich darüber hinaus durch Inhalte und Wertvorstellungen aus, die es ihren Teilnehmern erst wirklich erlaubten, sich als »Persönlichkeit« zu fühlen und diesem Gefühl auch öffentlichen Ausdruck zu verleihen. Anders als der Adli-

[67] J. W. v. Goethe, Wilhelm Meisters Lehrjahre, Frankfurt 1980, S. 300.

ge, der die Formen des schönen Scheins verkörperte, wußte sich der Bürger einer neuen, durch Bildung konstituierten Individualitätskultur verpflichtet, die das nach persönlicher Vervollkommnung strebende Subjekt in den Mittelpunkt rückte. Ihr Ideal war die Ausbildung der ganzen (männlichen) Persönlichkeit, die ihre Anlagen, Fähigkeiten und Talente voll zur Geltung kommen lassen sollte. Dazu gehörten breite Kenntnisse, die nicht im Berufswissen aufgingen, und ein weitgespanntes Interesse für kulturelle, politische und ökonomische Probleme ebenso wie ein durch sportliche Übungen gekräftigter und disziplinierter Körper. Das neuhumanistische Bildungskonzept nahm diesen »Vervollkommnungs«anspruch auf und schuf ihm in Gestalt der Gymnasien und reformierten Universitäten zu Beginn des 19. Jahrhunderts einen angemessenen institutionellen Rahmen.

Sehnte sich das gebildete bürgerliche Individuum nach einer »Ganzheitlichkeit« und »Ungeteiltheit«, die sich in den »bürgerlichen Verhältnissen« nimmermehr erleben ließen, stellte der adlige Ehrbegriff, scheinbar immateriell, zweckfrei und in der Person wurzelnd, einen beneideten Gegenpol dar. Von Anfang an verwahrte sich der gebildete Bürger dagegen, im bürgerlichen Erwerbs- und Gesellschaftsleben restlos aufgehen zu sollen, und reklamierte das auf seiner Bildung und »Geisteskultur« fußende Recht, sich selber als Person vertreten zu dürfen. Ein solch emphatischer Individualitätsanspruch setzte einen Kontrapunkt zur gleichzeitigen ökonomischen, technischen und sozialen Modernisierung, die funktionale Differenzierung, Arbeitsteilung und Rollenvielfalt prämierte.

Beleidigungen konnten diesen Bürger nicht in einer bestimmten Rolle treffen – als Familienvater, Ehemann, Berufsmensch, Staatsbürger –, sondern tangierten seine Persönlichkeit, die um jeden Preis bewahrt werden mußte. Als der Berliner Ökonomieprofessor Adolph Wagner 1895 von dem Unternehmer und Reichstagsabgeordneten Freiherr von Stumm-Halberg zu einem Duell gefordert wurde, war er bereit, diesen Schritt unter bestimmten Bedingungen zu akzeptieren, da sich der vorausgegangene Konflikt nicht auf sachliche, politisch motivierte Meinungsverschiedenheiten hatte einengen lassen, sondern »in das Gebiet persönlicher Differenzen« übergegangen sei[68]. Eine sol-

[68] A. Wagner, Meine Duellangelegenheit mit dem Freiherrn von Stumm, in: Die Zukunft 10, 1895, S. 408–427, v. a. S. 422.

che übersteigerte, aber durchaus »ehrliche« Betonung des Persönlich-Individuellen, durch Interaktionen und kulturelle Leitbilder in (bildungs)bürgerlichen Kreisen alltäglich erfahrbar und bekräftigt, ließ es nicht zu, die verletzte Ehre vor einem staatlichen Gericht zu rehabilitieren. Für das Vorrecht, sich selber wichtig nehmen zu dürfen und »das Niveau seines ganzen Lebens« zu heben[69], bezahlte der satisfaktionsfähige und -willige Bürger notfalls mit Leib und Leben.

Die Faszination des Duells rührte jedoch nicht nur aus seiner »individualistischen Idee«, sondern auch aus seiner augenfälligen Geschlechtersignifikanz. Wie aus der Selbst- und Fremdbeschreibung von Duellanten hervorgeht, galt es geradezu als Symbol von Männlichkeit, denn zum Wesen selbstbewußter Virilität gehörte es, das Leben für die Ehre aufs Spiel zu setzen. Im Duell verkörperten sich Tapferkeit, Mut, Kraft, Geschicklichkeit, Härte, Konsequenz und Selbstdisziplin – Tugenden also, die zum Persönlichkeitsinventar eines jeden Mannes zählen sollten. Eine klassische Formulierung dieses spannungsvollen Zusammenhangs zwischen einer durch verfeinerte »Geisteskultur« begründeten Persönlichkeit und deren Leibgebundenheit findet sich in Thomas Manns 1924 erschienenem Roman ›Der Zauberberg‹. Kurz vor dem Duell mit seinem weltanschaulichen Gegenspieler Naphta gibt der humanistisch-aufgeklärte Held Settembrini zu Protokoll: »Es ist Sache jedes Mannes, sich in aller Entfernung vom Natürlichen dieser Lage gewachsen zu halten. Er kann täglich in sie geraten. Wer für das Ideelle nicht mit seiner Person, seinem Arm, seinem Blute einzutreten vermag, der ist seiner nicht wert, und es kommt darauf an, in aller Vergeistigung ein Mann zu bleiben.«[70]

Eine solch enge Verbindung von Körper und Geist, von Handeln und Denken harmonierte mit der Vorstellung eines männlichen »Geschlechtscharakters«, in dem physische Kraft und geistige Aktivität zu einer Einheit verschmolzen waren. Im Duell bestanden Männer darauf, ihren »Geschlechtscharakter« auch und gerade in einer Gesellschaft, die von physischer Kraft, Mut und Tapferkeit – außer im Krieg – zunehmend abstrahier-

[69] R. Scheu, Duell und kein Ende, in: Die Fackel, Nr. 196, 1906, S. 5–12. Wenngleich sarkastisch kommentierend, hat der Verfasser die »individualistische Idee« des Duells doch sehr genau erfaßt: »Nicht die Genugtuung, die einer *schuldet*, sondern die Wichtigkeit, die er sich selbst beilegt, ist der leitende Gedanke. Darum ist es ja ein Vorrecht, also Recht und nicht Pflicht.« (S. 9).

[70] Th. Mann, Der Zauberberg, Stuttgart o.J., S. 880.

te, in allen seinen Elementen unter Beweis zu stellen. Dieser Aspekt mag vor allem »vergeistigten« Akademikern als reizvoll erschienen sein, die überdies den Individualitätskult der deutschen Bildungsidee am nachhaltigsten aufgenommen hatten.

Akademiker verfügten darüber hinaus in Deutschland über eine eigentümliche Duell-Sozialisation, die ihren englischen Standesgenossen weitgehend fremd war. Immer wieder berichteten angelsächsische Reisende verwundert über die in ihren Augen seltsame studentische Gewohnheit, untereinander Duelle auszufechten: »Duelling is more prevalent in the universities of Germany than in any other place of the earth. To have passed two or three years at one of these institutions, and not to have fought as many duels, is a rare example of moderation; and so far from being regarded as an honour, is considered by the student as a proof of a want of spirit.«[71] Nicht selten mischten sich Bewunderung oder Anerkennung in die Beschreibung eines Phänomens, das, wie der Engländer William Howitt 1849 mutmaßte, »will meet with the most repugnance in the English mind«. Weit davon entfernt, die deutschen Studenten wegen ihrer Duellvorliebe hochleben zu lassen, erblickte er doch selbst darin einen Hauch jener »Poesie«, die das studentische Leben in Deutschland auszeichnete und es vom englischen, wie Howitt meinte, positiv abhob[72].

In der Tat bildeten Duelle ein wichtiges Element jener »akademischen Freiheit«, die deutsche Studenten im 19. Jahrhundert für sich reklamierten und gegen alle einschränkenden Maßnahmen des Staates oder der Universitätsleitung verteidigten. In den landsmannschaftlichen Korporationen besaßen sie eine lange Tradition, und auch die Burschenschaften, die das alte Verbindungswesen zu Beginn des 19. Jahrhunderts zu ersetzen und zu beerben trachteten, hielten am Duell als Mittel zur Wahrung studentischer Ehre fest. Zwar bemühten sie sich, die Häufigkeit von Duellen durch die obligatorische Anrufung eines studentischen Ehrengerichts, das über die Berechtigung einer Forderung entscheiden sollte, zu vermindern. Damit verbunden waren eine genauere Regelung der Modalitäten eines Duells und eine schärfere Aufsicht über seinen ehrenhaften Verlauf. Zugleich aber waren die studentischen Korporationen, wie der

[71] H. E. Dwight, Travels in the North of Germany in the Years 1825 and 1826, New York 1829, S. 49.

[72] W. Howitt, Life in Germany, or Scenes, Impressions, and Every-day Life of the Germans, London 1849, S. V–X.

Amerikaner Dwight 1829 beobachtete, »the great nurseries of duellings«[73], indem sie ihre Mitglieder dazu verpflichteten, Mensuren zu fechten und Satisfaktion zu geben. Auf der Mensur wurde der Student, so ein Burschenschafter 1887, »durch Abhärtung und Erhöhung des persönlichen Muthes ... zu kraftbewußter Männlichkeit« erzogen, zu »männlicher Furchtlosigkeit« und zur »Erhabenheit des männlichen Willens über die thierische Feigheit«; die Waffe galt als »Symbolum deutschen Studentensinns und unbefleckter männlicher Ehre«[74].

Bedenkt man, daß Ende des 19. Jahrhunderts fast jeder zweite deutsche Student korporiert war, dann gewinnt man einen Eindruck von der Breiten- und Tiefenwirkung dieser »männlichen Ehre« und ihres Symbols, des Duells. Allerdings zeigten studentische Ehre und Duell ein soziales Gepräge, das sie vom außeruniversitären Ehrverhalten merklich unterschied. In ihnen bewahrte sich ein Gutteil jener ständisch-barocken Tradition, die das Duell mehr als Spiel, als veredelte Rauferei geschätzt hatte. Vor allem die Mensuren glichen eher »Kampfspielen« und »körperlichen Übungen«, in denen sich, wie der Pädagoge Friedrich Paulsen 1902 anerkennend feststellte, eine »gewisse Herrschaft des Willens über das physische System« beweisen konnte[75]. Auch die korporativ verwaltete studentische Ehre trug deutlich ständischen Charakter und hatte mit dem hochgradig individualisierten und bildungstheoretisch unterfütterten Ehrbegriff, wie er bei (bildungs)bürgerlichen »Philistern« anzutreffen war, nicht viel gemein. Trotzdem kam der studentischen Duellkultur eine wichtige Verstärker- und Vermittlungsfunktion zu; sie bereitete gleichsam den Boden, übte die Verhaltensweisen, den »Comment« ein, auf den spätere Bildungsbürger im Konfliktfall zurückgriffen.

Angesichts dieser institutionell und ideologisch begründeten Motivlagen nimmt es nicht wunder, daß Akademiker in der Duellstatistik[76] neben Offizieren das größte Kontingent stellten

[73] Dwight, Travels, S. 51. Vgl. dazu auch Keil, Geschichte, passim, sowie K. H. Jarausch, Deutsche Studenten 1800–1970, Frankfurt 1984, v. a. S. 38f., 48ff., 59ff.; W. Hardtwig, Studentische Mentalität – Politische Jugendbewegung – Nationalismus. Die Anfänge der deutschen Burschenschaft, in: Historische Zeitschrift 242, 1986, S. 581–628, v. a. S. 591ff.

[74] G. Pusch, Über Couleur und Mensur, Berlin 1887, S. 11, 25.

[75] Wagner, Duellangelegenheit, S. 424; F. Paulsen, Die deutschen Universitäten und das Universitätsstudium, Berlin 1902, S. 485.

[76] Eine solche Duellstatistik existiert noch nicht, wird aber Teil der in Anm. 1 genannten Arbeit sein. Auch dort aber wird sie aufgrund der hohen Dunkelziffer

und so mancher juristische, medizinische oder wissenschaftliche Meinungsstreit zu einer Forderung Anlaß gab. Auch politische Differenzen wurden auf einer Waldlichtung im Morgengrauen wenn nicht ausgeräumt, so doch auf ehrenvolle Weise bereinigt. Als der linksliberale Medizinprofessor Rudolf Virchow im Preußischen Abgeordnetenhaus 1865 Zweifel an der »Wahrhaftigkeit« des Ministerpräsidenten äußerte, was weder der Parlamentspräsident noch die meisten Abgeordneten als Beleidigung werteten, handelte er sich beinahe eine Duellforderung Bismarcks ein[77]. Vier Jahre zuvor hatte sich der Chef des preußischen Militärkabinetts, Generalmajor von Manteuffel, von einer politischen Kritik beleidigt gefühlt, die der Berliner Stadtgerichtsrat Karl Twesten an seiner Arbeit geübt hatte. Er forderte persönliche Genugtuung, die ihm Twesten nicht verweigerte. Der liberale Richter wurde dafür von seinen Kollegen zu drei Monaten Festungshaft verurteilt; strafmildernd führte die Urteilsbegründung an, Twesten habe sich dem Duell nicht entziehen können, »weil er annehmen mußte, daß er dadurch in der Achtung seiner Standesgenossen verlieren würde«. Massive Schelte jedoch mußte der bürgerlich-liberale Duellant in der ›Berliner Volkszeitung‹ über sich ergehen lassen. Dort hieß es fünf Tage nach dem Duell: »Vor Allem haben wir in aller Strenge und ohne alle Rücksicht auf die vortrefflichen Gesinnungen des Herrn Twesten diesem zu sagen, daß er seine Standesehre nicht gewahrt hat! – Seine Pflicht wäre es gewesen, jede Provocation zu dem Duell durch die Erklärung zu beantworten, daß er die Ehre habe, dem Stande des Bürgertums anzugehören, der sich glücklich der Barbarei des Faustrechts entwunden hat.«[78]

Beide Urteilssprüche, der richterliche ebenso wie der journalistische, bezogen sich auf die Ehrbegriffe des Bürgertums, und doch kamen beide zu entgegengesetzten Definitionen dieser bürgerlichen »Standesehre«. Teilten die Berufskollegen Twestens Annahme, daß seine »Standesgenossen« das Duell erwartet hätten, erklärte der Autor des Zeitungsartikels ein solches Verhalten für unvereinbar mit der »Ehre seines civilisirten Stan-

unvollständig bleiben müssen. Die – relativ geringe – Zahl der Duelle, die in den Kriminalstatistiken verzeichnet sind, deckt nur einen winzigen Bruchteil der tatsächlich stattgefundenen Zweikämpfe ab.

[77] Stenographische Berichte über die Verhandlungen des Preußischen Abgeordnetenhauses, Bd. 3, Berlin 1865, v. a. S. 2250ff.

[78] Zit. nach A. Kohut, Das Buch berühmter Duelle, Berlin 1888, S. 101, 104.

des«. Dieser »Stand« war sich offensichtlich nicht darüber einig, wie seine Ehre gewahrt werden sollte, und nicht selten blieb der Widerspruch zwischen einem abgeklärten, gesetzestreuen Bürgerhabitus und dem unbedingten Persönlichkeitsanspruch des bürgerlichen Subjekts im männlichen Individuum selber unversöhnt. Auch politische Gesinnungen brachten keine Klarheit: Das Duell war durchaus keine exklusive Konvention konservativer Erben feudaler Traditionen, und nicht nur Romantiker schwärmten für die »ritterlichen« Mannestugenden des deutschen Mittelalters. Auch liberale und sozialistische Vorkämpfer einer neuen, modernen Gesellschaft forderten und gaben Satisfaktion. Als August Bebel 1896 eine seiner flammenden Reichstagsreden gegen Militarismus und Duellunwesen hielt, erinnerte ihn der preußische Kriegsminister daran, daß selbst Bebels »Parteiheiliger« im Zweikampf gefallen war. Vor dem Sozialdemokraten Ferdinand Lassalle, der sich 1864 aus Anlaß einer Liebesgeschichte duellierte, hatte 1841 Heinrich Heine, gewiß keiner konservativ-aristokratischen Neigungen verdächtig, dem Kaufmann Salomon Strauß in einem Pistolenzweikampf gegenübergestanden.

Die Bereitschaft, verletzte persönliche Ehre im Duell zu rehabilitieren, war im 19. Jahrhundert weder an politische Gesinnungen gebunden noch auf ein exklusives soziales Milieu begrenzt. War die preußische Gesetzgebung des späten 18. Jahrhunderts noch davon ausgegangen, daß der einem Duell zugrunde liegende Ehrbegriff nur bei Adligen und Offizieren vorausgesetzt werden könnte, vertrat die Rechtsprechung seit den 1820er Jahren die Auffassung, daß »die Ansichten von Ehre und Satisfaktionsfähigkeit sich geändert hätten« und auch Duelle zwischen Personen bürgerlichen Standes unter die Duell-Gesetze fielen, anstatt nach den Vorschriften über das Verbrechen des Mordes beurteilt zu werden[79]. Auch die bayerische Regierung, die sich auf Antrag der Stände im Vormärz um eine gesetzliche Regelung des Duells bemühte, mußte sich damit auseinandersetzen, daß ein zum Duell disponierendes empfindliches Ehrgefühl nicht mehr nur bei »Adelichen, Offizieren mit Einschluß der Junker, Räthen, desgleichen denjenigen, welche den Offiziers- oder Raths-, oder noch einen höheren Rang haben«, zu finden sei, sondern bei »allen Männern

[79] H. Gräff u.a., Ergänzungen und Erläuterungen des Preußischen Criminal-Rechts durch Gesetzgebung und Wissenschaft, 1. Abt., Breslau 1842, S. 513f.

von höherer Bildung«, wozu Landrichter und mittlere Beamte ebenso zählten wie Ärzte, Advokaten, Bürgermeister, Kaufleute und Künstler. Höhere Bildung sei gleichbedeutend mit der Hebung des individuellen Ehrbewußtseins und tendiere dazu, die ehemals »so ausschließliche Sonderung der Stände und Ordnungen« aufzubrechen[80].

Die Entaristokratisierung – oder Verbürgerlichung – der duellfähigen Ehre fand jedoch nicht nur in höheren Bildungsinstitutionen statt. Mindestens ebenso groß war die Bedeutung des Militärs, das in Deutschland sehr viel sichtbarer war als in England und das gesellschaftliche Leben in weit höherem Maße zu prägen verstand. Als Staat im Staate, von parlamentarischer Kontrolle ausgenommen und nur dem König als oberstem Befehlsherrn verpflichtet, verfügte es über eine Reihe sorgsam gehüteter Privilegien, unter denen das Duell an erster Stelle rangierte. Noch unmittelbar vor dem Ersten Weltkrieg billigte der preußische Kriegsminister dem Duell eine »durchaus ehrenhafte Grundlage« zu, nannte es ein Zeugnis des Mutes und warf dem Reichstag vor, mit seiner Duellkritik die militärische Ehranschauung zerstören und die Standesauffassungen des Offizierskorps unterhöhlen zu wollen[81]. Kaiser Wilhelm I. hatte seinerseits 1874 verlauten lassen, er dulde in seinem Heer weder »einen Offizier, welcher imstande ist, die Ehre eines Kameraden in frevelhafter Weise zu verletzen«, noch »einen Offizier, welcher seine Ehre nicht zu wahren weiß«[82].

So entschieden sich Minister und Monarch gegen Übertreibungen und Mißbräuche des militärischen Ehrbegriffs verwahrten, so deutlich gaben sie doch auch zu erkennen, daß das Duell zum Offizierskorps gehöre und für das ehrenhafte Verhalten seiner Mitglieder von großer Bedeutung sei. Auch wenn es gesetzlich verboten und mit hohen Freiheitsstrafen belegt war, verlangte der militärische Ehrenkodex gebieterisch sein Recht. Verweigerte ein Offizier den Zweikampf oder lehnte er es ab, einen Beleidiger zu fordern, grenzte er sich selber aus dem Kreis

[80] Hauptstaatsarchiv München, Staatsrat Nr. 597 u. 2450: Protokolle und Beigaben der Staatsratssitzung v. 24. 11. 1826.

[81] Geheimes Staatsarchiv Berlin-Dahlem, Rep. 84 a, Nr. 8037: Äußerung des Kriegsministers v. Falkenhayn v. 22. 4. 1914.

[82] Zit. nach K. Demeter, Das deutsche Offizierkorps in Gesellschaft und Staat 1650–1945, Frankfurt 1965⁴, S. 290. Daß Duelle kein preußisches Monopol waren, sondern sich auch im bayerischen Heer großer Beliebtheit erfreuten, zeigt H. Rumschöttel, Das bayerische Offizierkorps 1866–1914, Berlin 1973, v. a. S. 145 ff.

der Ehrenmänner aus und mußte den Dienst quittieren. Ließ er sich dagegen auf ein Duell ein und gelang es nicht, dieses geheimzuhalten, mußte er sich auf eine militärgerichtliche Verurteilung gefaßt machen, wobei er jedoch der königlichen Gnade gewiß sein durfte.

Die zunehmende Verbürgerlichung des Offizierskorps, ganz besonders aber die steigende Zahl bürgerlicher Reserveoffiziere sorgten dafür, daß die Form militärischer Ehrenwahrung immer stärker auch auf bürgerliche Kreise abfärbte. Die mit dem Patent des Reserveoffiziers versehenen Rechtsanwälte, Ärzte, Redakteure, Beamten, Professoren zögerten nicht, ihre militärische Würde auch im bürgerlichen Leben zu zelebrieren und fanden hierfür genügend Anlässe. Studentischer und militärischer Komment fügten sich bei ihnen zu einer explosiven Mischung zusammen, die so manches Opfer forderte – obwohl zweifellos die meisten Duelle ohne Blutvergießen auskamen.

Dennoch beinhaltete jedes Duell, vor allem wenn es, was immer häufiger vorkam, auf Pistolen stattfand, ein konkretes Todesrisiko. Kein Duellant konnte sicher sein, den Platz der Ehre lebendig und aufrechten Gangs wieder zu verlassen. Er ließ sich auf ein gefährliches Spiel ein, dessen Ausgang trotz aller Regeln und Vorschriften ungewiß blieb. Dieses Spiel mit dem Tod erforderte Passion und Kaltblütigkeit; es zwang zu höchster Selbstdisziplin und gestand den Teilnehmern zugleich das Recht zu, ihr »Selbst« absolut zu setzen. Auf diesen bedingungslosen, typisch deutsch-bürgerlichen Subjektivitätsanspruch hatten schon die beiden Lexikonartikel aufmerksam gemacht, die 1847 bzw. 1867 eine Lanze für das Duell brachen. Sie hatten im Duell den bürgerlichen Selbstbehauptungswillen gerühmt, die Freiheit des männlichen Individuums, für seine Ehre selber einzustehen, anstatt einen weiteren Bereich seiner Existenz staatlicher Regelung und Intervention zu überantworten. Darüber hinaus schätzten sie den Idealismus und den persönlichen Mut eines Mannes, dem seine Ehre mehr wert war als Leib und Leben. Das Duell barg in ihren Augen ein Element des Widerstandes gegen eine zunehmend durch materielle Interessen bestimmte, in ein administratives Korsett gepreßte Gesellschaft, die freier Individualität immer weniger Raum ließ. »So lange die Welt bleibt, wie sie ist«, schloß der Zweikampf-Artikel in Wageners ›Staats- und Gesellschaftslexikon‹, »werden Kriege und Duelle unvermeidlich und unentbehrlich sein, um die Völker und die Einzelnen vor der Erschlaffung und dem Versinken in den Schmutz der materiellen Interessen und der persönlichen Feigheit und Gesinnungslosigkeit zu bewahren«[83].

6. Bürgerliche Vergesellschaftung im Duell-Spiegel

Es wäre verfehlt, solche Verteidigungsplädoyers mit dem Etikett »unbürgerlich« zu versehen, denn ganz offensichtlich ging Bürgerlichkeit nicht in antimilitaristischen, zivilen, gesetzestreuen, zweckrationalen Einstellungen und Verhaltensweisen auf. Solange das Selbstverständnis des deutschen Bürgertums vorwiegend aus bildungsbürgerlichen Quellen schöpfte und sich an dem Vorbild des mehr an ideellen denn an materiellen Werten interessierten, auf seine Selbstvervollkommnung bedachten bürgerlichen Subjekts orientierte, blieb der bürgerliche Habitus sozial ambivalent und aufnahmefähig für dem aristokratischen Persönlichkeits-Kult entlehnte Elemente. Eines dieser Elemente war das Duell, das sich mit seiner radikalen Präsenz der Person, seiner Vermittlung zwischen Gesinnung und Körper, seiner Nichtachtung äußerer Zwänge bestens dazu eignete, in das Modell bildungsbürgerlicher Lebensführung integriert zu werden. An Universitäten und im Militär fest verankert, war es keineswegs nur eine starre Konvention, der man widerwillig folgte. Vielmehr bot es dem bürgerlichen Mann die Gelegenheit, seine persönliche Integrität, seine Ehrenhaftigkeit, aber auch seine Männlichkeit unter Beweis zu stellen und in einem ästhetisierten *fait total* zu inszenieren.

Was Deutschland in dieser Hinsicht von England unterschied, war vor allem die dominante Rolle der »Gebildeten« innerhalb der sozialen Formation »Bürgertum« und der besondere Stellenwert von »Bildung« für bürgerliches Selbstverständnis und bürgerliche Lebensführung. Selbst wenn die Curricula englischer *public schools* und deutscher Gymnasien gar nicht so sehr voneinander abwichen und der klassische Kanon hier wie dort im Mittelpunkt stand, transportierte das deutsche Bildungskonzept soziale, kulturelle und politische Bedeutungen, die in England unbekannt waren. Die Phänomenologie des Duells fügte sich in dieses Konzept harmonisch ein. Darüber

[83] Wagener, Bd. 23, 1867, S. 200.

hinaus konnte der mit dem Duell assoziierte Ehrbegriff unter deutschen Bildungsbürgern auch deshalb auf Akzeptanz rechnen, weil er dem ständischen Charakter dieser bürgerlichen Gruppe, ihrem an einem bestimmten geistigen und sozialen Komment orientierten Sonderbewußtsein entgegenkam. Außerdem unterstützte die enge Staatsbindung und der hohe Anteil beamteter Staatsdiener unter den »Gebildeten« deren Bemühungen um eine spezielle, herausgehobene Ehre, die sie von anderen sozialen Schichten zu distanzieren vermochte.

In England dagegen gab es weder einen »omnipotenten« Staat, der seine Diener gleichsam adelte und sie vor anderen gesellschaftlichen Gruppen auszeichnete, noch ein eigenständiges, gesellschaftlich einflußreiches Bildungsbürgertum. Die soziokulturelle Hegemonie der alten, landbesitzenden Elite und ihre relative Offenheit für bürgerliche Auf- und adlige Absteiger verhinderten, daß die von dieser Elite absorbierten bürgerlichen Schichten (*professionals* ebenso wie *business classes* unter Ausschluß der Industriellen) eine eigene »Kultur der Bürgerlichkeit« entwickelten. Statt dessen suchten sie sich an die Standards der Oberschicht anzupassen, übernahmen deren kulturelle Stilisierungen und griffen gleichfalls zur Pistole, um Ehrenkonflikte auszutragen. Ein authentisches »bürgerliches« Profil hat das Duell in England, im Unterschied zu Deutschland, folglich nicht gewinnen können. Das englische Bürgertum hat es sich nicht »anverwandelt«, sondern lediglich kopiert, ohne damit aber »bürgerlicher« zu handeln als sein deutsches Pendant.

Zumindest trug diese bloß formale Adaption dazu bei, daß das Duell seine soziale Akzeptanz in England sehr viel früher verlor als in Deutschland. Als sich die englische Oberschicht um die Mitte des 19. Jahrhunderts auf einen anderen Begriff von Ehre und eine andere Form der Ehrenwahrung einigte, fand sie in der Gesellschaft keine nennenswerten Widerstände vor. Weder besaß das Militär, in dem sich das Duell nicht anders als in Deutschland besonderer, professionell bedingter Wertschätzung erfreute, eine gesellschaftliche Definitionsmacht, die militärischen Konventionen auch im zivilen Leben Respekt verschafften, noch kannten die englischen Universitäten einen spezifischen studentischen Ehrenkodex, der, von Korporationen genährt und wachgehalten, am Duell als vornehmstem Privileg festhielt. Die zwei mächtigsten Institutionen, die das Duell in Deutschland pflegten und gesellschaftsfähig machten, hatten in England entweder ein geringeres soziales Gewicht (Militär) oder eine andere Struktur (Universität) und spielten daher für die Verbreitung und Aktualisierung des Duells keine entsprechende Rolle. Die 1843 gegründete »Association for the Discouragement of Duelling«, die bereits ein Jahr später 349 Mitglieder, überwiegend Adlige, hohe Offiziere und Parlamentarier, zählte, konnte demgemäß 1850 einen Bericht vorlegen, in dem sie das Duell als weitgehend überwunden bezeichnete[84].

In Deutschland formierte sich eine Anti-Duell-Liga erst 1902, und es ist durchaus fraglich, ob ihre Kampagne ohne die Erfahrungen des Ersten Weltkriegs wirklich zum Erfolg geführt hätte. Selbst in der »zivilen« Weimarer Republik kam es immer wieder zu Herausforderungen und Duellen zwischen bürgerlichen Beamten und Freiberuflern, und noch im Jahre 1934 fühlte sich ein Göttinger Geschichtsprofessor von einem Kollegen derart in seiner Ehre verletzt, daß er ihm eine Duellforderung überbrachte[85]. Diese erstaunliche Kontinuität der »satisfaktionsfähigen Gesellschaft« (Norbert Elias) in Deutschland verdankte sich nicht etwa einer stärkeren Ausprägung feudaler Strukturen und Machtverhältnisse, sondern war das Ergebnis einer besonderen Vergesellschaftungsform des deutschen Bürgertums. Anders als in England lassen sich in Deutschland zwei Duell-Kulturen idealtypisch voneinander unterscheiden, eine ständische und eine bürgerliche. Die genuin bürgerliche Emphase individuellen Bildungserlebens fügte sich mit ständisch präformierten Sozialisationseinflüssen von Militär und Universität zu einer spannungsvollen Melange zusammen, die die Fortdauer des Duells auch dann noch sicherte, als das ständische Element im Zuge politischer und gesellschaftlicher Umbrüche an Gewicht verloren hatte.

[84] Vgl. dazu Parliamentary Debates, Bd. 73, Sp. 833ff., 1018; Demeter, S. 302f.; The Tourth Report of the Association for the Discouragement of Duelling, London 1850.

[85] R. P. Ericksen, Kontinuitäten konservativer Geschichtsschreibung am Seminar für Mittlere und Neuere Geschichte, in: H. Becker u. a. (Hg.), Die Universität Göttingen unter dem Nationalsozialismus, München 1987, S. 219–245, hier S. 229.

Hannes Siegrist

Die Rechtsanwälte und das Bürgertum

Deutschland, die Schweiz und Italien im 19. Jahrhundert

1. Einleitung

Die zahlenmäßig kleine Berufsgruppe der Advokaten zog im 19. Jahrhundert aus drei Gründen immer wieder die Aufmerksamkeit auf sich: erstens wegen der besonderen Funktion und Stellung der Rechtsanwälte als Vermittler zwischen Staat und Gesellschaft; zweitens wegen ihrer Vermittlungstätigkeit zwischen den Bürgern; drittens wegen ihrer Rolle im Bürgertum: in diesem schoben sich die Advokaten, neben anderen typisch bürgerlichen Gruppen, wie etwa den Unternehmern, nach vorne. Nicht nur die Berufsgruppe selbst, sondern auch die liberale Öffentlichkeit begann, den Entwicklungszustand der bürgerlichen Gesellschaft an den Verhältnissen der Advokatur und den Chancen der Advokaten zu messen. Advokaten und liberale Publizisten in ganz Europa wiesen hartnäckig immer wieder darauf hin, daß in zivilisierten Ländern mit größerer bürgerlicher Freiheit auch die Stellung der Advokaten besser sei. Sie kritisierten damit die Neigung aufgeklärt-restaurativer Obrigkeitsstaaten, den Advokaten zu einem Anhängsel der staatlichen Autorität zu degradieren und den Beruf strikt zu regeln und zu überwachen. So beklagte Friedrich List Mitte der 1840er Jahre die untergeordnete, staatlich gebundene Stellung der Advokaten in den deutschen Staaten, wogegen ihm die Verhältnisse in Frankreich, England und den USA als geradezu ideal erschienen: Dort gälten die (freiberuflichen) Advokaten nicht als »Instrument der Staatsgewalt«, sondern als »Rath der Familien und Individuen«. Sie genössen nicht nur das geschäftliche, private, sondern auch das öffentliche Vertrauen der Bürger, die sie in gesetzgebende Versammlungen und Regierungen, in Gerichte und Behörden wählten[1].

Im folgenden wird erstens nach der Stellung der Advokaten in der bürgerlichen Gesellschaft zu fragen sein. Was machte sie zu »Bürgern«? Zweitens interessiert, wie sich Tendenzen in der

[1] F. List, Art. ›Advocat‹, in: Staatslexikon oder Encyklopädie der Staatswissenschaften, hg. von C. von Rotteck u. C. Welcker, Bd. 1, Altona 1846², S. 363 bis 377.

Entwicklung des Berufs, die mit dem Begriff »Professionalisierung«[2] zu fassen sind, zur »Bürgerlichkeit« des Berufs verhielten.

Professionalisierung meint, daß ein Beruf oder eine Tätigkeit sich zu einer »Profession« wandelt, die nur von Inhabern höheren, systematischen Wissens ausgeübt werden kann. Die Angehörigen von Professionen beanspruchen, besondere ethische Einstellungen zu besitzen. Vollentwickelte Professionen reklamieren einen hohen Grad von Autonomie bei der Regelung ihrer Verhältnisse und bei der Kontrolle des Wissens, der Tätigkeit sowie der Dienstleistungsmärkte. Der Begriff »Professionalismus« verweist auf Strategien und Ideologien, die die Autonomie der Berufsgruppe unterstützen oder rechtfertigen. Sowohl der professionsgeschichtliche als auch der bürgertumsgeschichtliche Ansatz thematisieren das Problem der Kontrolle über zentrale gesellschaftliche Ressourcen.

Der hier zugrunde gelegte Begriff von Bürgerlichkeit meint erstens ein bestimmtes, historisch wandelbares Maß der Teilhabe an knappen oder gesellschaftlich zentralen Ressourcen, wie Macht, Herrschaft und Einfluß (politisches Kapital); Einkommen und Vermögen (wirtschaftliches Kapital); Bildung und Wissen (kulturelles Kapital); Prestige und Beziehungen (soziales Kapital). Zweitens werden jene als »bürgerlich« bezeichnet, die sich mit Werten identifizieren (können) und kompetent mit sprachlich vermittelbaren und durch das Verhalten wirkenden Symbolen umgehen, die als bürgerlich gelten und das gemeinsame Denken und Handeln des Bürgertums begründen[3].

2. Der Advokat als Bürger[4]

Rechtsanwälte vertreten oder verteidigen Parteien vor Gerichten und Behörden, und sie beraten außergerichtlich ihre Klien-

[2] Siehe dazu die Beiträge in W. Conze u. J. Kocka (Hg.), Bildungsbürgertum im 19. Jahrhundert. T. I: Bildungswesen und Professionalisierung in internationalen Vergleichen, Stuttgart 1985.

[3] Für eine Übersicht über verschiedene Begriffe von Bürgertum und Bürgerlichkeit siehe J. Kocka (Hg.), Bürger und Bürgerlichkeit im 19. Jahrhundert, Göttingen 1987.

[4] Im folgenden stelle ich einige vorläufige Ergebnisse meines noch nicht abgeschlossenen Habilitationsprojektes über Rechtsanwälte im internationalen Vergleich vor. Ich danke der Freien Universität Berlin, der Deutschen Forschungsgemeinschaft, dem Europäischen Hochschulinstitut in Florenz sowie dem Zentrum für interdisziplinäre Forschung der Universität Bielefeld für ihre Unterstützung bei der Sammlung und Auswertung des Materials.

ten in juristischen, administrativen, wirtschaftlichen oder Lebensfragen. Durch ihr Wissen und ihre Funktion sind sie eingebunden in jene Rechtsprechungs- und Rechtssysteme, die seit dem späten 18. oder frühen 19. Jahrhundert in ganz Europa erneuert wurden. Die neuen Rechtssysteme sicherten das Eigentum und individuelle Rechte, und sie bevorzugten den Vertrag als Form der Regelung von Beziehungen. Den Advokaten wuchs damit potentiell eine zentrale Rolle als Experten und Vermittler zu. Deshalb interessierte sich auch der Staat besonders für sie: Zwischen dem späten 18. und der Mitte des 19. Jahrhunderts geriet die Advokatur in großen Teilen Europas in den Sog des Ausbaus des bürokratischen Zentralstaates, der mit neuen juristischen Doktrinen sowie mit Reformen des Ausbildungs- und Berechtigungswesens den Beruf stärker denn je ordnete und kontrollierte. Seit dem frühen 19. Jahrhundert hatten sich die Advokaten mit einer Gegenbewegung zu arrangieren[5], nämlich mit der liberalen Tendenz zur gesellschaftlichen Selbststeuerung, die über kurz oder lang die Einführung von Gewerbe-, Handels-, Berufs- und Niederlassungsfreiheit sowie politische Partizipationschancen brachte. Im Verlauf einer oft widersprüchlichen und krisenhaften Modernisierung gerieten die Advokaten in die Kämpfe um Positionen und knappe Güter sowie um die Kontrolle über zentrale gesellschaftliche Werte. Sie fanden sich wieder in Auseinandersetzungen um Einfluß-, Handlungs-, Erwerbs- und Lebenschancen, an denen sie sich in eigener und fremder Sache, als Advokaten und als Bürger beteiligten.

Wissen, sozialer Status und politischer Einfluß

In diesen Modernisierungsprozessen mußte jede Gesellschaft entscheiden, wieviel und welches Wissen ein Advokat brauchte, und wo und wie es zu erwerben war. Mein erstes Beispiel schildert den Fall eines Autodidakten, der kaum typisch war für Europa im allgemeinen, wohl aber für die Schweiz. Der aus dem luzernischen Landstädtchen Beromünster stammende Kürschner Jakob Kopp (1786–1859) hatte sich als Mitglied des Gemeinderates und Ratgeber seiner Mitbürger wiederholt mit rechtlichen Fragen beschäftigt. Nachdem er wegen einer Petition gegen den aristokratischen Staatsstreich und gegen die

[5] D. Grimm, Recht und Staat der bürgerlichen Gesellschaft, Frankfurt 1987.

Benachteiligung der Landbevölkerung für kurze Zeit ins Gefängnis geraten war, machte er seine Nebentätigkeit 1814 zum Beruf. Sechs Jahre später zog er als Advokat in die Kantonshauptstadt, wo er später als Liberaler in höchste richterliche und politische Ämter (Oberrichter, Regierungsrat, Nationalrat) aufstieg. Kopp habe die Advokatur mit großem Erfolg ausgeübt, attestierte 1859 der Verfasser des Nachrufs, und »zwar vermöge seiner natürlichen Gaben und denselben durch Lektüre nachhelfend«. Man habe geglaubt, in Kopp einen »schulgerecht gebildeten Mann vor sich zu haben«. Dessen Bildungs- und Lebensgeschichte diene als Beweis, »wie eine gesunde und kräftige Natur sich selbst Bahn bricht und oft die Schulbildung überflügelt«[6]. Kopp repräsentierte einen Typus, der in der Schweiz vergleichsweise länger existierte, aber auch dort im Verlauf des 19. Jahrhunderts langsam außer Mode geriet. Sein Sohn war schon studierter Advokat.

In den meisten europäischen Ländern erfolgte der Zugang zur Advokatur in Institutionen, die Wissen verwalteten und weitergaben – und damit die Advokaten prägten. Dort erwarb man jenen »geistigen Zensus«, der, wie der deutsche Jurist Rudolf Gneist 1867 betonte, die »Ehrenhaftigkeit« der Advokatur gewährleiste. Neun Jahre Gymnasium, drei Jahre Rechtsstudium sowie eine vier- bis sechsjährige Referendariatszeit bedeuteten, nach Gneist, »als Vorbedingung der Rechtsanwaltschaft mehr als bloße Anlernung. Sie enthalten in unserer deutschen Weise eine Veredelung des Geistes und Charakters durch die reichen Mittel einer humanistischen Bildung, ein freies Erziehungswerk mit so viel Elementen der Selbstdisciplin und Censur, ... daß auf diesem langen Wege das Unwürdige ausgeschieden, das relativ Bessere und Beste erhalten wird, soweit dies durch menschliche Einrichtungen möglich. Wo man in Verkennung der sittlichen und geistigen Vorbedingungen die sachverständige Advocatur durch ein brutales System der bloßen Concurrenz hat ersetzen wollen, wie in der französischen Revolution und zum Theile in der nordamerikanischen Union«, seien daraus »verwilderte Verhältnisse« entstanden[7].

Die Unterschiede zwischen dem Luzerner Beispiel und der deutschen Auffassung erklären sich nicht nur aus unterschiedli-

[6] Luzerner Tagblatt, Nr. 22, 23. 1. 1859; Nr. 25, 26. 1. 1859.

[7] R. Gneist, Freie Advokatur. Die erste Forderung aller Justizreform in Preußen, Berlin 1867; zit. nach der 2. unveränd. Aufl., Berlin 1911, S. 58.

chen politischen Verhältnissen, sondern auch aus Rechtstraditionen, an die sich Berufstraditionen knüpften: Deutschland und Italien, bzw. die später zu diesen Nationen zählenden Staaten, gehörten vor dem 19. Jahrhundert zum großen europäischen Gebiet des römischen und kanonischen Rechts, in dem sich eine höhere juristische Expertenkultur herausgebildet und die Berufsrollen des beamteten Juristen oder des Advokaten verfestigt hatten. Die schweizerischen Gebiete dagegen standen außerhalb des römisch-rechtlichen Gebietes; entsprechend schwächer war die Rolle des Berufsjuristen ausgebildet. Genf, Basel und einige kleinere bischöfliche Territorien waren Ausnahmen. Die Ansätze zur Verschärfung der Ausbildungs- und Zulassungserfordernisse in den patrizisch regierten Kantonen Bern und Zürich waren steckengeblieben. Wo die Gerichtsherren noch mehr als in Deutschland selbst Rechtslaien waren, eine systematische Rechtskodifikation fehlte und universitäre Bildung sich für Patriziersöhne nicht mehr auszahlte als eine praktische Ämterlaufbahn, konnte sich der gebildete Rechtsexperte nicht durchsetzen[8]. Die Verwissenschaftlichung des Rechts und die Modernisierung des Juristen- und Advokatenberufs erfolgten in der Schweiz mit Verzögerung. Und als im 19. Jahrhundert die Advokatur erneuert werden sollte, wurde dieser Versuch sowohl durch traditionelle Mentalitäten und Vorstellungen als auch durch sich früher durchsetzende liberale oder egalitär-demokratische Anschauungen behindert[9].

In Deutschland und Italien waren die allgemeinen Tendenzen der Rechtsentwicklung seit dem späten 18. Jahrhundert prinzipiell gleich. Mit den Kodifikationen des späten 18. und frühen 19. Jahrhunderts wurde in beiden Ländern das Recht, d.h. die wissensmäßige Grundlage der Advokaten, stärker systematisiert. Damit waren die älteren Rechtsgewohnheiten und lokalen Sonderrechte zwar nicht sofort außer Kraft gesetzt. Aber wo die Advokaten – besonders die italienischen – vorher aufgrund

[8] F. Wieacker, Privatrechtsgeschichte der Neuzeit. Unter besonderer Berücksichtigung der deutschen Entwicklung, Göttingen 1967; F. Elsner, Die Schweizer Rechtsschulen vom 16. bis zum 19. Jahrhundert, unter besonderer Berücksichtigung des Privatrechts, Zürich 1975; H. Coing, Europäisches Privatrecht, Bd. 1: Älteres gemeines Recht (1500–1800), München 1985.

[9] H. Siegrist, Gebremste Professionalisierung. Das Beispiel der Schweizer Rechtsanwaltschaft im Vergleich zu Frankreich und Deutschland im 19. und frühen 20. Jahrhundert, in: Conze/Kocka, Bildungsbürgertum, S. 301–31.

ihrer speziellen Kenntnisse lokaler Rechtsquellen und Rechtsbräuche als Rechtshonoratioren (Max Weber) eine gewisse Unabhängigkeit gehabt hatten, wurden sie nun wissens- und ausbildungsmäßig dem Beamten-Juristen angeglichen. Sie arbeiteten mit einem staatlich gesetzten Recht, das nach vorgeschriebenen Regeln oder Prinzipien anzuwenden, nicht frei auszulegen war. Durch die Einbindung der Ausbildung in die verstärkt staatlich kontrollierten Universitäten[10] und durch die schrittweise Verlängerung der bei staatlichen Stellen abzuleistenden obligatorischen Praktika im frühen 19. Jahrhundert verloren vor allem in Deutschland die nicht verbeamteten Juristen den Einfluß auf die Sozialisation ihres Nachwuchses. Vor der Einführung des mündlichen Prozesses um die Mitte des 19. Jahrhunderts bestand zudem in weiten Teilen Deutschlands keine rhetorische Kultur, die eine Grundlage für eine eigenständige Advokatenidentität hätte abgeben können, wie dies in Italien – stärker im Süden, weniger im Norden – der Fall war.

Der Einfluß der Rechtsanwälte auf Rechtslehre und Rechtsprechung war in den größten Teilen Deutschlands auch dadurch beschränkt, daß die Staaten die gleichzeitige Ausübung von Advokatur und Universitätsprofessur verboten und vergleichsweise selten einen Advokaten zum Richter ernannten. Einer wissensmäßig breiten Ausbildung, die mehr zum Beamtenjuristen als zum Advokaten qualifizierte, folgten institutionell eng definierte, spezialisierte Berufslaufbahnen. Einzelne Advokaten mögen auch in Deutschland als Rechtspublizisten oder Kommentatoren Anerkennung gefunden haben. Doch allgemein hielt sich zäh jene Meinung, die Fürst Metternich 1844 äußerte, als die erste deutsche Anwaltsversammlung das Recht der Advokaten aller deutschen Staaten reklamierte, bei der Vereinheitlichung des deutschen Rechts mitzuarbeiten: Wie es den Advokaten einfalle, eine Reform der Rechtspflege zu fordern, ärgerte sich Metternich, wo sie doch »im Gegensatz zu den Richtern und Rechtsprofessoren allzusehr den konkreten Fällen

[10] G. Dilcher, Die preußischen Juristen und die Staatsprüfungen. Zur Entwicklung der juristischen Professionalisierung im 18. Jahrhundert, in: Festschrift für Hans Thieme, Sigmaringen 1986, S. 295–305; O. Kollmann, Zur Entwicklung des Ausbildungs- und Prüfungswesens für Richteramt, Verwaltungsdienst, Rechtsanwaltschaft und Notariat in Bayern, in: Festschrift für Wilhelm Laforet. Verfassung und Verwaltung in Theorie und Wirklichkeit, München 1952, S. 445 bis 472.

und den persönlichen Interessen verhaftet« seien[11]. Noch bestanden bis zum untersten Amtsrichter hinunter Zweifel, ob die Advokaten ihre Tätigkeit wirklich als eine uneigennützige Dienstleistung am Allgemeinwohl ausübten und ob der Rechtsanwalt sich tatsächlich an wissenschaftlichen Prinzipien und Regeln orientierte. Das heißt, seine Professionalität stand in Frage, obwohl er Studium und Examen hatte. Hier zeigt sich die Zweideutigkeit des Professionalisierungskonzeptes: Eine Professionalisierung, die vom Staat betrieben wurde und bei der die Berufsgruppe Objekt statt Subjekt ist, führt dazu, daß ein Beruf zwar die äußeren Merkmale einer Profession hat, tatsächlich aber die wesentliche Bedingung der Kontrolle des Wissens nicht erfüllt.

Gegen Ende des 19. Jahrhunderts wandelte sich die deutsche Situation etwas. Die seit den 1860er Jahren in einzelnen deutschen Staaten, ab 1879 im ganzen Reich bestehenden Anwaltskammern konnten sich zu Gesetzesprojekten gutachterlich äußern, womit sich andeutete, daß die Advokaten als Berater bei der Rechtsentwicklung nicht mehr ausgeschlossen bleiben sollten. Von den Ausbildungsinstitutionen und Prüfungsgremien blieben die deutschen Anwälte vergleichsweise aber weitgehend verbannt. Wenn die seit 1872 bestehende Zeitschrift des Deutschen Anwaltvereins (DAV), die ›Juristische Wochenschrift‹, Gerichtsentscheidungen und später auch Kommentare dazu veröffentlichte, so setzte sie damit jene seit den 1830er Jahren häufig unternommenen Versuche fort, das berufliche Wissen der Advokaten über Kanäle zur Geltung zu bringen, die seit der Einführung der Pressefreiheit weniger der staatlichen Kontrolle unterlagen. Damit wertete sich die Advokatur auch als Profession auf[12].

Die italienischen Advokaten überstanden den von den vorunitarischen Staaten und der Habsburger Herrschaft betriebenen Wandel langfristig besser: Ihre beruflich-ständischen Traditionen und Autonomievorstellungen waren zum Zeitpunkt des staatlichen Zugriffs deutlich lebendiger als in Deutschland. Die alten norditalienischen Kollegien von noblen Rechtskonsulenten und Richtern, bürgerlichen Advokaten oder Notaren

[11] Fürst Metternich an Grafen von Senfft, 7. 8. 1844. Bayerisches Hauptstaatsarchiv München (Bay HSTA) M Inn 39080.

[12] Als Überblicksdarstellungen über die deutschen Rechtsanwälte seien hier genannt: A. Weißler, Geschichte der Rechtsanwaltschaft, Leipzig 1905; F. Ostler, Die deutschen Rechtsanwälte 1871–1971, Essen 1971.

waren zwar, nach ersten Eingriffen der Habsburger Herrschaft im 18. Jahrhundert, schließlich in der Ära der revolutionären und napoleonischen Staaten aufgelöst worden[13]. Und auch die Herrscher des süditalienischen Königreichs suchten Einfluß, Macht und Prestige der Advokaten zu schmälern, deren Elite ihre Position in den Prozessen zwischen den Baronen und dem König seit dem 16. Jahrhundert gewonnen hatte[14]. Doch obwohl die Institutionen sich änderten, erhielten sich oft die Gewohnheiten, weil die Staaten Rücksichten auf lokale und regionale Interessen und Gruppen zu nehmen hatten[15]. Auch nach neuen Kodifikationen und nach der staatlichen Reform der Juristenausbildung behielten die Advokaten die Kontrolle der praktischen Berufseinführung, die nach einem bloß formal zu attestierenden Rechtsstudium als zentrales Element der Qualifizierung galt. Im Büro und in der Bibliothek (*studio*) des erfahrenen Advokaten wurden jenes beruflich-praktische Wissen und jene Einstellungen vermittelt, die die berufliche Identität des Advokaten begründeten. Im *studio* des Advokaten-Lehrherrn erwarb sich der junge Advokat zudem soziale Kompetenzen und soziale Beziehungen, die er für die selbständige Ausübung des Berufs und die Einnahme anderer Rollen brauchte. Im übrigen wirkten die Advokaten innerhalb der neuen Institutionen an der Entwicklung, Weitergabe und Kontrolle des juristischen Wissens entscheidend mit. Sie waren, sehr viel mehr als ihre deutschen Kollegen, als Rechtslehrer an den Universitäten tätig, sie stiegen leichter in höchste richterliche Positionen auf, und sie bestimmten als Publizisten und Kommentatoren die Rechtsvorstellungen mit. In der liberalen Epoche dominierten sie vielfach die gesetzgeberische Arbeit in Kommissionen und Parlament.

Die Juristenausbildung insgesamt blieb in Italien sehr viel

[13] E. Brambilla, Il sistema letterario di Milano. Professioni nobili e professioni borghesi dall'età spagnola alle riforme teresiane, in: A. de Maddalena u. a. (Hg.), Economia, istituzioni, cultura in Lombardia nell'età di Maria Teresa, Bd. 3: Istituzioni e società, Bologna 1982, S. 79–160; E. Garino, Note sul problema dell'avvocatura in Lombardia e Venezia nella seconda metà del XVIII secolo, ebd., S. 991–1007.

[14] M. Pisani Massamormile (Hg.), Napoli e i suoi avvocati, Neapel 1975.

[15] Eine Geschichte der italienischen Advokaten liegt noch nicht vor. Kürzere Beiträge über regionale Anwaltschaften interessieren sich entweder für rechtlich-institutionelle Regelungen der Advokatur oder für die politische Rolle der Advokaten. Die folgenden Ausführungen beruhen über weite Strecken auf eigenen Archivarbeiten in Mailand, Neapel und Florenz.

stärker Advokatenausbildung. Staatsexamen bekamen nie die Geltung wie in Deutschland. Das universitäre Bildungserlebnis war von geringerer Bedeutung. Dies spiegelt sich denn auch in Erinnerungen und Nekrologen wider: Während der deutsche Advokat (bzw. sein Grabredner) sagte, an welcher Universität und bei welchem (berühmten) Professor er studiert hatte, hoben die italienischen Advokaten hervor, aus welchem Büro sie hervorgegangen waren. Berühmte Advokaten führten ganze Scharen junger Juristen in den Beruf ein[16]. Hierauf beruhten jene sozialen Beziehungsnetze und politischen »Klientelen« mit, die für die Integration ins Bürgertum und in die regionalen Macht- und Interessengruppen bedeutsam werden konnten[17].

In der Schweiz wurde nach dem Einmarsch der Franzosen 1798 nach revolutionärem Vorbild die Advokatur als Beruf vorerst aufgehoben[18]. Jeder mündige Bürger sollte sich selbst und andere, ohne Nachweis über besondere juristische Kenntnisse, vor Gericht vertreten und verteidigen können. Nach der Wiedergewinnung der gesetzgeberischen Autonomie der Kantone (1803) und dem Ende des französischen Einflusses (1814/15) spalteten sich die Kantone in bezug auf die Regelung der Advokatur in zwei Gruppen auf: Die einen betrachteten die Rechtsanwaltschaft als wissenschaftlichen Beruf, der wegen seiner besonderen Bedeutung für das Allgemeinwohl sowie für den Schutz von Eigentum, Ehre und Freiheit der Bürger gesetzlich zu regeln war. Dazu gehörten die größeren Kantone wie Zürich, Luzern oder Bern, wo eine vom Landbürgertum arg bedrohte stadtbürgerlich-patrizische Oberschicht in herrschaftskonservativer Absicht die Institutionen und das Recht ganz ähnlich wie in Deutschland modernisierte und dabei auch den Zugang zum Anwaltsberuf stärker von der Leistung abhängig machte. Zu dieser Gruppe rechneten ferner die vom alten bernischen Herrschaftsbereich abgespaltenen neuen Kantone wie der Aargau und die Waadt, in denen kleinstädtische und

[16] L. Russo, La nuova Italia, in: Storia dell' Università di Napoli, Neapel o.J., S. 589–738; Atti del primo congresso giuridico italiano, Rom 1872; Il foro napoletano nei suoi maggiori. Discorsi di L. Landolfi e altri, Neapel 1926.

[17] P. Macry, Notables, professions libérales, employés. La difficile identité des bourgeoisies italiennes dans la deuxième moitié du XIXe siècle, in: Mélanges de l'École Française de Rome 97, 1985, S. 341–59; L. Musella, Clientélisme politique et rapport entre pouvoir local et système parlamentaire dans le sud de l'Italie continentale à la fin du XIXe siècle, ebd., S. 431–40.

[18] Vgl. zum Folgenden den Überblick in Siegrist, Gebremste Professionalisierung (mit weiterführender Literatur).

agrarische bürgerliche Honoratioren meritokratische Legitimationsprinzipien hochhielten. Schließlich ist auch das erst 1815 zur Schweiz stoßende Genf dazu zu zählen, wo die reformierte französische Advokaturgesetzgebung aus den Jahren 1804 und 1810/11 noch einige Jahrzehnte fortbestand.

Zur zweiten Gruppe rechneten vorerst all die kleineren Kantone, in denen angesichts der zahlenmäßig geringen Bedeutung des Advokatenberufs keine Regulierung nötig war. Hier waren die Arbeitsteilung und die Verberuflichung anwaltlicher Tätigkeiten noch unentwickelt. Einer Modernisierung standen nicht zuletzt traditionelle Vorstellungen über die Rolle der Laien und der herrschenden Schicht in Rechtsprechung, Gesetzgebung und Machtausübung entgegen, die sich auch in einigen etwas größeren Kantonen erhielten. Noch um die Wende zum 20. Jahrhundert galt beispielsweise im Kanton Graubünden, daß »jeder handlungsfähige Schweizerbürger zur Verbeiständung von Rechtsparteien in Civilprozessen und zur Führung von Anklagen und Verteidigungen in Strafprozessen befugt« sei. »Die Betreibung und der Umfang der Geschäfte eines Advokaten hängen lediglich vom Zutrauen ab, das er beim Publikum genießt. Eine Prüfung oder gesetzliche Requisite, um zur Advokatur zugelassen zu werden, bestehen nicht.« Ein Bericht über den Kanton weist denn auch darauf hin, daß »neben einer [illegible]haften Zahl wissenschaftlich gebildeter Advokaten« auch eine »ziemliche Anzahl Autodidakten« die Advokatur betreibe[19]. Zu dieser Gruppe wechselten aus liberalen oder radikal-demokratischen Motiven zeitweise auch größere Kantone über, wie Genf (Ende der 1840er Jahre) und Zürich (1870er Jahre). In Luzern dagegen war es eine populistisch-konservative Bewegung, die in den 1840er Jahren jedermann den Zugang zur Advokatur freigab. Diese drei Kantone kehrten nach zwei bis drei Jahrzehnten wieder zur Regulierung der Advokatur als wissenschaftlicher Berufsart zurück. Die Beispiele zeigen, welch unterschiedliche Bedeutung zuerst die stadtbürgerlich-patrizischen Regierungen, später das moderne, umfassendere Bürgertum dem rechtlichen Wissen und dem Rechtsexperten zumaßen.

In bezug auf die Systematisierung des Rechts hinkte die Schweiz im 19. Jahrhundert insgesamt den Nachbarländern

[19] F. Schlatter, Neuer Rechtskalender der Schweizerischen Eidgenossenschaft. Dritte Neubearbeitung, Zürich 1895, S. 369.

kaum mehr hinterher[20]. Es hielt sich aber stärker die Auffassung, daß Gesetze und Rechtsprechung »volkstümlich«, d.h. auch dem Laien und Bürger verständlich sein müßten. Weil die Besetzung der Richterstellen durch politische Wahlen erfolgte, behielten die Laien ihre Stellung in der Judikatur. Der Typ des juristisch gebildeten Richters war selten, oft handelte es sich um ehemalige Advokaten, die sich nicht nur juristisch-fachlich, sondern auch politisch und sozial legitimieren mußten, um zum Richter gewählt zu werden.

Ähnlich wie in Italien war der schweizerische Jurist in bezug auf Ausbildung und Selbstwahrnehmung Advokat. Sein Wissen erwarb er zunehmend an Schweizer Universitäten, die nach den liberalen Umwälzungen ausgebaut worden waren, damit sich das bisher unterprivilegierte Landbürgertum für neue oder nun zugängliche Elitepositionen qualifizieren konnte[21]. Sowohl die Absolventen schweizerischer Universitäten als auch die zahlreichen Schweizer, die in Deutschland, Frankreich und bisweilen in Italien studiert hatten, verbreiteten ein Bild des wissenschaftlich qualifizierten Rechtsexperten, das im Verlauf des 19. Jahrhunderts allmählich Anerkennung fand.

Zur Berufseinführung des Advokaten gehörte schließlich eine kürzere praktische Tätigkeit bei einem Advokaten oder Gericht. Über die Zugehörigkeit aktiver oder ehemaliger Advokaten zur juristischen Professorenschaft, zu Prüfungskommissionen, Gerichten und politischen Behörden waren die schweizerischen Advokaten fest in das System der Produktion und Reproduktion juristischen Wissens eingebunden. Sie glichen diesbezüglich viel mehr ihren italienischen Kollegen als den deutschen.

Während die aus dem beruflichen Wissen abgeleitete soziale Differenzierung der Juristen in Bürgertum und Gesellschaft auf einer meritokratischen Grundlage beruhte, so läßt sich dies für soziale Distanzierungen, die aus humanistischer Allgemeinbildung resultierten, nicht so leicht behaupten. In Italien und Deutschland, lange etwas weniger in der Schweiz, bildete die humanistische oder klassische Bildung die Voraussetzung des Rechtsstudiums. Auf ihr beruhte in Italien auch die Advokatenrhetorik. Mit dem Verweis auf diese Bildung legitimierte sich

[20] Handbuch der Quellen und Literatur der neueren europäischen Privatrechtsgeschichte, 3. Bd.: Das 19. Jahrhundert, hg. v. H. Coing, München 1986.

[21] Elsner, Rechtsschulen.

eine *borghesia umanistica*[22], ein klassisch gebildetes Bürgertum, gegenüber Aristokraten (soweit nicht auch gebildet), Kaufleuten, Händlern und Gewerbetreibenden, mit denen eine gewisse Statuskonkurrenz bestand. Vor allem setzten sich die Gebildeten als Besitzer kulturellen Kapitals von der Masse der ungebildeten ehemaligen Volksschüler und Analphabeten ab, die hier viel größer war als in Deutschland und der Schweiz. Auch in Deutschland gewann diese Unterscheidung an Bedeutung, vorübergehend selbst innerhalb des Bürgertums, das den Unterschied zwischen klassischer und eher technisch-praktischer Bildung sozial stilisierte. In der Schweiz, wo je nach Region Kaufleute, Industrielle, patrizische Herren, Bauern oder Freiberufler das Bild des Bürgers prägten, bot ein derartiger Bildungsunterschied erst seit der Mitte des 19. Jahrhunderts zunehmend eine Basis für soziale Distanzierungen. Noch Mitte des 19. Jahrhunderts hatte die Berner Universität darauf verzichtet, den Zugang zum Rechtsstudium von der Absolvierung eines Gymnasiums abhängig zu machen.

Was auch immer höheres berufliches Wissen in den einzelnen Ländern und Perioden bedeutete, es begründete in jedem Fall eine besondere politische und soziale Stellung. Allerdings in unterschiedlicher Weise: Die preußischen Advokaten (Justizkommissare) des frühen 19. Jahrhunderts waren – als »Eximierte« – von der städtischen Selbstverwaltung ausgeschlossen. Sie unterschieden sich dadurch von den Handel oder Gewerbe treibenden Bürgern. Aufgrund von ständischen Wahlordnungen und Zensusbestimmungen konnten sie auch den Provinziallandtagen nicht angehören[23]. Wenn in Bayern ausnahmsweise ein Advokat (der Grundbesitzer war oder eine Stadt vertrat) in die Ständeversammlung gewählt wurde, reklamierte der König das Recht zu entscheiden, ob der Gewählte als »Staatsdiener« (nicht Beamter) sich für längere Zeit von seinem Wohnort entfernen dürfe. Während in diesen großen Staaten die Advokaten von der politischen Macht – die ohnehin kaum bei den Quasi-Parlamenten lag – ausgeschlossen waren, galt dies weniger für die kleineren konstitutionellen Staaten wie

[22] R. Romanelli, L'Italia liberale (1861–1900), Bologna 1979, S. 59–64.

[23] R. Koselleck, Preußen zwischen Reform und Revolution. Allgemeines Landrecht, Verwaltung und soziale Bewegung von 1791 bis 1848, Stuttgart 1967; P. M. Ehrle, Volksvertretung im Vormärz. Studien zu Zusammensetzung, Wahl und Funktion der deutschen Landtage im Spannungsfeld zwischen monarchischem Prinzip und ständischer Repräsentation, Frankfurt 1979.

Baden oder Württemberg, wo Advokaten im Jahrzehnt vor 1848 als Abgeordnete aktiv wurden.

In Italien (soweit Vertretungskörperschaften bestanden[24]) sowie in der Schweiz gab es in der ersten Hälfte des 19. Jahrhundert (neben Resten von geburtsständischen Privilegien) einige Einschränkungen, die den Besitz vor der Bildung privilegierten. Insgesamt galten aber, verglichen mit Deutschland, Bildung und Beruf in Italien und der Schweiz stärker als Wahlzensus. Der knappe Überblick macht deutlich, daß der Vergleich nicht einfach zwischen den (späteren) Nationalstaaten und den dort bestehenden Mehrheitstendenzen anzustellen ist, sondern zwischen den kleineren vor-nationalen Staaten. Dann ergibt sich, daß etwa die Badener Advokaten eher mit den Zürchern in eine Gruppe gehörten als mit den preußischen. Die bayerischen waren eher den lombardischen vergleichbar, die Genfer am ehesten den Advokaten der deutschen Hansestädte. Der Ausschluß von Teilen der Advokatenschaft von der Macht in den ersten Jahrzehnten des 19. Jahrhunderts erklärt partiell jenes immer wieder hervorgehobene Engagement in den politisch-liberalen Strömungen und bürgerlichen Bewegungen.

In der zweiten Hälfte des 19. Jahrhunderts fielen die Wahlzensusschranken, oder die Advokaten lagen in allen Ländern, wenn nicht ohnehin in bezug auf den Besitz, so doch aufgrund ihres Ausbildungsniveaus (so im geeinigten Italien), über den Minimalerfordernissen. Reste von auch Anwälte treffenden restriktiven politischen Partizipationschancen bestanden in Preußen mit dem Drei-Klassen-Wahlrecht: In Köln zum Beispiel gehörte zu Beginn des 20. Jahrhunderts nur eine kleine Minderheit der Rechtsanwälte zur ersten Klasse der Wähler, die große Mehrheit zur zweiten[25]. Dies unterschied sie zwar vom Großbürgertum, immerhin aber nicht von der Mehrheit derjenigen, die sich als bürgerlich verstanden.

Größer blieben die Unterschiede zwischen den Ländern, was die Wahrnehmung politischer Führungsfunktionen durch Advokaten betrifft. Während zuerst in der Schweiz, ab den 1860er Jahren auch in Italien, eine beträchtliche Zahl von Mit-

[24] F. Brancato, Le classi sociali in Sicilia alla vigilia della rivoluzione del 1860, in: Nuovi quaderni del meridione 15, 1977, S. 392–412.

[25] Namentliches Verzeichnis derjenigen Wähler der I. und II. Abteilung, welche bei den Stadtverordnetenwahlen 1902 gewählt ... haben, hg. v. Nationalliberalen Verein, Köln 1902.

gliedern der nationalen[26] oder kantonalen Exekutivorgane (Minister, Berufspolitiker) aus der Advokatenschaft stammte, standen die deutschen Rechtsanwälte bis 1918 mit leeren Händen da. Etwas weniger krass war der Unterschied der Advokatenvertretung in den Parlamenten, aber auch hier standen die deutschen Rechtsanwälte vergleichsweise am ungünstigsten da. Die italienischen Advokaten waren stark auf dem Vormarsch, sie stellten bald mehr Politiker als die Schweizer Rechtsanwälte. Gemeinsamkeiten zwischen den drei Ländern lassen sich am ehesten auf städtisch-kommunalem Niveau feststellen. Neu war, daß nun auch die deutschen Rechtsanwälte außerhalb der Hansestädte oder Frankfurts verstärkt in die lokalen Selbstverwaltungsorgane strömten. Die Advokaten gehörten überall in Europa zu den disponiblen Berufen, die bei Bedarf in verschiedensten Planungs- und Leitungsfunktionen einsatzbereit waren, wenn der Zustrom aus traditionellen Eliten ungenügend blieb, oder wenn diese wegen kultureller, wirtschaftlicher oder politischer Umbrüche an Prestige verloren hatten.

Ein politisches Amt steigerte zwar in diffuser Weise das politische und soziale Kapital des Anwaltes. Offen blieb dabei die Frage, wem die Loyalität des Amtsträgers galt: der sozial heterogenen Kollegenschar, den Milieus, Regionen, Interessen, Parteien oder politischen Klientelen, dem »Allgemeinwohl«, den Rechtsprinzipien oder der Nation? Insgesamt zeigt sich, daß Advokaten in der Politik eher Interessenvermittler waren als Vertreter ihrer eigenen Berufsgruppe. Gerade in Italien und in der Schweiz, wo Advokaten besonders stark in der Politik vertreten waren, hielten sie sich zurück, wenn es darum ging, der eigenen Profession gesetzgeberisch offensichtliche Vorteile zu verschaffen. Sie fürchteten, als Angehörige einer kleinen Berufsgruppe, die besonderen Legitimationsforderungen ausgesetzt war, das stets vorhandene Mißtrauen gegen »den Advokaten«, der die Verhältnisse zu seinen Gunsten ausnutzt.

Tätigkeiten und Arbeitsmärkte im Wandel

Der Ausbau der bürgerlichen Gesellschaften brachte den Advokaten neue Tätigkeiten und Dienstleistungsmärkte. Dies war es, was dem Beruf im 19. Jahrhundert seine Attraktivität und (in

[26] P. Farneti, Sistema politico e società civile, Turin 1971; E. Gruner (Hg.), Die schweizerische Bundesversammlung 1848–1920, 2 Bde, Bern 1966.

manchen Ländern) jene Erfolgsaura verlieh, die ihn zusammen mit dem Unternehmer zu einem typisch »bürgerlichen« Beruf werden ließ. Einen Teil der Nachfrage schufen sich die Advokaten selber, indem sie ein wachsendes zahlungsfähiges Publikum davon überzeugten, daß die Schwierigkeit und Kompliziertheit der Rechtsvorschriften die Heranziehung eines Experten erfordere. Staaten mit Anwaltszwang garantierten vielen deutschen und einem Teil der italienischen Anwälte weitere Nachfrage. Und schließlich bildeten sich neue Bedürfnisse heraus, die die Nachfrage qualitativ und quantitativ veränderten.

Einen ersten Nachfrageschub brachten bis Mitte des 19. Jahrhunderts all jene Vorgänge, die sich unter dem Begriff Entfeudalisierung zusammenfassen lassen. Advokaten wurden zur Erstellung von Inventaren und Verträgen wie für privatrechtliche Streitigkeiten über die Lastenablösung vor Gericht herangezogen. Bisweilen bot sich ihnen eine Rolle als Treuhänder oder Verwalter bei einem Adligen. Andere wirkten bei den Feudalablösungen als Kreditgeber oder Geldvermittler der Bauern mit. Auf diesem riesigen Markt eröffneten sich ihnen gute Verdienstchancen, manchmal auch Möglichkeiten, sich unter Ausnutzung der Informationslage selbst in den Besitz von Immobilien zu bringen[27].

Einen zweiten Nachfrageschub brachten – je nach Region früher oder später im 19. Jahrhundert – der Aufschwung von Gewerbe und Handel, der Ausbau des Verkehrs- und Transportwesens sowie die Expansion von Versicherungen und Banken. Als Syndici oder Aufsichtsräte von Eisenbahn- oder Dampfschiffahrtsgesellschaften, von Sparkassen, Banken und Versicherungsgesellschaften traten Anwälte vermehrt in neue unternehmerische Arbeitsfelder ein. In der differenzierten Leitung von mittleren und großen Aktiengesellschaften, bei der Regulierung von Unternehmenszusammenschlüssen sowie bei der Liquidation in Konkurs gegangener Firmen boten sich ihnen gegen Ende des 19. Jahrhunderts neue Tätigkeiten an. Allgemein läßt sich feststellen, daß die Advokaten über wirtschaftsnahe Tätigkeiten zuerst in die Funktions- und Beziehungsfelder jenes Bürgertums eintraten, das mit Geld, Immobilien oder Transport zu tun hatte. Mit Industriellen kamen sie erst später in engeren Kontakt, weil der Übergang zur Aktien-

[27] So z. B. schon bei der Säkularisierung von Kirchengütern in der napoleonischen Zeit: P. Notario, La vendita dei beni nazionali in Piemonte nel periodo napoleonico (1800–1814), Mailand 1980, S. 254–67.

gesellschaft mit ihren differenzierten Leitungsgremien in der produzierenden Industrie vergleichsweise später erfolgte.

Der Vergleich zwischen den Ländern fällt schwer, da es sich bei der Wirtschaftsentwicklung um regionenspezifische Erscheinungen handelte. In allen europäischen Regionen gelang es nur einer Minderheit, in nebenberufliche unternehmerische Leitungs- oder Planungsfunktionen zu gelangen. Diese Minderheit war dort stärker, wo Familienunternehmen weniger Gewicht hatten, wo Mangel an unternehmerischen Kadern bestand, und wo Advokaten über politischen Einfluß verfügten, so daß etwa der Advokat im Aufsichtsrat nicht nur als Rechtsexperte, sondern auch als Vermittler in politischen Entscheidungsprozessen nützlich sein konnte. Man findet diesen Typ des Wirtschaftsanwalts sowohl in Florenz als auch in Mannheim und Köln. Während er in einer mittleren bayerischen Gewerbe- und Handelsstadt wie Landshut fehlte, gab es ihn in vergleichbaren Schweizer Städten.

Die Nachfrage auf den Dienstleistungsmärkten der Advokaten wuchs nicht ohne Rückschläge und Unsicherheiten: Bis zur Mitte des 19. Jahrhunderts hatten Rechtsanwälte öfter feste Abkommen mit Adelsherren, Kirchen, Stiftungen und Städten gehabt, für die sie als Syndici arbeiteten. Dieser Markt schrumpfte hernach zwar nicht unbedingt absolut, aber mit dem Ausbau von privaten und öffentlichen Verwaltungen wurde er, bei wachsender Zahl der Advokaten, relativ enger. Gleichzeitig verschwand immer mehr die Möglichkeit, daß Advokaten nebenamtlich Ämter als Patrimonialrichter oder Ersatzrichter einnehmen konnten, da nun die Rechtspflege bis hinab auf die unteren Ränge mit Beamten besetzt wurde. Am raschesten zeichnete sich der Verlust solcher Arbeitsmärkte im sich durchgreifend bürokratisierenden Deutschland ab. In Preußen behielten die Advokaten immerhin das Recht, die Rechtsanwaltschaft mit dem Notariat zu verbinden[28], was sie allerdings in größerer Abhängigkeit von staatlichen Kontrollen hielt. Anderswo galten diese Berufe als unvereinbar. Das Notariat war in vielen Gebieten Europas eine relativ einkommenssichere und nicht allzu anstrengende berufliche Altersposition ehemaliger Advokaten.

[28] Dies war auch in wenigen Schweizer Kantonen der Fall. Es läßt sich also nicht leicht behaupten, daß der preußisch-schweizerische Unterschied darauf zurückzuführen wäre.

Während die durch ein Notariat ergänzte Rechtsanwaltschaft etwa in Preußen stärker zum Vollberuf wurde, blieb die Advokatur in der Schweiz bis ins frühe 20. Jahrhundert ein bloßer Kernberuf, vereinbar mit vielerlei Nebentätigkeiten. Dies läßt sich mit der vergleichsweise geringen Bürokratisierung in der Schweiz erklären. Dadurch wurde das Aufkommen berufsständischer, professionalistischer Ideologien behindert. In Italien schließlich kombinierten die Advokaten ihre berufliche Tätigkeit seit 1874 (dem Inkrafttreten der neuen Advokaten-Ordnung) häufiger mit der Prokuratur. In der Schweiz und in Deutschland war diese ältere Zweiteilung des Berufs in den *Anwalt* (Prokurator), der als Rechtsvertreter die Schriften einreicht und Termine wahrnimmt, und den beratenden und plädierenden *Advokaten* schon länger in einem Beruf vereint. Oder die beiden Berufsrollen waren kumulierbar, wie etwa in Rheinpreußen.

Wenn Rückgänge auf dem juristischen Arbeitsmarkt mit allgemeinen wirtschaftlichen Krisen zusammenfielen, befanden sich die Advokaten in der gleichen Lage wie Industrielle, Kaufleute und Handwerker. Andere Krisen waren durch starken Zugang bürgerlicher und kleinbürgerlicher Söhne in den Erfolg versprechenden Juristenberuf bedingt; sie wirkten sich nur auf dem Arbeitsmarkt der Juristen aus. Unter den Bedingungen einer restriktiven staatlichen Personalpolitik spitzten sie sich in Deutschland und bisweilen in Italien wiederholt zu[29]. In Italien, vor allem im Süden, war die Beschäftigungskrise für Juristen seit den letzten Jahrzehnten des 19. Jahrhunderts wegen des Mangels an alternativen »bürgerlichen« Berufskarrieren ohnehin endemisch. In der Schweiz, wo die Advokatendichte keineswegs geringer war, gab es derartige Krisen im 19. Jahrhundert kaum. Die Krisen behoben sich dort am leichtesten, wo staatliche Regulierungen oder ständisch-ethische Exklusivitätsvorstellungen die Suche nach neuen Tätigkeitsfeldern wenig behinderten; und zweitens dort, wo institutioneller Wandel mehr Juristen erforderte und eine expandierende Wirtschaft gleichzeitig andere Berufe attraktiv werden ließ. Entscheidend

[29] T. Kolbeck, Juristenschwemmen. Untersuchungen über den juristischen Arbeitsmarkt im 19. und 20. Jahrhundert, Frankfurt 1978; D. K. Müller u.a., Modellentwicklung zur Analyse von Krisenphasen im Verhältnis von Schulsystem und staatlichem Beschäftigungssystem, in: U. Herrmann (Hg.), Historische Pädagogik, Weinheim 1977, S. 39–77; M. Barbagli, Disoccupazione intellettuale e sistema scolastico in Italia, Bologna 1974.

war in jedem Fall die Bereitschaft der Advokaten, sich als Unternehmer innovativ um die Erschließung neuer Tätigkeitsfelder zu bemühen. Staatliche oder professionalistische Abschließungsstrategien beeinflußten die Verhältnisse höchstens vorübergehend günstig.

Die staatlichen Regulierungen des Rechtsanwaltsberufs betrafen ohnehin in erster Linie die Tätigkeit als Gerichtsanwalt, aus der längst nicht alle Advokaten ihr Haupteinkommen bezogen. Die staatlichen Markt- und Wettbewerbseinschränkungen sollten ursprünglich den Rechtsanwälten eine standesgemäße bürgerliche »Nahrung« verschaffen, damit sie nicht in Versuchung kämen, unstatthafte Geschäfte anzunehmen oder den Klienten durch undurchschaubare Methoden der »Prozeßverschleppung« zu schröpfen. Diese Maßnahmen gehörten zum System eines staatlich geordneten Numerus clausus bei der Berufszulassung, wie er in Preußen und Bayern bis 1878, in einigen schweizerischen Kantonen bis zur Jahrhundertmitte und in Italien für die Prokuratoren bis etwa 1860 üblich war. In allen drei Ländern stieß das System der Bewirtschaftung von Märkten und Wissen auf liberal argumentierende Gegner aus der Advokatur und aus dem Bürgertum, die sich schließlich in der Tendenz durchsetzten. In der Folge zeigte sich bei den Advokaten dasselbe ambivalente Verhältnis zur Gewerbefreiheit und Marktabschließung wie bei Handwerksmeistern und Industriellen.

»Freie Advokatur« bedeutete in Deutschland und den meisten europäischen Ländern, daß frei praktizieren konnte, wer die fachlichen und moralischen Voraussetzungen erfüllte, die der Gesetzgeber verlangte. Während die kaufmännischen und die meisten gewerblichen Berufe im Verlauf des 19. Jahrhunderts völlig freigegeben wurden, zögerten die meisten europäischen Länder, die wissenschaftlichen Berufsarten ganz in die Gewerbefreiheit zu entlassen. (Ein paar Schweizer Kantone bildeten die Ausnahme!) Denn damit rührte man an alte Vorstellungen über die Rolle des Staates oder der herrschenden Eliten in der Kontrolle zentraler gesellschaftlicher Werte wie Recht und Gesundheit. Auch in den Berufsgruppen selbst erhielten sich Vorstellungen von einer beruflichen und wissensmäßigen Sonderstellung, die als Begründung für die Forderung nach beruflicher Privilegierung und professionalistischer Autonomie dienen konnten. Hier war viel Ideologie im Spiel, die sich mit den neuen Entwicklungstendenzen nicht leicht vereinbaren ließ. Faktisch bewegte sich die Wirklichkeit auf die »freie Advokatur« zu, wenn auch nicht ohne Einschränkungen.

Vor diesem Hintergrund muß beispielsweise die ambivalente Einstellung der deutschen Rechtsanwälte zum Verhältnis von Rechtsberuf und wirtschaftlicher Tätigkeit interpretiert werden. Öffentlich deklamierte traditionalistische Anwaltsethiken mochten den Advokaten als uneigennützigen Priester des Rechts, der Rechtlichkeit und des Allgemeinwohls stilisieren und eine auf den unternehmerischen Erwerb gerichtete, an Profitmotiven orientierte wirtschaftliche Nebentätigkeit (die zur Haupteinnahmequelle werden konnte) ignorieren oder gar verpönen. Trotzdem galten erfolgreiche Advokaten mit Wirtschaftspraxis und Aufsichtsratsmandaten als hochangesehene Mitglieder des »Standes«. Die Ehrengerichtsrechtsprechung entwickelte dafür in den Jahrzehnten vor dem Ersten Weltkrieg einen ethischen Kompromiß: Wirtschaftliche und wirtschaftsnahe Tätigkeit störte die »Ehre und Würde« des Rechtsanwaltsstandes nicht, solange sie nicht zu starken persönlichen Abhängigkeiten führte, solange es sich also um eine selbständige, bürgerliche und sittlich einwandfreie Funktion handelte. Dies galt für Positionen vom Aufsichtsrat bis zum Prokuristen, nicht aber für Angestellte. Die nebenamtliche Führung einer Gastwirtschaft war schon gar nicht standesgemäß[30]. Solche Maßstäbe spiegelten soziale Unterscheidungen im Bürgertum wider, dem sich die Rechtsanwälte aufgrund von Wissen, Beruf und Stellung zurechneten. Die italienische und schweizerische Advokatenethik war diesbezüglich weniger eng und verbindlich, vermutlich weil der Bürgertums-Begriff weniger eng war. In der Schweiz bestanden überdies kaum berufsständische Ehrengerichte, die derartiges hätten sanktionieren können.

Die wirtschaftliche Zugehörigkeit zum Bürgertum fand für eine starke Minderheit von Advokaten aller drei Länder eine weitere Begründung in der Tatsache, daß Rechtsanwälte ihr Vermögen in Hypotheken, Pfandbriefen, Eisenbahn- und Schiffsaktien sowie, später, Bankobligationen und Industriewerten anlegten. Selbst in Fällen, wo dies nur eine Form des Sparens für Alter und Krankheit war, begründete diese ökonomische Investitionsstrategie eine Affinität mit den Interessen der Besitzenden. Im übrigen war der Rechtsanwalt in seinem

[30] M. Rumpf, Anwalt und Anwaltstand. Eine rechtswissenschaftliche und rechtssoziologische Untersuchung, Leipzig 1926.

engeren Beruf auch ein Stück weit Unternehmer, dessen ökonomisches und kulturelles Kapital sichtbar in Praxiseinrichtung und Bibliotheken investiert war. Manche waren zudem Arbeitgeber, indem sie etwa Schreib- und Botenpersonal, bisweilen auch noch nicht zu Associés aufgestiegene Advokaten beschäftigten.

Besitz, Einkommen und Lebensführung

Das alte obrigkeitsstaatliche System der *geschlossenen Anwaltschaft* hatte dem Rechtsanwalt ein »standesgemäßes« Einkommen als Entgelt für treue Pflichtleistung in Aussicht gestellt. Die tatsächliche materielle Lage hing dann aber davon ab, ob die verliehene Advokatenstelle in einer reichen Handels- und Gewerbestadt lag oder in einem Agrarstädtchen ohne viel Rechts- und Justizbetrieb. Der Preis, den die preußischen oder bayerischen Advokaten damals für ein im Verhältnis zu den Richtern gutes Einkommen bezahlten, bestand in einer längeren Wartezeit für junge Advokatur-Anwärter, die immerhin als angestellte Advokaten (Konzipienten) etwa soviel verdienten wie ein erfahrener, qualifizierter kaufmännischer Angestellter. Die berufliche Karriere und der Aufstieg in der Einkommenshierarchie waren in diesem System stark institutionalisiert und staatlich fremdbestimmt.

In den verschiedenen Systemen der *freien Advokatur* waren die Einkommenschancen im weitesten zwar durch die staatlichen Gebührenordnungen und Grundsätze der Honorargestaltung bedingt. Doch es lag stärker am einzelnen, was er mit den Verhältnissen anfing. Hier streuten die Einkommen nach oben und nach unten stärker. So wichtig die regelmäßig geführten Kämpfe der Advokaten um bessere Gebührenordnungen für ihre kollektive Mobilisierung und Organisierung sein mochten, so hielt sich doch der Einfluß der Tarifnormen auf das Einkommen in Grenzen. Sowohl im offenen als auch im geschlossenen System waren die Advokateneinkommen strukturellen Veränderungen auf der Nachfrageseite und konjunkturellen Einflüssen ausgesetzt, so daß auch deswegen die Einkommenslage variierte. Schließlich bestand ein gewisser Zusammenhang zwischen Alter und Einkommen, der nur unter günstigen wirtschaftlichen Bedingungen oder bei besten Fähigkeiten oder sozialen Beziehungen außer Kraft gesetzt wurde: In den ersten Berufsjahren des Praxisaufbaus verdiente man mäßig; danach für zwei bis drei Jahrzehnte gut bis sehr gut; im Alter weniger, außer man hatte stabile Einkünfte als Treuhänder, Aufsichtsrat, Syndikus usw., denen man nicht täglich hinterher rennen mußte. Anwälte, die in Armut starben, waren selten, aber es gab sie.

Die Einkommenskurve im Lebensverlauf blieb nicht ohne Folgen für die kollektive Einkommensstruktur, die immer dann ungünstig aussah, wenn starke jüngere Altersgruppen in die Anwaltschaft strömten. Dies war in Deutschland und Italien seit den 1880er Jahren wiederholt der Fall, in allen Ländern aber besonders nach dem Ersten Weltkrieg. Dann sahen sich die Anwaltsorganisationen veranlaßt, vor dem Absinken der Advokaten in die Nicht-Bürgerlichkeit und den daraus resultierenden möglichen Gefahren für Berufsethos und Allgemeinwohl zu warnen. Zusammenfassend läßt sich festhalten, daß die Anwaltschaft dem Einkommen nach in allen Regionen stets bürgerlich bis kleinbürgerlich war. Großbürgerliche Verhältnisse waren seltener. Manch einer erreichte aber ein mittleres oder gar höheres bürgerliches Einkommensniveau, das dem höherer Beamter oder mittlerer selbständiger Kaufleute und kleiner Unternehmer nicht nachstand.

Vielfach wohnten die vornehmlich städtischen Advokaten in einem eigenen Haus oder einer großen Wohnung mit zahlreichen Wohn- und Geschäftsräumen. Die Advokatenhäuser lagen bis gegen Ende des 19. Jahrhunderts mehrheitlich in der Altstadt, vorzugsweise in der Nähe der Gerichte und Ämter. Mit der Stadtexpansion gegen Ende des 19. Jahrhunderts zogen einige, den Geschäften folgend, in die neuen Vorortquartiere. Eine Minderheit siedelte sich in Villenvierteln an, behielt aber die Praxis im Stadtkern, der sich langsam zur City wandelte. Bürgerlicher Lebensstil, den Advokaten pflegten oder zu pflegen versuchten, bedeutete auch, Dienstboten zu beschäftigen. Wenn Advokaten Pferd und Kutsche hielten, war dies nicht bloß ein Statussymbol, sondern gerade in ländlicheren Gebieten auch als Verkehrsmittel notwendig.

Das Einkommen reichte, manchmal allerdings nur unter Rückgriff auf die Mitgift der Frau oder auf ein Erbe, für eine materiell aufwendige Ausbildung der Söhne und eine standesgemäße Mitgift der Töchter, die durch ihre Heirat keinen Statusverlust erleiden sollten. Manche Rechtsanwälte erlaubten sich schon früh, für einige Wochen in die Ferien oder zur Kur zu fahren. Sie zählten so zu dem gemischten aristokratisch-bürgerlichen Publikum der entstehenden Fremdenverkehrsindustrie.

In allen drei Ländern findet sich schließlich eine (langfristig allerdings abnehmende) Minderheit, die Kultur nicht nur konsumierte oder aus geselligen Gründen genoß, sondern selbst machte. Dies war nicht nur eine Frage der Bildung, sondern auch der Verfügung über Zeit. Es waren oft jüngere und weniger beschäftigte Advokaten, die sich künstlerisch betätigten. Und es erstaunt nicht, daß die Advokatenschaft ein Rekrutierungsfeld für vollberufliche Schriftsteller und Künstler wurde. Schließlich engagierten sich Advokaten immer wieder in den Vorständen privater und städtischer Theater und Opernhäuser. Während das letztere auch bei Wirtschaftsbürgern üblich und legitim war, konnte zu viel eigener künstlerischer Eifer den Advokaten bei den Unternehmern suspekt machen. Der Genfer Geschäftsanwalt David Moriaud (1833–1898) etwa, der romantische Gedichte schrieb, die vertont und in Genfer Salons aufgeführt wurden, verheimlichte seine Kunst, weil er befürchtete, seine Klienten hielten sie mit den ernsten Geschäften für unvereinbar[31].

Die Zugehörigkeit zu denen, die etwas hatten und sich etwas leisten konnten, war vielfach abgestützt durch die Herkunft. Eine längere einkommenslose Ausbildung war nur bei materiellen Ressourcen der Eltern möglich. Dies gilt vielleicht am wenigsten für die Schweiz, wo sich Schreiber und Notariatsgehilfen bisweilen über ein neben der Arbeit laufendes Studium qualifizierten, oder wo in einigen Kantonen kein formales Studium vorgeschrieben war, so daß auch erfahrene Laienrichter in die Anwaltschaft überwechseln konnten.

Soziale Ressourcen und Kompetenzen

Die Rechtsanwaltschaft erfordert als Kontakt- und Vermittlungsberuf soziales Kapital, das Vertrauen und sozialen Kredit stiftet. Professionalisierungstheorien nehmen an, daß das höhere Wissen, die fachliche Kompetenz und die uneigennützige Einstellung Vertrauen des Klienten gegenüber dem Experten begründen[32]. Der Klient und die Öffentlichkeit anerkenne die Überlegenheit des Experten, und die Allgemeinheit übertrage die Kompetenz für berufsbezogene Fragen den autonomen Organisationen der Profession. In Gesellschaften, die im

[31] Nekrolog David Moriaud, in: Journal de Genève, 16. 3. 1898.

[32] T. Parsons, Art. ›Professions‹, in: International Encyclopedia of the Social Sciences, Bd. 12, 1968, S. 536–47.

19. Jahrhundert erst zusammenwuchsen und in denen das (bürgerliche) Wertsystem sehr viel weniger stabilisiert war als in heutigen Mittelklassengesellschaften, war das Problem der Vertrauensübertragung und des sozialen Kredits allerdings schwieriger. Hier schritt auf dem europäischen Kontinent zunächst vor allem der Staat ein, der mit seinem Berechtigungswesen und der Kontrolle der Advokatur das soziale Kapital des Advokaten neu dotierte. Bayerische Advokaten hielten dem schon 1827 entgegen, dies allein genüge nicht; der Advokat müsse sich vielmehr seinen »Kredit« im sozialen Umfeld selbst erwerben[33]. Aus der Perspektive der Forschung über Bürgertum und bürgerliche Gesellschaft müßte die These daher lauten, daß der soziale Kredit durch die Zugehörigkeit zu bestimmten sozialen Schichten und Milieus sowie zu Vereinen, Parteien und rechtlich-politischen Statusgruppen bestimmt war. Das soziale Kapital gründete auf der Einbindung in soziale Beziehungen, die im folgenden zu skizzieren sind[34]. Nach der Herkunft stammten die Advokaten aus bürgerlichen oder kleinbürgerlichen Schichten. In Italien war auch eine Herkunft aus jüngeren Adelsfamilien oder stadtpatrizischen Geschlechtern möglich. In der Schweiz und ausnahmsweise in Deutschland finden sich unter den Advokaten immer wieder Söhne aus (ehemaligen) stadtpatrizischen Familien. Für diesen Stand war die Advokatur eine Alternative, wenn die alten Eliten ihre Vorrechte auf Macht- und Herrschaftspositionen verloren hatten. In Deutschland waren Adelssöhne in der Advokatur selten zu finden, da sie als nicht standesgemäß galt.

Eine Minderheit der Rechtsanwälte stammte in allen drei Ländern aus reicheren Bankiers-, Kaufmanns- und (erst später) Industriellenfamilien, deren Söhne sich auf verschiedene Tätigkeiten in Wirtschaft und freien Berufen verteilten. Die stärksten Gruppen rekrutierten sich aus den Kreisen der Beamten sowie der Kaufleute, größeren Händler und Gewerbetreibenden. Während Arbeitersöhne kaum Advokaten wurden, kam dies bei Bauernsöhnen vor allem in solchen Gegenden vor, wo es eine Schicht mittlerer und größerer Bauern gab, die als Besitzer

[33] Dr. Meinel, Die Rechte der Advocaten, in: Versuch einer Revision des Advocatenwesens, 1827–1831. Vorschläge und Gutachten der Mitglieder des Advocatenstandes (Bayerisches Hauptstaatsarchiv M Ju 12792).

[34] Das Folgende beruht auf noch unveröffentlichten eigenen kollektivbiographischen Forschungen über die Advokaten in deutschen, schweizerischen und italienischen Städten.

politische Rechte besaßen und sozial verbürgerlichten, so etwa in der Schweiz und in süddeutschen Gebieten, weniger hingegen in Gebieten mit Großgrundbesitz, wie in Preußen oder Süditalien. Die Selbstrekrutierung der Advokatenschaft nahm langfristig sicher ab. Doch es finden sich überall einige Advokatendynastien, in denen sich soziales, wirtschaftliches und kulturelles Kapital vererbte[35].

Die historische Differenzierung nach Generationen verweist darauf, daß Beamtensöhne in Deutschland vor dem letzten Drittel des 19. Jahrhunderts stärker vertreten waren als später. Am Ende des 19. Jahrhunderts war auch in Deutschland das soziale Spektrum der Herkunft breiter, der Anteil der Söhne aus dem Handels- und Gewerbe(klein)bürgertum lag höher. In Mannheim, wo um die Jahrhundertwende jüdische Anwälte zahlreich waren, stammten viele aus Handelskreisen. Fünfzig Jahre zuvor, zur Zeit der Heckers und Struves, stammten die Advokaten noch eher aus Beamten- und Freiberuflerfamilien christlicher Religion. In der Schweiz waren in der ersten Hälfte des 19. Jahrhunderts Söhne stadtpatrizischer Amtsinhaber noch stärker vertreten gewesen. Damals wie später rekrutierte sich die Advokatenschaft vorwiegend aus Familien von Kaufleuten, Händlern, Gewerbetreibenden und freien Berufen, vergleichsweise weniger aus der Beamtenschaft, die hier weniger entwikkelt war.

Vielfach heirateten die europäischen Advokaten im weiteren Rahmen des eigenen Herkunftskreises. Allerdings scheint es, daß in der Regel der Anteil jener, die in das besitzende, kaufmännische, gewerbliche oder landbesitzende Bürgertum einheirateten, größer war als der Anteil jener, die selbst von dort stammten. Eine solche Heiratsstrategie erhöhte sowohl das ökonomische als auch das soziale Kapital. Sie unterstützte die individuellen beruflichen Chancen bisweilen vielleicht wirkungsvoller als jene kollektiven, berufsständischen Anstrengungen der Anwaltsorganisationen, auf die sich die Forschung über Professionen und freie Berufe vor allem konzentriert.

Angaben über die Herkunft vermitteln auch Hinweise auf die Verankerung im lokalen oder regionalen Umfeld. In Gebieten mit relativ freiem Zugang zur Advokatur war im frühen

[35] Siehe z. B. W. Treue u. G. Commichau, Zur Geschichte einer Hamburgischen Anwaltssozietät 1822–1972, in: Tradition 17, 1972, S. 49–83; P. Des Gouttes, Un centenaire au barreau de Genève 1833–1933. Les avocats Des Gouttes, Genf 1933.

19. Jahrhundert die soziale Verankerung im lokalen Bürgertum des Herkunftsortes stärker als später, als Städte und Advokatenschaft rascher wuchsen und viele Anwälte in die neuen Zentren einwanderten. In Gebieten des geschlossenen Systems, wo der Staat die Advokatenstellen verlieh, blieb die Chance, eine Stelle in der Herkunftsstadt zu bekommen, relativ gering. Damit war auch die Einbindung in die sozialen Netze und in die lokale bürgerliche Elite erschwert. Wenn der »ererbte« soziale Kredit dem Zugezogenen fehlte, mußten abstrakte staatliche Garantien über Tüchtigkeit und Rechtlichkeit als Vertrauensgrundlage ins Spiel kommen; das erschwerte die Entstehung einer staatsunabhängigen Identität.

Die Mitgliedschaft in Vereinen stärkte das soziale Kapital der Advokaten. Rechtsanwälte waren denn auch überall in Vereinen überdurchschnittlich präsent. Wenn dies in Deutschland und der Schweiz etwas ausgeprägter der Fall war als in Italien, so dürfte das unter anderem mit der verzögerten Entwicklung des Vereinswesens in Italien zusammenhängen. Wo der Beruf nicht beamtenähnlich war, exponierten sich die Rechtsanwälte schließlich häufiger in der Öffentlichkeit, was ihren Bekanntheitsgrad und damit den beruflichen Kredit steigern konnte. So wurden sie mitunter geradezu zum Idealbild des in der Öffentlichkeit agierenden Bürgers.

Alles in allem wiesen die Advokaten eine Vielzahl jener Merkmale auf, die die Zugehörigkeit zum Bürgertum begründen konnten. Innerhalb des bürgerlichen Spektrums war die Advokatenschaft dann vertikal differenziert; die Skala reichte vom Großbürger bis zum Kleinbürger. Hinzu kam die horizontale Differenzierung. In der Kleinstadt mochten Advokat, Lehrer und Pfarrer noch eine soziale Dreieinigkeit bilden, die mit Landbesitzern und Kaufleuten in Kontakt stand. In den größeren Orten war aber die zahlreichere Advokatenschaft sozial höchst differenziert und auf die verschiedenen Untergruppen des Bürgertums verteilt. Sie gehörte verschiedenen politischen Fraktionen, Religionskreisen und sozialmoralischen Milieus an, denen sie sich in manchem mehr verbunden fühlte als ihren Berufskollegen. Einige Advokaten mochten in allen Kreisen und Schichten gleich hoch geachtet sein, im allgemeinen bestand aber die Tendenz, daß sich Klienten den Advokaten auswählten, der ihrem sozialen Milieu angehörte; d.h. die Dienstleistungsmärkte waren ein Stück weit *Milieumärkte*. Die Pflicht zur Annahme von Mandaten und der Zwang zum

Erwerb garantierten einigermaßen, daß Anwälte auch untere Schichten vertraten, mit denen sie sich sozial weniger verbunden fühlten. Damit gewannen sie einen vergleichsweise weiten sozialen Horizont.

Wenn sich die Advokaten auf verschiedene politische Richtungen verteilten, so waren sie insgesamt doch stärker in jenen liberalen, demokratischen oder christlichen Parteien vertreten, die die bürgerliche Gesellschaft nicht prinzipiell in Frage stellten. War zu Beginn des 19. Jahrhunderts ein Teil der Advokaten über Aufträge und Funktionen, aber auch aus ideellen und sozialen Gründen noch eng mit den alten aristokratischen und stadtbürgerlichen Eliten verbunden gewesen, so bildete sich gegen Ende des 19. Jahrhunderts schließlich der Typ des sozialistischen Anwalts heraus, der sich beruflich als Strafverteidiger sowie als Experte für Arbeitsrecht und Arbeitsunfall-Versicherungsrecht profilierte und dessen Kundschaft stärker aus dem Arbeitermilieu stammte.

3. Bürgerliche Stellung und Professionalisierung

In gewissen Grenzen bestimmten die institutionellen und rechtlichen Regelungen der Advokatur die tatsächliche soziale Position der Advokaten mit, eindeutiger dort, wo sie Quasi-Beamte waren, schwächer hingegen in Gesellschaften, wo die Advokatur ein mehr oder weniger »freier Beruf« war. Je nachdem verteilten sich die Advokaten sozial und ökonomisch unterschiedlich auf bürgerliche und kleinbürgerliche Schichten und Kreise, mit denen sie auf verschiedenen Ebenen verflochten waren. Ihre sozialen und politischen Chancen waren stets auch Ausdruck der Sozialstruktur und der allgemeinen Lage der jeweiligen lokalen, regionalen und, später, nationalen Bürgertümer.

Bleibt die Frage aufzugreifen, welche Strategien die Rechtsanwälte wählten, um ihre beruflichen Angelegenheiten zu kontrollieren und damit gleichzeitig ihre gesellschaftliche Position in der bürgerlichen Gesellschaft zu beeinflussen. Welche Zusammenhänge bestanden also zwischen Professionalisierung und Bürgertum? Ein Aspekt der Professionalisierung wurde bereits behandelt, nämlich die Frage, wie der Beruf des Advokaten im Prozeß der »Professionalisierung« zur Profession wurde, die nur von denjenigen ausgeübt wird, die ein höheres, systematisches Wissen haben, welches durch Prüfungen sanktioniert und nach Kunstregeln, ohne Ansehen der Person, uneigennützig angewendet wird[36]. In bezug auf diese Merkmale scheint Professionalisierung in Deutschland und Italien früher erfolgt zu sein als in der Schweiz. Im folgenden geht es um »professionalistische«, berufsständische Ideologien, Organisationstypen und Strategien, also um die Fragen, ob und wieweit die Rechtsanwälte die Verhältnisse innerhalb der Berufsgruppe, etwa durch Kammern und Ehrengerichte, autonom bestimmten, und ob sie kollektiv, als Berufsgruppe, Ausbildung, Zulassung, Ethik, Märkte und materielle Chancen selbst regeln konnten.

Wie organisierten sich die Anwälte? Das Muster der kollektiven Organisierung, das sich langfristig in Italien und Deutschland, kaum aber in der Schweiz durchsetzte, war das französische Kammer-Modell[37]. Advokatenkammern waren – wie die Handelskammern für Kaufleute – erstmals während der napoleonischen Zeit um 1810/11 in Frankreich und in französisch beherrschten Gebieten vom Rheinland über Genf bis nach Süditalien eingeführt worden. Ausbildung und Zulassung lagen zwar bei staatlichen Institutionen, die in der Kammer zwangsorganisierten Advokaten wachten aber – allerdings unter enger staatlicher Kontrolle – über die »Ehre und Würde« ihrer Gruppe. In der Restauration wurden diese Kammern, die zumindest den Anschein von Selbstverwaltung und Repräsentation erwecken konnten, in weiten Gebieten wieder abgeschafft. Die Advokaten blieben nun unorganisiert, bis sie sich nach der Einführung der Vereinsfreiheit in lokalen oder regionalen Advokatenvereinen zusammenschlossen, die Würde und Ehre des Standes durch Weiterbildung, Geselligkeit und – bisweilen – freiwillige Ehrengerichtsbarkeit zu fördern beanspruchten. Dieser Typ des bürgerlichen Berufs-Vereins war in Deutschland seit den 1830er Jahren häufiger, in der Schweiz seltener, in Italien kaum vorhanden. In Italien gewannen dagegen die Advokatenkammern etwas früher

[36] Zu den theoretischen Konzepten vgl. u.a.: T. Johnson, Professions and Power, London 1972; M. Sarfatti Larson, The Rise of Professionalism. A Sociological Analysis, Berkeley 1977.

[37] Zum folgenden: Siegrist, Professionalisierung; Atti del primo congresso giuridico italiano, Rom 1872; C. Lega, Le libere professioni intellettuali nelle leggi e nella giurisprudenza, Mailand 1974; K.-J. Bieback, Die öffentliche Körperschaft. Ihre Entstehung, die Entwicklung ihres Begriffs und die Lehre von den innerstaatlichen Verbänden in der Epoche des Konstitutionalismus in Deutschland, Berlin 1976.

wieder an Bedeutung, die in Deutschland erst ab 1860 entstanden. Die neuen nationalen Anwaltsordnungen von 1874 und 1878 brachten den Durchbruch dieser Institution in Italien und Deutschland, während sich dieser Organisationstyp in der Schweiz nicht durchsetzen konnte. Dort waren antiständische Reflexe gerade auch im Bürgertum vergleichsweise stärker.

Wenn man die Institution der Kammer als Indikator für Professionalisierung nimmt, dann stellt man wiederum fest, daß die Schweizer Anwälte, die im übrigen auch nicht durch nationale Regelungen bildungsmäßig und beruflich homogenisiert waren, weniger professionalisiert waren als ihre deutschen und italienischen Kollegen. Sie waren aber vergleichsweise am »bürgerlichsten«: Ob man auf die Berufsgruppe schaut oder auf die Statuskombination der einzelnen Advokaten, jedesmal ergibt sich, daß die Schweizer Advokaten insgesamt relativ hoch auf jenen Statuslinien standen, mit denen man die Bürgerlichkeit und die Zugehörigkeit zum Bürgertum messen könnte. Auch die Statusungleichgewichte und die daraus resultierenden Spannungen waren geringer als bei den deutschen Rechtsanwälten. Es war die immer wieder beklagte Diskrepanz zwischen einer hohen bildungsmäßigen Stellung einerseits, der geringen politischen Macht und des relativ schlechten Prestiges in Wissenschaft und Rechtsprechung andererseits, die in großen Teilen Deutschlands die Forderung nach professionellen Selbstverwaltungskörperschaften motivierte. Professionalistische Ideologien waren hier Reaktionen auf Machtdefizite und Zumutungen von Staat und Bürokratie. Wenn die schweizerischen Advokaten ihren Beruf und ihre Märkte kontrollierten, so taten sie dies als Teil der aus politischen Gründen vergleichsweise breiten bürgerlichen Herrschaftsschicht, weniger als organisierte Profession.

Professionalismus war eine unter mehreren möglichen Strategien, mit der Advokaten einen günstigen gesellschaftlichen Status anstrebten oder zu bewahren suchten. Es gab Verhältnisse, unter denen sich Professionalismus früher und stärker entwikkelte als etwa in der Schweiz, nämlich in Ländern mit ausgeprägteren ständischen Traditionen oder mit einem starken, bürokratischen Staat. So auch in Italien, wo der im Verlauf des 19. Jahrhunderts wiederauflebende Professionalismus eine Strategie gegen die Statusbedrohung im Gefolge der spürbaren Modernisierung von Institutionen, Wirtschaft, Staat und Gesellschaft war. Als Profession verhielten sich die Advokaten dabei eher defensiv, als Bürger offensiv.

Bürgerlichkeit und Professionalismus standen in einem wandelbaren, komplexen Ergänzungsverhältnis zueinander. Ein kurzer Blick in die Praxis der italienischen Advokatenkammern zeigt, daß diese mitunter zu bürgerlichen Organisationen wurden, die funktional mehr waren, als Berufsorganisationen darstellten[38]. Die Florentiner Advokatenkammer z.B. war vor 1859 eine Organisation, deren aristokratisch-bürgerlicher Vorstand zunehmend die berufliche Selbstverwaltung an sich zog. Nach der Einbeziehung der Toskana ins Königreich Italien wandelte sich die Kammer zu einer multifunktionalen Organisation, die nicht nur das praktische Ausbildungswesen und die Prüfungen kontrollierte, sondern auch die Zulassung und die Schlichtung in Honorarstreitigkeiten (Moderation) überwachte. In den Jahrzehnten nach 1870 wirkte die Kammer bisweilen fast wie eine paraparteiliche Organisation der Nationalliberalen von Florenz. Und zusammen mit ähnlichen Kammern in Neapel und Rom koordinierte sie zeitweise die Standespolitik der italienischen Advokaten, denen ein ausgebautes Vereinswesen wie in Deutschland fehlte. Die italienischen Berufskammern konnten vom Staat weniger kontrolliert werden als die deutschen, weil Staat und Bürokratie in Italien oft wenig Einfluß auf die Sphäre der Gesellschaft hatten.

Die Einführung der »freien Advokatur« erfolgte in Deutschland in den 1860er/70er Jahren, am Ende einer allgemeinen liberalen Modernisierungsphase, in der der Staat aus gewissen Leitungs- und Überwachungsfunktionen zurückgedrängt wurde. Nach dem nun herrschenden Verständnis waren die Kammern zwar öffentliche Selbstverwaltungskörperschaften, die der Sphäre der Gesellschaft angehörten[39]. Schon in den Diskussionen um die Neuordnung der Rechtsanwaltschaft war jedoch klar geworden, daß der Staat an gewissen Kontrollansprüchen festhalten wollte. Die Organisierung in Kammern und als Berufsstand erlaubte im Zweifelsfall staatliche Eingriffe, die bei einem Verein oder Verband sehr viel schwieriger gewesen wären. Erstens war der Staatsanwalt in Disziplinaruntersuchungen einbezogen, und zweitens bestand der Ehrengerichtshof (EGH) als oberste Instanz aus vier Reichsrichtern und drei

[38] Archiv des »Ordine degli avvocati e dei procuratori di Firenze«, Florenz.
[39] Bieback, Die öffentliche Körperschaft, passim.

Reichsgerichtsanwälten. Der EGH setzte nicht nur die Maßstäbe für das *berufliche* Verhalten, sondern er versuchte auch, die Vorstellungen über *ständische Lebensführung* zu vereinheitlichen. Die Untersuchung von Rumpf zeigt, daß die oberste Ehrengerichts-Rechtsprechung in Fragen der ständischen Lebensführung durch bürgerlich-kleinbürgerlichen Rigorismus und Konservatismus geprägt war[40]. Wo die Advokaten in den regionalen Ehrengerichten unter sich waren, übten sie allerdings viel Zurückhaltung in der Disziplinierung des außerberuflichen Verhaltens. Sie hatten weitgehend akzeptiert, daß einer sozial heterogenen Berufsgruppe faktisch keine homogene ständische Lebensführung verordnet werden konnte. Dasselbe läßt sich bei den italienischen Advokaten beobachten.

Als Leitlinie für das Verhalten im Beruf existierten in Deutschland und anderswo drei Schlüsselbegriffe: Feingefühl, Delikatesse und Takt. Diese Kategorien waren so offen, daß damit je nach Ort, Zeit und sozialem Umfeld Unterschiedliches gemeint sein konnte. Es handelte sich um vage Gefühls- und Verhaltenskategorien, mit denen sich der Advokat als Experte vom bürgerlichen Klienten, als Gebildeter vom Ungebildeten, als Bürger vom Nichtbürger distanzieren konnte, wenn er dies brauchte. Die Unbestimmtheit dieser Kategorien erlaubte dem Advokaten umgekehrt aber auch, sich auf allgemeinere und milieuspezifische Verhaltensvorstellungen, gerade auch der Mit-Bürger, einzulassen.

4. Schluß

Die Modernisierung von Arbeitsteilung, gesellschaftlicher Schichtung und Herrschaft seit dem 18. Jahrhundert veränderte den Advokatenberuf erheblich. Hatten sich die Advokaten in Europa bis dahin noch auf ein ständisches Spektrum verteilt, das vom Dienst- und Gelehrtenadel bis zum sozial marginalisierten Bauernadvokaten reichte, so verengte sich das Spektrum im 19. Jahrhundert auf eine bürgerliche Schicht, die in sich allerdings noch einmal erheblich differenziert war. Die einen gehörten sozial eher zum Kleinbürgertum, die anderen eher zum »guten« Bürgertum, die wenigsten schließlich zum Großbürgertum. Der Vergleich zwischen den Ländern zeigt, daß es viel-

[40] Rumpf, Anwalt und Anwaltstand, passim.

fach schwerfällt, die nationalen Charakteristika der Anwaltschaft zu bezeichnen. Nicht einmal die Regelung der Advokatur als Institution und Beruf war eindeutig nationenspezifisch: Deutschland und Italien folgten einem Muster, das in Europa insgesamt stark verbreitet war. Ein Teil der Schweizer Kantone machte eine vergleichsweise unübliche Entwicklung durch, die sich am ehesten mit der nordamerikanischen vergleichen ließe. Die *soziale* Stellung der Rechtsanwälte mochte am weitesten durch institutionelle Verhältnisse bedingt sein, sie wurde aber entscheidend durch regionale Strukturen und die Chancen der jeweiligen Bürgertümer geprägt. Weil die *politischen* Strukturen in der Schweiz und in Italien offener waren, eröffneten sich den dortigen Rechtsanwälten bessere Chancen. Es gab aber auch in Deutschland Regionen, wo die Situation für das Bürgertum günstiger war. Die Rechtsanwälte profitierten davon, wenn sie sich nicht zu sehr auf eine berufsständische Perspektive versteiften.

Wie auch immer die Advokaten sich in den verschiedenen Ländern stellten, ihr Beruf galt als »bürgerlich«. Das hieß entweder, daß sie als Träger des Berufs gute Chancen hatten, in Positionen und Handlungszusammenhänge zu gelangen, die das Bürgertum für sich reklamierte. Oder es hieß, daß die Advokatur ein Beruf war, den die Söhne des Bürgertums besonders gern ergriffen.

Es war die internationale Kommunikation, die das Bild vom Advokaten als bürgerlichem Beruf vertiefte. Die deutschen Rechtsanwälte beriefen sich in ihren Reformwünschen ausdrücklich auf Länder, wo Angehörige der bürgerlichen Schichten das soziale Bild des Berufs prägten. Sowohl in Deutschland als auch in Italien wurden die Institutionen der Advokaten, z.B. die Kammern, bald von anderen Berufsgruppen kopiert, die einen besseren bürgerlichen Status und mehr Autonomie anstrebten.

Grundlage des Advokatenberufs ist ein bestimmtes kulturelles Kapital. Wenn sich die Advokaten trotzdem nicht bloß als Angehörige einer Profession sahen und sich wohl auch nicht in erster Linie als Teil eines »Bildungsbürgertums« begriffen, hing dies damit zusammen, daß ihre gesellschaftliche Stellung eben wesentlich auf sozialem, politischem und ökonomischem Kapital beruhte. Deshalb waren sie stärker in die verschiedenen bürgerlichen Milieus eingebunden. Und darum bestand in manchen europäischen Regionen kaum ein scharfer Gegensatz zwischen

»gebildeten« Rechtsanwälten und Wirtschaftsbürgern[41]. Die sozialen Verbindungen und strukturellen Affinitäten zwischen Advokaten und anderen Bürgern ermöglichten, daß Rechtsanwälte vielerorts eine wichtige Vermittlerrolle in Bürgertum und Gesellschaft bekamen.

Nur weniges spricht dafür, daß sich die Advokaten insgesamt primär als Bildungsbürger gesehen hätten. Meine Darstellung bestätigt kaum die These, daß Professionalisierung den Zusammenhang des Bildungsbürgertums oder des Bürgertums überhaupt geschwächt habe[42]. Der Advokat mochte zum Rechtsexperten werden, die gesamte Berufsgruppe sogar eine gewisse berufsständische Autonomie bekommen, dies hieß aber doch nicht, daß die Advokaten als einzelne und als Gruppe nicht weiterhin auf verschiedenen Ebenen ins Bürgertum eingebunden gewesen wären. Daran änderten auch staatliche Strategien wie der deutsche Versuch, über den Ehrengerichtshof Einfluß auszuüben und die Advokatenschaft zu einem »Stand« zu machen, wenig. Die Professionalisierung der Advokaten und deren Professionalismus störten den Zusammenhang des Bürgertums nicht wesentlich. Es war eher umgekehrt: Die soziale Einbindung der Advokaten in unterschiedliche bürgerliche Milieus schwächte den Zusammenhalt der Profession.

[41] Rüschemeyer vermutet aufgrund systematischer Überlegungen einen derartigen Gegensatz. D. Rüschemeyer, Bourgeoisie, Staat und Bildungsbürgertum, in: Kocka, Bürger, S. 101–20.

[42] Dies vermutet aufgrund bildungs- und institutionsgeschichtlicher Forschungen u.a.: K.H. Jarausch, Higher Education and Social Change. Some Comparative Perspectives, in: ders. (Hg.), The Transformation of Higher Learning 1860–1930, Stuttgart 1982, S. 9–36; Kocka und Lepsius vermuten eine stärkere Fragmentierung des »Bildungsbürgertums« gegen Ende des 19. Jahrhunderts: J. Kocka, Bürgertum und Bürgerlichkeit als Probleme der deutschen Geschichte vom späten 18. zum frühen 20. Jahrhundert, in: ders., Bürger, S. 21–63, bes. S. 37; M. R. Lepsius, Zur Soziologie des Bürgertums und der Bürgerlichkeit, ebd., S. 79–100.

Konrad H. Jarausch

Die unfreien Professionen

Überlegungen zu den Wandlungsprozessen im deutschen Bildungsbürgertum 1900–1955*

Die Entwicklung der akademischen Berufe in Deutschland während der ersten Hälfte des 20. Jahrhunderts ist im internationalen Vergleich kaum eine Erfolgsgeschichte[1]. Ein Paradox bleibt schwer erklärbar: Wie konnten sich Akademiker trotz hohen fachlichen Könnens und persönlicher Integrität in so schamloser Weise an den unaussprechlichen Nazi-Verbrechen beteiligen? Geistesgeschichtlich orientierte Historiker haben, mit Blick auf die kulturpessimistischen Strömungen jener Jahrzehnte, den irrationalen Neokonservatismus der Gebildeten betont, vernachlässigen jedoch die sozialökonomische Basis jener Malaise[2]. Bildungshistoriker heben, auf den Antimodernismus der »Mandarine« fixiert, die illiberalen Einstellungen von Professoren und Studenten hervor, ohne jedoch ihre Auswirkungen in der Berufs- und Arbeitswelt detailliert dargestellt zu haben[3]. Eingehendere Untersuchungen der Professionen im Nationalsozialismus sind ebenfalls ohne endgültige Schlußfolgerungen geblieben. Akademiker besaßen mehr Handlungsspielräume, als es die vereinfachende Dichotomisierung zwischen »erzwungener« Anpassung und »freiwilliger« Kooperation ahnen läßt[4]. Der Gegensatz zwischen Übeltätern und

* Aus dem Englischen übersetzt von Hartwin Spenkuch.

[1] Dieser Beitrag stellt einige vorläufige Schlußfolgerungen aus einem größeren Forschungsprojekt vor, das 1989 unter dem Titel ›The Unfree Professions. German Lawyers, Teachers and Engineers 1900–1955‹ (Oxford University Press) publiziert wird. Für ausführlichere Quellen- und Literaturhinweise verweise ich auf dieses Buch.

[2] Vgl. etwa G. Mosse, Ein Volk, ein Reich, ein Führer. Die völkischen Ursprünge des Nationalsozialismus, Königstein 1979; F. Stern, Kulturpessimismus als politische Gefahr. Eine Analyse nationaler Ideologie in Deutschland, Stuttgart 1963.

[3] Vgl. F.K. Ringer, Die Gelehrten. Der Niedergang der deutschen Mandarine 1890–1933, Stuttgart 1983; M.H. Kater, Studenten und Rechtsradikalismus in Deutschland 1918–1933, Hamburg 1975; G. Giles, Students and National Socialism in Germany, Princeton 1985; K.H. Jarausch, Students, Society and Politics in Imperial Germany. The Rise of Academic Illiberalism, Princeton 1982.

[4] M.H. Kater, Medizin und Mediziner im Dritten Reich. Eine Bestandsaufnahme, in: Historische Zeitschrift 244, 1987, S. 299–352.

Opfern ignoriert die Vielzahl von Verhaltensweisen, die das Nazi-Regime stützten, ohne sich den beiden Extremen zuordnen zu lassen[5].

Eine neuere sozialgeschichtliche Forschungsperspektive sieht die bürokratische Prägung und Staatslastigkeit des deutschen Bürgertums insgesamt als Erklärungsansatz für das widerspruchsvolle Schicksal der akademischen Berufe an[6]. Im Gegensatz zu den wohlhabenden Wirtschaftsbürgern bildeten die Akademiker den Kern des spezifisch deutschen Bildungsbürgertums, das sich durch Bildungsgang, hohe Selbstrekrutierungsraten und einen gemeinsamen kulturellen Habitus von anderen Schichten abhob[7]. Eduard Spranger war jedoch der Meinung, seit der Jahrhundertwende habe sich der soziale Zusammenhalt des Bildungsbürgertums gelockert und eine Fragmentierung nach Berufszweigen freigesetzt, eine Beobachtung, die er in dem Satz zusammenfaßte: »Wir haben nicht nur einen Beruf, sondern der Beruf hat auch uns.«[8] Die anregende, aber bisher nicht abgeschlossene Diskussion über das Bildungsbürgertum mag als geeigneter Ausgangspunkt für weitere Überlegungen zur Professionalisierungsgeschichte der akademischen Berufsstände im 20. Jahrhundert dienen, muß aber durch stringentere und detailliertere Untersuchungen erweitert werden[9]. Der Versuch, die ideologische Transformation des Bildungsbürgertums im Lichte der sozio-politischen Krise seiner Professionen zu verstehen, wirft jedoch komplizierte theoretische, historische und ethische Fragen auf.

[5] R.J. Lifton, The Nazi Doctors. Medical Killing and the Psychology of Genocide, New York 1986.

[6] J. Kocka, Bürgertum und Bürgerlichkeit als Probleme der deutschen Geschichte vom späten 18. zum frühen 20. Jahrhundert, in: ders. (Hg.), Bürger und Bürgerlichkeit im 19. Jahrhundert, Göttingen 1987, S. 21–63, v. a. S. 52f.

[7] W. Conze u. J. Kocka, Einleitung, in: dies. (Hg.), Bildungsbürgertum im 19. Jahrhundert, T. I, Stuttgart 1985, S. 17ff., sowie Kocka, Bürger, S. 79–100, 243–80, 288–315.

[8] E. Spranger, Psychologie des Jugendalters, Leipzig 1927, S. 251. Zur Frage der Auflösung oder Rekonstituierung des Bildungsbürgertums durch Professionalisierung vgl. K.H. Jarausch, Die Krise des Bildungsbürgertums 1900–1930, in: J. Kocka (Hg.), Bildungsbürgertum im 19. Jahrhundert, T. IV, erscheint Stuttgart 1988.

[9] Der Terminus »Profession« war längere Zeit aus dem deutschen Sprachgebrauch verschwunden; erst die Soziologie führte ihn in den fünfziger Jahren wieder ein. Um 1900 bezeichnete man diese Berufe als »akademische Berufsstände«; vgl. W. Conze, Beruf, in: O. Brunner u. a. (Hg.), Geschichtliche Grundbegriffe, Bd. 1, Stuttgart 1972, S. 490–507.

1. Bildungsbürgertum und Professionen

Der von der Professionalisierungsforschung verwandte Ansatz kann dazu dienen, die Irrungen und Wirrungen deutscher Hochschulabsolventen zwischen 1900 und 1955 klarer zu konturieren. Die Verwendung eines angelsächsischen Begriffs bringt zwar einerseits gewisse Schwierigkeiten mit sich; andererseits ähnelten die Wünsche der akademischen Berufsstände in Deutschland der Autonomie-Rhetorik ihrer angelsächsischen Kollegen in den *professions* so weitgehend, daß die Übertragung jenes Ansatzes nicht nur möglich, sondern auch erfolgversprechend sein dürfte. Die implizit vergleichende Perspektive der Professionalisierungstheorie läßt eine ganze Reihe von Verhaltensweisen überhaupt erst ins Blickfeld treten. Sie begnügt sich nicht damit, die Entwicklungsgeschichte einzelner Berufe nachzuerzählen, sondern stellt analytische Kriterien zur Verfügung, mittels derer die gemeinsamen Entwicklungsmuster nicht nur der klassischen freien Berufe, sondern auch aller übrigen, auf höherer Bildung fußenden Beschäftigungszweige erforscht werden können[10]. Der mitteleuropäische Kontext erfordert allerdings einige Modifikationen, die ihrerseits das ursprüngliche englische Professionalisierungskonzept von der Fixierung auf die berufliche Autonomie lösen. Professionen formierten sich in Deutschland nicht aufgrund spontaner Selbstorganisation, sondern auf Anstoß »von oben« in Form von Staatsexamina, die über Zertifikate und obrigkeitliche Approbation entschieden. Weil sich der Staat so massiv einschaltete, kämpften die Professionen hier um so mehr für ihre Autonomie und versuchten, Gesetzgebung wie Bildungswesen mittels neokorporativer berufsständischer Vertretungen für ihre Ziele einzuspannen. Ihre Professionalisierung kam dem Versuch gleich, professionelle Autonomie mit staatlich-rechtlichem Schutz vor den Auswirkungen des offenen Wettbewerbs zu verbinden. Das mitteleuropäische Exempel belegt darüber hinaus, daß der Prozeß der Professionalisierung offensichtlich umkehrbar ist, waren hier doch sozioökonomische Krisen

[10] Karl Mannheims Begriff »Intellektuelle« hebt – im Gegensatz zu dem berufsbezogenen Begriff »Profession« – vor allem auf die radikale politische Einstellung von Literaten ab; vgl. M.R. Lepsius, Kritik als Beruf. Zur Soziologie der Intellektuellen, in: Kölner Zeitschrift für Soziologie und Sozialpsychologie 16, 1964, S. 75–91.

oder repressive Politik in der Lage, bereits etablierte Professionen zu »entprofessionalisieren«[11].

Vergleicht man die akademischen Berufsstände Mitteleuropas untereinander, fallen ihre charakteristischen Merkmale ins Auge, die sich als erstaunlich beständig erwiesen haben. Die deutschen Rechtsanwälte kamen der beruflich-gesellschaftlichen Position ihrer westeuropäischen oder amerikanischen Kollegen zwar relativ nahe, wurden aber doch von den Staatsbeamten und Richtern etwas in den Schatten gestellt. Bei den Jura-Studenten, die die gleiche theoretische und praktische Ausbildung durchlaufen hatten, traten die besten Absolventen in den höheren Staatsdienst und die guten in den Justizdienst ein. Abgesehen von einigen Ausnahmen, die sich auf Familientradition oder jüdische Herkunft zurückführen ließen, zog es die übrigen, weniger glänzenden Juristen in der Regel zum Anwaltsberuf. Die Advokatur stand, im Gegensatz zu den nach strengen Auswahlkriterien zu besetzenden Beamten- und Richter-Karrieren, allen offen. Die Zahl der Rechtsanwälte korrelierte deshalb unmittelbar mit der Zahl der Jura-Absolventen. Ihr Einkommen, das durch Anwaltszwang und eine staatlich fixierte Gebührenordnung gesichert wurde, wies nichtsdestotrotz große Schwankungen auf: Gewandte Rechtsanwälte konnten es zu einigem Reichtum bringen, die meisten Berufsvertreter lebten komfortabel, einige weniger begabte Advokaten schlugen sich mehr schlecht als recht durchs Leben. Der gesellschaftliche Status von Rechtsanwälten war ambivalent: Obwohl sie im Sozialprestige unter den höheren Beamten rangierten, gehörten sie aufgrund ihrer Herkunft und Ausbildung, ihrer Verbindung zur Geschäftswelt und ihres aktiven staatsbürgerlichen Engagements zur lokalen Honoratiorenschicht. Ihre grundsätzlich autonome Berufsausübung wurde mittels eines spezifischen moralischen Kodexes geregelt und von Ehrengerichten überwacht. Da sich die Anwaltstätigkeit immer mehr vom Gericht oder Notariat hin zur Beratung und Vertretung von Wirtschaftsunternehmen verschob, standen die Ehrengerichte zunehmend neuen Problemen gegenüber. Trotz ihrer unübersehbaren Abhängigkeit vom Staat schufen sich die

[11] C.E. McClelland, Zur Professionalisierung der akademischen Berufe in Deutschland, in: Conze/Kocka, Bildungsbürgertum I, S. 233–47; K. Jarausch u.a., A Framework for the History of the Professions, in: M. Burrage und R. Torstendahl (Hg.), Professionalization and Conflict Theories, erscheint London 1989.

Anwälte aus allgemeinbürgerlichen Werten und Normen ein berufsspezifisches Ethos der »freien Advokatur«, das der Verteidigung individueller Rechte gegenüber der Bürokratie dienen sollte. Diese Spannung zwischen bürokratischer Ausrichtung einerseits und Autonomiestreben andererseits spiegelte sich auch im Organisationswesen wider, das sowohl Zwangskörperschaften wie die mit offiziellen Entscheidungskompetenzen ausgestatteten Anwaltskammern als auch freiwillige Verbände wie den »Deutschen Anwaltverein« kannte. Als prominente Mitglieder des Bildungsbürgertums hegten Anwälte im allgemeinen liberale Überzeugungen und standen bei der Forderung nach größeren individuellen und kollektiven Rechten an der Spitze der verschiedenen bürgerlichen Parteien[12].

Obwohl die Gymnasiallehrer höhere Staatsbeamte waren, nahmen auch sie am Professionalisierungsprozeß teil. Im Gegensatz zu den pädagogisch ausgebildeten Volksschullehrern benötigten Philologen eine fachgebundene Universitätsausbildung und stellten somit den Großteil der Absolventen der Philosophischen Fakultäten. Ihre Einstellung vollzog sich aufgrund von Staatsexamina, die eher von Professoren und Kultusbeamten als von Lehrern bestimmt wurden; Staat und Kommunen blieben die einzigen Arbeitgeber. Das eher bescheidene Einkommen der Gymnasiallehrer war ihnen auf Dauer zugesichert und wurde mit Mietzuschüssen, Familienzulagen und festen Pensionsansprüchen aufgebessert. Das im Vergleich zu Beamten und freiberuflich tätigen Akademikern niedrigere Sozialprestige der Philologen hob sich, als ihre Gehälter denen der Amtsrichter angeglichen wurden und sie den begehrten Studienratstitel zugesprochen bekamen. Doch auch weiterhin rekrutierten sie sich aus weniger exklusiven Kreisen und bildeten eine Zielscheibe literarischen Spotts. Unterlag ihre berufliche Praxis, so etwa die Zahl der Unterrichtsstunden, größtenteils regierungsamtlicher Reglementierung, verlangten die Gymnasiallehrer zumindest nach pädagogischer Autonomie, nach der Freiheit, selber zu entscheiden, wie der offizielle Lehrplan im Klassenzimmer umzusetzen sei. Ihr Bild von sich selbst war eine eigenartige Mischung bürokratischer, wissenschaftli-

[12] Vgl. den Beitrag von H. Siegrist in diesem Band, sowie den Beitrag von H. Rottleuthner in: H. Siegrist (Hg.) Bürgerliche Berufe. Beiträge zur Sozialgeschichte der Professionen, freien Berufe und Akademiker im internationalen Vergleich, erscheint Göttingen 1988.

cher und pädagogischer Grundsätze, und immer wieder hoben sie hervor, wie wichtig ihr Beitrag zur deutschen Kultur sei. Trotz nachhaltiger Bemühungen, die Vertretung ihrer Interessen im Kultusministerium zu stärken, gelang es den Gymnasiallehrern nicht, eigene Kammern zu errichten; statt dessen mußten sie sich mit dem Aufbau einer allerdings stimmgewaltigen Interessenorganisation, des Philologenverbandes, begnügen. Aufgrund der stärkeren Kontrolle durch den Staatsapparat neigten die Gymnasiallehrer zu Nationalismus und politischem Konformismus und unterstützten bürgerliche Mittel- und Rechtsparteien. Vergleicht man sie mit ihren amerikanischen Kollegen, muß man den deutschen Gymnasiallehrern trotz allem in fast jeder Beziehung einen höheren Grad an »Professionalität« zusprechen[13].

Weit weniger erfolgreich waren demgegenüber die Professionalisierungsversuche der Ingenieure. Hoch spezialisiert und in verschiedenen Beschäftigungszweigen als öffentliche Beamte, Freiberufler, Angestellte oder Unternehmer tätig, hatten Techniker große Schwierigkeiten, überhaupt ein einheitliches Berufsbild zu finden. Auch wenn die Zuerkennung akademischer Gleichberechtigung den Studenten Technischer Hochschulen einen großen Prestigegewinn einbrachte, konkurrierten sie doch weiterhin mit den Absolventen technischer Fachschulen und begabten Praktikern ohne formelle Ausbildung um die gleichen Stellen. Da die Industrie sehr auf billige Arbeitskräfte hielt, konnten die Diplom-Ingenieure keine Kontrolle über den Arbeitsmarkt erlangen und waren Wirtschaftskonjunkturen und Angebotsschwankungen für Fachkräfte schutzlos ausgeliefert. Während erfolgreiche Unternehmer und Manager Reichtümer erwerben konnten, erhielten angestellte Techniker in der Regel nur ein bescheidenes Salär und liefen in ökonomischen Krisenzeiten gar Gefahr, ihre Stellung zu verlieren. Trotz weitverbreiteter Technikbegeisterung, bürgerlicher Herkunft und Weisungsbefugnis gegenüber den Fabrikarbeitern akzeptierte das Bildungsbürgertum Ingenieure im allgemeinen nicht als ebenbürtig, da es ihnen an klassisch-humanistischer Bildung

[13] H.-E. Thenorth, Professionen und Professionalisierung, in: M. Heinemann (Hg.), Der Lehrer und seine Organisation, Stuttgart 1977, S. 457–75; J. Herbst, Professionalization in Public Education, 1890–1920. The American High-School Teacher, in: Conze/Kocka, Bildungsbürgertum I, S. 495–528. In den sechziger Jahren befaßten sich auch die Philologen mit ihrer Professionalisierung: s. G. Schefer, Das Gesellschaftsbild des Gymnasiallehrers, Frankfurt 1969, S. 32ff.

mangelte. Ihr Expertenwissen ermöglichte den Ingenieuren zwar einen gewissen Grad an Autonomie, doch wurden praktische Problemlösungen zumeist von Verwaltungsbeamten, Kunden oder Managern vorgegeben, so daß nichttechnische, politische, persönliche oder profitorientierte Aspekte allzu oft ihre Arbeit bestimmten. Zum Ausgleich propagierten die Ingenieure ein technisches Fortschrittsethos, demzufolge das Wohlergehen der Menschheit durch materielle Innovationen zu verbessern sei. Schon um die Mitte des 19. Jahrhunderts schlossen sich Ingenieure zusammen, doch konnte sich der »Verein Deutscher Ingenieure« (VDI) wegen der Interessenkonflikte zwischen Professoren, Unternehmern und Angestellten nicht zu einer wirklichen berufsständischen Vertretung entwickeln. An formellen Ausbildungsstandards übertrafen die deutschen Ingenieure ihre angelsächsischen Kollegen, ihre volle Anerkennung als Profession blieb jedoch weiterhin unsicher[14].

Rechtsanwälte, Gymnasiallehrer und Ingenieure besaßen – jenseits aller Verschiedenheit ihrer beruflichen Tätigkeit – eine Reihe charakteristischer Merkmale, die es erlauben, sie als Professionen einzustufen. Alle drei Berufsgruppen gehörten zum Bildungsbürgertum, hatten aber um 1900 auch schon deutliche professionelle Merkmale entwickelt. Als Hochschulabsolventen hatten sie eine anspruchsvolle Allgemeinbildung genossen und verfügten zudem über wissenschaftliche Kenntnisse und praktische Fähigkeiten. Sie hatten Staatsexamina abgelegt und reklamierten ein Marktmonopol für ihre Dienstleistungen, das sie allerdings nicht immer durchsetzen konnten. Als anerkannte Experten forderten Rechtsanwälte, Gymnasiallehrer und Ingenieure für ihre Dienste höhere Vergütung und den gehobenen sozialen Status von Akademikern. Ihre berufliche Tätigkeit sollte, im Gegensatz zu der einfacher Arbeiter, nicht von Arbeit- oder Auftraggebern überwacht werden, sondern durch Standesgenossen oder Berufskollegen in einem System professioneller Selbstdisziplin kontrolliert werden. Um solche Privilegien zu rechtfertigen, propagierten sie ein an Grundwerte wie Recht, Wissen und Fortschritt gebundenes Ethos des Dienstes an der Gesellschaft. Um diese zugleich altruistischen und egoistischen Ziele politisch durchsetzen zu können, gründete man

[14] M. Späth, Die Professionalisierung von Ingenieuren in Deutschland und Rußland 1800 bis 1914, in: Conze/Kocka, Bildungsbürgertum I, S. 561–88; C.M. Gispen, Selbstverständnis und Professionalisierung deutscher Ingenieure, in: Technikgeschichte 50, 1983, S. 34–61.

freie berufsständische Verbände oder Zwangskörperschaften. Obwohl nicht alle akademischen Berufe sämtliche Kriterien einer Profession aufwiesen, traten sie doch mit viel Energie und unbeschadet aller politischen Umbrüche für eine weitere Professionalisierung ein. Da sie untereinander häufig konkurrierten – wie etwa Anwälte und Ingenieure bei der Patentierung –, hielt sich die Kooperation zwischen den einzelnen Professionen in Grenzen. Aber auch solche Rivalitäten belegen, wie bewußt sie sich als gleiche aufeinander bezogen, zumal alle bestrebt blieben, dem Vorbild der im Professionalisierungsprozeß führenden Juristen nachzueifern[15].

Auf ähnlich gelagerte Probleme antworteten die Akademiker mit vergleichbaren »professionellen« Strategien. Obwohl sie die Einführung stärker praxisorientierter Ausbildungselemente befürworteten, hielten sie gegenüber weniger formal gebildeten Konkurrenten wie Technikern oder Volksschullehrern eifersüchtig an der Notwendigkeit akademischer Zeugnisse fest. Bei Überfüllungskrisen riefen viele nach einem Numerus clausus, rechtlich fixierten Niederlassungsbeschränkungen oder Anstellungssperren, für Frauen, was wiederum dazu beitrug, den anschließenden Mangel an qualifizierten Kräften zu verschärfen. Fest entschlossen, ihren hohen Lebensstandard zu halten, schufen sich die Professionen eine politische Lobby, die Parlament oder Regierung um stärkere Eingriffe und Einkommenssteigerungen anging. Selbstbewußte, streikfähige Organisationen, etwa nach dem Vorbild der Gewerkschaften, hielt man jedoch für nicht »standesgemäß«. Um ihren gehobenen sozialen Rang zu schützen, bekämpften die Berufsverbände mit Vehemenz die verbreiteten negativen Stereotypen vom unzuverlässigen Winkeladvokaten, vom Tyrannen im Klassenzimmer oder vom ungebildeten, versponnenen Ingenieur. Gegen unehrenhafte Praktiken führten sie die Selbstdisziplin des Berufsstandes ins Feld, um auf diese Weise die Autonomie ihrer Berufspraxis gegenüber Auftraggebern, Regierung und Geschäftsinteressen sicherzustellen. Die öffentliche Meinung sollte durch ein anspruchsvolles Dienstethos gewonnen werden, in dem fachmännisches berufliches Können mit altruistischen Motiven gepaart waren. Um ihre zahlenmäßige Schwäche ausgleichen

[15] Dieser Idealtyp einer mitteleuropäischen Profession läßt sich zu einem großen Teil auch auf andere akademische Berufe wie Ärzte oder Pfarrer übertragen und anwenden; vgl. G. Cocks u. K.H. Jarausch (Hg.), The German Professions 1800–1950, erscheint New York 1989.

und als Interessenverband im politischen Prozeß bestehen zu können, schlossen sich Akademiker außergewöhnlich häufig einem solchen Verband an, und Anwälte und Lehrer erreichten einen Organisationsgrad von bis zu 90 Prozent. Auch wenn man gelegentlich auf bürokratische, gewerkschaftliche oder politische Strategien zurückgriff, bevorzugte man im Regelfall doch Ausbildungsverschärfungen, Zugangsbeschränkungen, Lobbyismus, Öffentlichkeitsarbeit, professionelle Selbstkontrolle und Verbandsbildung als Mittel zur Interessendurchsetzung.

Die akademischen Berufsstände fochten in Deutschland trotz sehr verschiedener Beschäftigungsbedingungen weitgehend identische Abwehrkämpfe gegen die von Universität, Staat und Klienten ausgehenden Kontrollversuche. Akademisches Fachwissen als Begründung für die Ansprüche auf Privilegierung wurde nach der Jahrhundertwende zunehmend in Zweifel gezogen. Von modernistischen Strömungen bedrängt und durch den Drill der Philologen in der Substanz geschwächt, war die neuhumanistische Bildungsidee kaum mehr als Grundlage akademischen Selbstbewußtseins zu gebrauchen. Die gewaltige Explosion wissenschaftlicher Forschung führte zu einer immer stärkeren Spezialisierung und Fragmentierung des Wissens und machte es dem Einzelnen immer schwerer, das eigene Fachgebiet vollständig zu überblicken und zu beherrschen. Die praktische Ausbildung gewann als professionelle Sozialisation an Gewicht, so daß die kulturelle Kompetenz zurücktrat und der Forderung nach Marktbeherrschung allmählich der Boden entzogen wurde. Die noch im Kaiserreich so mächtige Dominanz der Professionen über ihre Klienten wurde zudem während der Weimarer Republik von Laien und Sozialreformern zunehmend in Frage gestellt. Der Nationalsozialismus beschleunigte den Machtverlust der akademisch gebildeten Experten, deren vormalige Autorität auch nach 1945 nur teilweise wiederhergestellt wurde. Obwohl Justizapparat, Kulturverwaltung und technische Bürokratie insgesamt eine bemerkenswerte Kontinuität bewahrten, gerieten die Beziehungen zwischen den Professionen und dem Staat durch die drastischen Regimewechsel durcheinander. Jede politische Umwälzung zog heftige Verteilungskämpfe zwischen Akademikern, ihren nicht akademisch gebildeten Konkurrenten und Klienten nach sich. Zugleich machten Überfüllungskrisen, Arbeitslosigkeit, Einkommens- und Statusverluste staatliche

Interventionen für die Lebensfähigkeit der Professionen um so notwendiger. Im Gegensatz zur primär lohnorientierten Politik anderer sozialer Gruppen verfolgten die akademischen Professionen mit ihren Kampagnen das Ziel, akademische Berechtigungen aufrechtzuerhalten, gegenüber ihren Auftraggebern autonom zu bleiben und den Staat für die Kontrolle ihrer Teilarbeitsmärkte einzuspannen.

2. Die Entwicklung der Professionen in Deutschland

Auf der Grundlage solcher gemeinsamen Entwicklungsmuster lassen sich in der ersten Hälfte des 20. Jahrhunderts vier aufeinanderfolgende Phasen der Professionalisierung unterscheiden, die zeitlich in etwa mit den vier Staatsformen dieser Jahrzehnte zusammenfallen. Hatten die traditionellen akademischen Berufe bereits seit dem Mittelalter existiert, erreichte ihre obrigkeitlich geförderte, durch staatliche Prüfungen und Approbation vorangetriebene Professionalisierung ihren Höhepunkt doch erst seit den 1870er Jahren. Neu entstehende Berufe wie der der Ingenieure strebten ihrerseits danach, das erfolgreiche Modell der Juristen nachzuahmen, um einen gleichwertigen professionellen Status zu erlangen. Die »neokorporative Professionalisierung« im Kaiserreich entstand somit als Folge des Zusammentreffens bestimmter soziopolitischer Chancen und Bedrohungen einerseits und professioneller Strategien andererseits. Anwälte etwa konnten von der Reichseinigung profitieren, die ein einheitliches Rechtssystem als zwingend notwendig erscheinen ließ. Gymnasiallehrern kam die schnelle Expansion des Bildungswesens zugute, die den Pädagogen mehr Stellen und Einfluß bescherte. Ingenieure verwiesen stolz auf den Aufschwung der Industrie, der immer mehr technischen Sachverstand erforderte. Die bürokratische Tradition und der Aufstieg des organisierten Kapitalismus brachten jedoch auch gegenläufige Tendenzen und Professionalisierungshindernisse mit sich. Die vom Staat reglementierten Rechtsanwälte hatten es nicht leicht, ihre Unabhängigkeit gegenüber den Juristen in Verwaltungsapparat und Justiz zu verteidigen. Ebenso blieb die pädagogische Autonomie der Gymnasiallehrer gegenüber ihren staatlichen beziehungsweise kommunalen Arbeitgebern ein umkämpftes Postulat, und auch Ingenieuren gelang es bei der Übermacht der industriellen

Arbeitgeber kaum, ihren Arbeitsmarkt selber zu kontrollieren[16].

Die Professionen entwickelten deshalb eine berufsständische Strategie, die darauf abzielte, die eigene Position innerhalb der hierarchisch strukturierten, aber allmählich dynamischer werdenden Gesellschaft auszubauen. Die Zwangskörperschaften der Anwaltskammern sollten die professionelle Selbstkontrolle unter den Rechtsanwälten sicherstellen und wurden darin vom 1871 gegründeten Deutschen Anwaltverein unterstützt. Gymnasiallehrer gaben ihren nach Schultypen getrennten Interessenpartikularismus auf und organisierten sich im Philologenverband, einer einflußreichen Berufsvertretung, die Kultusministerien und Parlamente in ihre Dienste zu nehmen suchte. Die Ingenieure schließlich gründeten gleich drei Verbände: Die Belange der Technik im allgemeinen vertrat der 1856 gegründete VDI; gewerkschaftliche Ziele verfolgte seit 1904 der »Bund technisch-industrieller Beamter«, und für das akademische Profil der Profession machte sich der 1909 gegründete »Verein Deutscher Diplom-Ingenieure« stark. Dieser neokorporative Professionalismus erreichte, daß der Staat 1879 die freie Advokatur festschrieb, wonach der Beruf eines Rechtsanwaltes jedem offenstand, der die Befähigung zum Richteramt nachwies. Dem gleichen Druck war es zu verdanken, daß die Regierung die Gehälter der Gymnasiallehrer 1909 anhob und ihnen 1917 den Titel Studienrat zuerkannte. Ebenso sah sich das Kultusministerium 1899 veranlaßt, technische Hochschulen den Universitäten gleichzustellen und die Ausbildung der Ingenieure zu akademisieren. Zugleich weigerten sich die Professionen im Kaiserreich allerdings, alle Auswirkungen des freien Marktes und der offenen Konkurrenz zu akzeptieren. Einerseits reklamierten sie Unabhängigkeit von der Bürokratie, andererseits forderten sie den staatlichen Schutz ihrer »Berechtigungen« und ein garantiertes Berufsmonopol. Trotz ihrer bemerkenswerten Erfolge litt die neokorporative Professionalisierungsstrategie schon unter zunehmenden internen Belastungen (wie Überfüllungskrisen und Elitenbildung), bevor der Erste Weltkrieg ihre gesamten Errungenschaften gefährdete[17].

16 Vgl. beispielsweise C. Huerkamp, Der Aufstieg der Ärzte im 19. Jahrhundert, Göttingen 1985.

17 Vgl. M. Ramsey, The Politics of Professional Monopoly in 19th Century Medicine. The French Model and its Rivals, in: G. Geison (Hg.), Professions and the French State 1700–1900, Philadelphia 1985, S. 225–306.

In der Weimarer Republik bemühten sich die in Interessenverbänden zusammengefaßten Professionen, den Herausforderungen des neuen, demokratischen Zeitalters gerecht zu werden. Durch den Zusammenbruch des Kaiserreichs boten sich neue Gelegenheiten, die bürokratischen Kontrollmechanismen zu reduzieren, die Macht von Eliten zu beschneiden, die Zugangschancen für Frauen und andere minderprivilegierte Gruppen zu verbessern und die Berufspraxis moderner zu gestalten. Forderungen nach Laienbeteiligung an den Gerichten, nach Reformen des Schulsystems oder der Lehrpläne, nach Erleichterungen beim Erwerb von Ingenieursdiplomen schienen allerdings die bisherigen Leistungen des Professionalisierungsprozesses in Frage zu stellen. Um dem Reformdruck standzuhalten, intensivierte man die Tätigkeit der Interessenverbände, die nunmehr direkt mit den Ministerien verhandelten, breitere Koalitionen eingingen (»Reichsbund höherer Beamter«, 1919), auf die politischen Parteien einwirkten und an die öffentliche Meinung appellierten. Gleichzeitig verhinderten die Geburtswehen des Weimarer Systems und der soziale Abstieg vieler Akademiker im Gefolge der Hyperinflation die positive Identifikation mit dem neuen Staat. Diese Phase des »Verbändeprofessionalismus« trug daher das Gepräge eines prekären Kompromisses zwischen teilweise erfolgreichen Demokratisierungsanstrengungen und starken autoritären Traditionen in einem durch den Konkurrenzkampf verschiedener Interessengruppen gekennzeichneten System[18].

Selbst während der guten Jahre der Republik gewannen die akademischen Berufe ihre frühere Position kaum ganz zurück. Sparmaßnahmen im Justizwesen, die Entlassung von 10 Prozent aller Lehrer und eine durch technische Rationalisierung hervorgerufene Arbeitslosigkeit unter den Ingenieuren verhinderten eine vollständige Erholung. Trotz erweiterter Zulassungsmöglichkeiten für Rechtsanwälte, trotz Gehaltsaufbesserungen für Lehrer (1927) und einer wieder größeren Nachfrage nach Ingenieuren machte die Liberalisierung der Professionen keine großen Fortschritte, da viele ihrer Angehörigen die Rückkehr zum neokorporativen Machtstatus anstrebten. Überfüllungskrisen, Gehaltskürzungen und Arbeitslosigkeit von 40000 bis 50000 Akademikern während der Weltwirtschaftskrise ließen ein »professionelles« Krisenbewußtsein wachsen. Das

[18] Einzelheiten in: Jarausch, Unfree Professions, Kap. 2–4.

Rechtssystem schien dem Zusammenbruch nahe, akademische Standards und technischer Fortschritt waren ins Wanken geraten. Als maßvolle Lösungen in Form stärkeren Wettbewerbs versagten, wandte sich die Mehrheit der Akademiker neokonservativen Rezepten zu und plädierte für Zulassungsbeschränkungen für Berufsneulinge, die die hierarchisch strukturierte Statussicherheit wiederherstellen sollten. Eine männlich-protestantische Minderheit der scheinbar chancenlosen jüngeren Generation suchte, bewegt von der Erfahrung persönlicher Not und erfüllt von nationalistischer Rhetorik, sodann ihr Heil in den von den Nazis offerierten radikaleren Alternativen. Die Professionalisierungsstrategien freier Interessenverbände, die dem angelsächsischen Modell nähergestanden hatten als den korporativen deutschen Traditionen, verloren ihren Rückhalt in dem Maße, wie unüberwindliche sozioökonomische Problemkumulationen ideologische Vorbehalte gegen die Öffnung der akademischen Berufe bestätigten[19].

Die Mitwirkung der »instrumentalisierten Professionen« an der Politik des Dritten Reiches ist nicht allein aus dem Einsatz von Zwang zu erklären, sondern geschah auch aus eigenem Antrieb. Hitlers Machtergreifung gab »alten Kämpfern«, Männern, Rassisten und Jungakademikern die Gelegenheit, Konkurrenten aus dem Feld zu schlagen. Die totalitäre Staatsmacht konnte radikalere Lösungen ausprobieren, der von der Aufrüstung getragene Wirtschaftsaufschwung beseitigte die Überfüllungskrisen, und die Allmacht der Partei erleichterte es, die Massen für die nationalsozialistische Politik zu mobilisieren. Zugleich fürchteten Regimegegner und Juden zu Recht um ihr Leben, und Frauen wie auch viele Angehörige der älteren Generation hatten zunehmende Diskriminierungen zu gewärtigen. Die populistischen Kampagnen der »Deutschen Arbeitsfront« sollten den Expertenstatus der akademischen Berufe unterminieren, der Aktionismus der Hitlerjugend stellte die Geltung fachlicher Kompetenz in Frage, und die totale politische Kontrolle höhlte das Autonomieprinzip aus. Diesen Instrumentalisierungstendenzen begegneten die Professionen damit, daß sie sich gleichschalteten, sich größeren »Fronten« zuordneten, ihre eigenen Reihen rücksichtslos »säuberten« und mit nationalso-

[19] K.H. Jarausch, Die Not der geistigen Arbeiter. Akademiker in der Berufskrise 1918–1933, in: W. Abelshauser (Hg.), Die Weimarer Republik als Wohlfahrtsstaat, Stuttgart 1987, S. 280–99.

zialistischer Ideologie indoktrinierten. Materielle Gewinne, das Gefühl einer kollektiven Mission und eine gewisse Öffnung gegenüber modernen Entwicklungen schienen in den Anfangsjahren des Regimes die Einbußen an professioneller Integrität wettzumachen[20].

Die Hoffnungen der Traditionalisten auf eine Reprofessionalisierung wurden enttäuscht, als sich herausstellte, daß die akademischen Experten ihre Selbstbestimmung nicht etwa zurückgewannen, sondern nur um so gründlicher äußerer Kontrolle unterworfen wurden. Auch jene nationalsozialistischen Idealisten, die eine völkisch geprägte Professionalisierung durchzusetzen bestrebt gewesen waren, sahen sich langfristig getäuscht. Das Germanisierungsprogramm professioneller Theorie und Praxis erwies sich als Illusion, denn Hitlers Horden ließen sich durch völkisches Recht, völkische Erziehung oder völkische Technologie nicht im Zaum halten. Der mächtige SS-Staat entzog dem juristischen Expertenurteil immer größere Rechtsgebiete, verwandelte das Erziehungsziel Aufklärung in Indoktrination und stellte technische Innovationen nicht in den Dienst menschlichen Fortschritts, sondern benutzte sie dazu, Vernichtung und Kriegführung zu industrialisieren und perfektionieren. Im Laufe des Zweiten Weltkrieges kam die Nachwuchsausbildung zum Erliegen, wurden die berufliche Praxis erschwert, ethische Konflikte erzeugt und die Reste korporativer Organisationen beseitigt. Selbst wenn ein Minimum akademischen Spezialistentums das Dritte Reich überlebte und die Professionen insgesamt weniger materielle Belastungen zu tragen hatten als andere Gruppen, stand am Ende der teils erzwungenen, teils freiwilligen Kooperation mit dem Nationalsozialismus das Desaster. Obwohl manche Berufe wie Ingenieure und Sportlehrer ihren sozialen und institutionellen Status hatten verbessern können, hatten die Professionen insgesamt Bankrott erlitten, waren doch ihre eigentlichen Normen und Eigenschaften im Prozeß ihrer Instrumentalisierung durch den Nationalsozialismus ausgelöscht worden[21].

Die Flucht in eine Art unpolitischen »Expertenprofessionalismus«, die nach 1945 und vor allem dann in der Bundesrepublik

[20] Weitere Belege in: Jarausch, Unfree Professions, Kap. 5–7, u. G. Cocks, Psychotherapy in the Third Reich, New York 1985.

[21] K. H. Jarausch, The Perils of Professionalism. Lawyers, Teachers and Engineers in Nazi Germany, in: German Studies Review 9, 1986, S. 107–37; Kater, Medizin, S. 352.

einsetzte, kann größtenteils als Reaktion auf die bitteren Erfahrungen und zerstörerischen Ergebnisse des Dritten Reichs gedeutet werden. Nach der bedingungslosen Kapitulation der Wehrmacht lagen die Bedrohungen deutlicher vor Augen als die neuen Chancen. Das ungeheure Ausmaß physischer Vernichtung, die zahlenmäßige Dezimierung der männlichen Akademiker und die Aussetzung normaler bürgerlicher Verkehrsformen stellten das Überleben der Professionen in Frage. Der Makel der Kollaboration mit einem inhumanen Regime bewirkte eine moralische Desorientierung, und der Verlust staatlicher Einheit sowie die daraus resultierenden zahllosen Maßnahmen regionaler oder berufsspezifischer Fragmentierung gefährdeten die Einheitlichkeit professioneller Praxis. Aber der Zusammenbruch bot auch die Möglichkeit, sich der nationalsozialistischen Repression restlos zu entledigen, die korrumpierten Traditionen fallenzulassen und neuen, geläuterten Formen professioneller Organisation, Ethik und Praxis Gestalt zu geben. Die Politik der Besatzungsmächte ermutigte darüber hinaus nicht nur pragmatische Problemlösungen, sondern auch demokratische Reformen auf der Grundlage der weniger diskreditierten westlich-angelsächsischen Professionsstrukturen[22].

Die Angehörigen akademischer Berufe begannen zunächst individuell, dann kollektiv aus dem Chaos heraus neue Selbstbilder aufzubauen. Mit Ausnahme einiger Unbelehrbarer, die sich wohlweislich nicht öffentlich äußerten, distanzierten sich die meisten Akademiker ausdrücklich von der Nazi-Vergangenheit, auch wenn nationalsozialistisch geprägte Denk- und Arbeitsformen unter der Oberfläche einer nur leicht veränderten Begrifflichkeit fortlebten. Eine radikale Minderheit deckte manche Komplizenschaft von Akademikern bei den NS-Verbrechen öffentlich auf und forderte eine grundsätzliche demokratische oder sozialistische Erneuerung. Die große Mehrheit jedoch zog es vor, an den bewährten neokorporativen Traditionen des Kaiserreichs und der Weimarer Republik in leicht modifizierter Form anzuknüpfen. Die drängenden Nachkriegsprobleme verliehen den Argumenten für eine rasche Verbesserung und Wiedereinsetzung formalen Sachverstands und Expertenwissens zusätzliches Gewicht und ließen eine selbstquälerische Vergangenheitsbewältigung als obsolet erscheinen.

[22] Vgl. dazu auch Jarausch, Unfree Professions, Kap. 8. Die Forschung zur Nachkriegsentwicklung der Professionen steckt noch in den Kinderschuhen.

Bereits in den frühen 1950er Jahren zeigten diese Reprofessionalisierungsbemühungen Erfolg. Man kann diese Zeit gleichsam als Nachsommer des Expertentums ansehen, in dem es den Professionen gelang, ihre ökonomische Position und sachliche Autorität zu großen Teilen wiederzugewinnen. Der in seinen äußeren Formen demokratisierte Professionalismus wurde in der Bundesrepublik ideologisch von einer fortschrittlichen Minderheit getragen, wogegen sich die Mehrheit der Berufsgenossen als gebrannte Kinder mit dem Rückzug in einen Elfenbeinturm kompetenten Expertentums begnügte. Die spektakulären Erfolge des bundesdeutschen Wirtschaftswunders halfen mit, diesen schwierigen Kompromiß zu zementieren, der eine grundlegende Erneuerung verhinderte[23].

3. Der politische »Sonderweg« der deutschen Professionen

Die vielfach belastete Entwicklung der Professionen in Deutschland besaß speziell für das Bildungsbürgertum, aber auch für die deutsche Gesellschaft insgesamt klar erkennbare politische Implikationen. Die politischen Haltungen der Akademiker hingen einerseits von strukturellen Gegebenheiten wie dem Verhältnis zum Staat, seiner Politik und der traditionellen Selbsteinschätzung der Professionen selber ab. Obwohl sie ursprünglich halbe Beamte gewesen waren, verstanden sich Rechtsanwälte als Verteidiger bürgerlicher Freiheiten im Rahmen des Rechtssystems. Gymnasiallehrer hingegen, die an staatliche Lehrpläne gebunden waren, mußten sich den Wünschen und Direktiven der Regierung schon eher beugen. Anders die Ingenieure, die in ihrer Mehrheit außerhalb amtlicher Kontrollen standen und sich statt dessen auf dem freien Markt der zunehmenden Macht der Großunternehmer ausgesetzt sahen. Anwälte konnten sich als Exponenten des Rechtsstaats darstellen, Lehrer als Wächter des Kulturstaats. Ingenieure, die keine derartig allgemeine, in staatlichen Ministerien verankerte politische Bestimmung vorweisen konnten, entwickelten als Ersatz eine Fortschrittsideologie, welche zu ihrem Leidwesen jedoch

[23] Diese Reprofessionalisierung führte Mitte der sechziger Jahre in der Bundesrepublik zur erneuten Diskussion des Professionalisierungskonzeptes, vor allem bei den Soziologen. Vgl. H.-J. Daheim, Der Beruf in der modernen Gesellschaft, Köln 1967; A.H. Hesse, Berufe im Wandel. Ein Beitrag zum Problem der Professionalisierung, Stuttgart 1969.

nur im Eisenbahn-Ministerium einen institutionellen Niederschlag fand.

Auf der anderen Seite hingen die politischen Bindungen der Akademiker aufs engste mit ihrer jeweiligen aktuellen Situation zusammen, zum Beispiel davon, ob sie die Justiz-, Bildungs- oder Technologiepolitik der Regierung als für sich günstig oder schädlich beurteilten. Nicht zuletzt spielten die materielle Lage der Akademiker und ihre beruflichen Aussichten eine gewichtige Rolle. Darüber hinaus beeinflußten die Art der Interessenartikulation und die Reaktionen der Regierung auf die Wünsche der Professionen deren politische Überzeugungen. Dieses Geflecht verschiedenartiger Motivfaktoren brachte jenen ideologischen Opportunismus hervor, der das Kaiserreich bejahte, vom Weimarer Staat enttäuscht war, das Dritte Reich zunächst willkommen hieß, um sich am Ende desillusioniert zurückzuziehen. Über die Bundesrepublik murrte man anfänglich, begann aber die expertenfreundliche Politik des neuen Staates bald zu schätzen.

Die engstirnige Fixierung der Professionen auf ihre eigenen Interessen führte zu verheerenden Reaktionen auf allgemeine politische Entwicklungen. Im Rahmen des in sich heterogenen bildungsbürgerlichen Spektrums wiesen die einzelnen Professionen leicht abweichende politische Affiliationen auf: Anwälte hegten meist liberalere Überzeugungen, Lehrer waren staatstreuer und Ingenieure unpolitischer als andere Mitglieder des Bildungsbürgertums. Liberal-elitäre Einstellungen standen bürokratisch-autoritären Ansichten gegenüber, sozialistisch-kollektivistische und demokratisch-individualistische Strömungen blieben in der Minderheit. Die populistisch-völkisch-rassistische Gegenbewegung begann als kleines marginales Rinnsal, schwoll jedoch unter dem Eindruck chronischer Krisen zu einem überwältigenden Strom an, der alles andere mit sich ins Verderben riß. Welche Tendenz jeweils dominierte und die Politik der Professionen bestimmte, hing von den konkreten ökonomischen Erfahrungen und aktuellen sozialen Ereignissen ab. Die liberalen Gründungsväter der Professionalisierung in den 1870er Jahren sahen sich in den achtziger und neunziger Jahren von ihren illiberalen Söhnen herausgefordert und nach der Jahrhundertwende mit einer Generation neoliberaler Imperialisten konfrontiert. Im Verlauf der Weimarer Republik verlor die pragmatische Mitte zugunsten des Antagonismus zwischen demokratischen Reformern und autoritären Reaktionären an

Boden. Die einstigen völkischen Randgruppen rückten im Dritten Reich ins Zentrum, das sich in der neuen Bonner Republik wiederum nach links verschob. Die Professionalisierungsdebatten wurden nun zwischen demokratischen Idealisten, neutralen Experten und übriggebliebenen Traditionalisten ausgetragen, wobei die heimlichen Nazis oft unerwähnt bleiben. Indem sie ihre Gruppeninteressen über das Gemeinwohl stellten, verfehlten die Professionen ihre hehren, altruistischen Ziele und trugen nicht unwesentlich zum gefährlichen Kurs der deutschen Politik bei. In dem Maße, wie sie ihre Freiheit dazu nutzten, ihre egoistischen Interessen durchzusetzen, machten sie sich selber unfrei[24].

War die Korrumpierung der deutschen Professionen im 20. Jahrhundert eine Ausnahmeerscheinung? Das Schicksal akademischer Berufe in der Sowjetunion nahm sie in vieler Hinsicht spiegelverkehrt voraus und diskreditierte die von der Linken propagierten Lösungen. Als Teil der liberalen Zemstwo-Reformgruppe waren Akademiker an der Februar-Revolution 1917 beteiligt und unterstützten die provisorische Regierung. Obwohl ihnen die radikale Intelligenzia arbeitsloser Studenten zur Macht verholfen hatte, unternahmen die Bolschewiki in ihrem egalitären Eifer zunächst den Versuch, die akademischen Berufe vollkommen abzuschaffen, weil sie den bürgerlichen Liberalen mißtrauten. Als sich diese Marschrichtung als contraproduktiv erwies, richteten sie »Kollegien« ein, in denen Akademiker Fragen der Entlohnung und Fachaufsicht kollektiv regelten. Gleichzeitig sorgte der beträchtliche Zuwachs an Hochschulabsolventen dafür, daß das herrschende Selbstverständnis der Professionen seine Konturen verlor[25].

Die italienische Entwicklung antizipierte die Erfahrungen des Dritten Reichs noch eindeutiger. Massive Überfüllungskrisen im Bildungswesen und eine enorme Akademikerarbeitslosigkeit ließen in den frühen zwanziger Jahren Mussolinis Reihen anschwellen. Während Gentiles Reform den Zugang zur akademischen Ausbildung beschränkte, wurden die Akademiker

[24] Zur Periodisierung der Akademikergenerationen im Kaiserreich vgl. K.H. Jarausch, Deutsche Studenten 1800–1970, Frankfurt 1984.

[25] C.E. Timberlake, Higher Learning, the State, and the Professions in Russia, in: K.H. Jarausch (Hg.), The Transformation of Higher Learning, Stuttgart 1983, S. 321–44; M. Burrage, Revolution as a Starting Point for the Comparative Analysis of the Legal Profession, in: R. Abel u.a. (Hg.), Sociology of Law, Bd. 3, erscheint 1988.

zwangsweise in die faschistischen Korporationen eingegliedert (70000 im Jahr 1928, 152000 1940). Selbst wenn es Rechtsanwälten gelang, die Zwangsmitgliedschaft in der faschistischen Partei abzuwenden, verloren sie doch die Kontrolle über ihre Abschlüsse, büßten ihre Autonomie ein und mußten sich sehr abmühen, um einen angemessenen Lebensstandard im korporativen Staat zu halten[26]. Die enttäuschenden Konsequenzen, die die radikalen Lösungen des akademischen Überfüllungsproblems im bolschewistischen und faschistischen Staat nach sich zogen, hätten als Warnung vor den Versprechungen der Nazis dienen können, wurden jedoch offensichtlich nicht ernst genommen.

Auch in anderen fortgeschrittenen Ländern Mitteleuropas traten in den späten 1920er und frühen 1930er Jahren Überfüllungskrisen auf, die dortige Akademiker zu ähnlichen Reaktionen wie ihre deutschen Kollegen verführten. Die neue österreichische Regierung begegnete dem von der Habsburgermonarchie ererbten Akademikerüberschuß seit Mitte der 1920er Jahre mit einem Einstellungsstop für Juristen und Lehrer, was bedeutete, daß jährlich 600 Hochschulabsolventen keine Stelle finden konnten. Verzweifelt über ihre wirtschaftliche Lage und ideologisch verunsichert traten diese Akademiker schon vor 1933 in nationalsozialistische Hilfsorganisationen wie den NS-Lehrerbund ein, der bereits vor seiner Auflösung im Juni 1933 470 Gymnasiallehrer zählte. Dieser Zustrom setzte sich trotz aller Verbote bis 1938 fort. Ähnlich wie in Deutschland bereiteten die Akademiker gleichsam von innen den Anschluß vor, der schließlich die völlige Angleichung des akademischen Ausbildungs- und Berufssystems mit sich brachte. Als 1928 in Ungarn ein Sechstel aller Akademiker beschäftigungslos war, forderten die von wirtschaftlicher Not bedrohten Ärzte eine staatliche Kontrolle des Gesundheitswesens, um die jüdische Konkurrenz, die damit der Hitler'schen Endlösung um so leichter zum Opfer fiel, auszuschalten. Die couragierteren liberalen Rechtsanwälte widerstanden hingegen allen Versuchen, die Juden auszugrenzen, und schafften es, den Großteil ihrer jüdischen Berufskollegen zu retten. Ähnliche ökonomische Probleme führten also nicht notwendig zu gleichen ideologisch-politischen Reaktionen. Andererseits wurden die japa-

[26] M. Barbagli, Education for Unemployment. Politics, Labor Markets and the School System – Italy, 1859–1973, New York 1982.

nischen Akademiker, von denen 1931 jeder zweite arbeitslos war, zu Befürwortern eines hemmungslosen Nationalismus. Walter Kotschnig befürchtete schon damals, daß die Krise der akademischen Berufe besonders junge Hochschulabsolventen dazu führen würde, sich auch in Ländern wie Rumänien (Eiserne Garde), Frankreich *(Croix de Feu)* und sogar in Holland den Avantgardetruppen der Revolution von rechts anzuschließen[27].

Nur im Vergleich zu Westeuropa beschritten die Professionen in Deutschland daher einen Sonderweg. Auch in Frankreich oder England hatten die sozialökonomischen Krisen ideologische Wirrungen zur Folge und veranlaßten einige Intellektuelle dazu, sich der kommunistischen oder faschistischen Programmatik zu verschreiben. Die überwältigende Mehrheit der Akademiker blieb jedoch dem parlamentarischen System treu und verriet ihre humanistische Ethik nicht. Sie waren damit nicht notwendig bessere Menschen als ihre mitteleuropäischen Kollegen, sondern bewegten sich in einem anderen strukturellen und situativen Kontext. Da sie dem Staat distanzierter gegenüberstanden und größere Autonomie genossen, bildeten die westlichen Akademiker stärkere Loyalitäten zum liberalen System aus. Die größere Elastizität der westeuropäischen Demokratien half mit, den antidemokratischen Strömungen den Wind aus den Segeln zu nehmen, bevor sie die Legitimität des Systems bedrohten. Zudem erlangten die Überfüllungskrisen in Ländern ohne ausgeprägtes Berechtigungswesen nicht dieselbe Brisanz. Man diskutierte zwar heftig und wog kollektivistische gegen individualistische Lösungsansätze ab, stellte das politische System als solches jedoch nicht grundsätzlich in Frage. Der hohe Grad an Autonomie erlaubte es beispielsweise den französischen Professionen, durch die Nicht-Zulassung von Ausländern alte Besitzstände zu wahren und Statusverluste zu verhindern. Nach 1933 konnte man, wie in Schweden, die Lehren aus dem deutschen Beispiel ziehen und wirksamere Strategien in Form einer verbesserten Berufsberatung einschlagen. Solche

[27] W. Kotschnig, Unemployment in the Learned Professions, London 1937, S. 105ff.; vgl. auch H. Engelbrecht, Zur Organisation der österreichischen Lehrerschaft an höheren Schulen, in: Heinemann, Lehrer, S. 201–33; M.M. Kovacs, Luttes professionelles et antisémitisme. Chronique de la montée du fascisme dans le corps médical hongrois, 1920–1944, in: Actes de la Recherche en Sciences Sociales 56, 1985, S. 31–44.

erfolgreicheren Lösungsversuche gleichgelagerter professioneller Probleme in Westeuropa deuten darauf hin, daß die mitteleuropäische Katastrophe nicht unvermeidlich war[28].

4. Implikationen für das professionelle Ethos

Letztlich rührten die Verwerfungen in der Entwicklungsgeschichte der deutschen Professionen von der Trennung zwischen akademischen Berufen und ihren liberalen Wurzeln her. Die Professionalisierung der akademischen Berufe während der zweiten Hälfte des 19. Jahrhunderts gehörte zu den hervorragenden Leistungen des deutschen Bildungsbürgertums. Anwälte florierten in einem Rechtsstaat, der die Staatsmacht durch Bürgerrechte begrenzte; Gymnasiallehrer gewannen höheres Prestige, als »Bildung« identisch mit höherer Schulbildung und Abiturzeugnis wurde; Ingenieure erzielten Erfolge, als der technische Fortschritt in das Konzept allgemeiner menschlicher Verbesserung aufgenommen wurde. Das sich herausbildende professionelle Ethos schloß Kernbestandteile liberalen Denkens und bürgerlicher Werte ein: nachgewiesene Kompetenz, Entlohnung und Statuszuweisung nach Verdienst, autonome Berufspraxis, moralische Integrität und kollektive Selbstbestimmung. Bei der gesetzlichen Fixierung der freien Advokatur 1878, bei der Erhöhung der Gymnasiallehrerbezüge und der Akademisierung der Ingenieursausbildung spielten liberale Parteien eine maßgebliche Rolle. In den letzten Jahrzehnten des Kaiserreichs jedoch taten sich unerwartete Differenzen zwischen Professionen und Liberalismus auf. Viele Akademiker, die die Risiken des freien Wettbewerbs stets mit großem Mißtrauen beobachtet hatten, wandten sich anderen Parteien zu. Seit der Überfüllungskrise der achtziger Jahre wurde der Ruf nach staatlichen Schutzmaßnahmen immer lauter. Gleichzeitig höhlten die rapide zahlenmäßige Expansion der Akademikerschaft und die Dynamik wissenschaftlicher Spezialisierung die ethischen Bindungen der Professionen aus[29]. Der Erste Weltkrieg und die Enttäuschungen der Weimarer Repu-

[28] Kotschnig, Unemployment, S. 179ff. Über die Krise der Professionen in Westeuropa gibt es bisher wenig Literatur; vgl. den Beitrag von M. König in diesem Band sowie die Beiträge von C. Charle u. M. Burrage, in: Siegrist, Bürgerliche Berufe.

[29] Dazu näher Jarausch, Transformation, S. 9–36.

blik bewegten dann eine immer größere Zahl von Akademikern dazu, ihr liberales Erbe zu verleugnen. Ironischerweise führten die von progressiven Intellektuellen getragenen Demokratisierungsanstrengungen nach 1918 diesen autoritären Rückschlag mit herbei. Immer mehr Experten wollten sich lediglich auf ihren Beruf und ihre besondere Kompetenz konzentrieren, ohne externe Beeinflussung gewärtigen zu müssen. Als die liberalen Krisenbewältigungsstrategien Anfang der dreißiger Jahre nicht mehr auszureichen schienen, erhofften sich die Traditionalisten autoritäre Lösungen, während völkische Fanatiker von einer nationalsozialistischen Neuordnung der Professionen träumten.

Der Versuch, die Professionen zu retten, indem man alle Verbindungen zum scheinbar unzeitgemäßen Liberalismus kappte, kostete einen hohen Preis. Statt die Autonomie wiederherzustellen, verschrieb das Dritte Reich den akademischen Berufen Gleichschaltung, politische und rassische Säuberungen und ideologische »Germanisierung« von zuvor unvorstellbaren Ausmaßen. Zweifellos profitierten nationalsozialistische Fanatiker und Opportunisten ebenso wie manche Berufsgruppen (Ärzte, Ingenieure) von ihrer Kollaboration. Auch der wissenschaftliche und technische Fortschritt kam unter der Hitler-Herrschaft nicht völlig zum Erliegen. Doch die Anmeldung technischer Patente ging um ein Drittel zurück. Die Patienten, Mandanten oder Untergebenen überzeugter Nazis hatten in Gerichten, Schulen oder Fabriken erheblich unter ihrer »Behandlung« zu leiden, von den Konzentrationslagern, Euthanasie-Anstalten und Sondergerichten ganz zu schweigen. Darüber hinaus büßten die Professionen ihre charakteristischen Merkmale in dem Maße ein, wie ihre Kompetenz sank, ihre Zertifikate beliebig wurden, ihre materielle und soziale Lage sich verschlechterte, die Autonomie auf der Strecke blieb, der ethische Kodex verkam und das freie Organisationswesen verboten wurde. Erst die überwältigende Niederlage der Nazis machte einigen ernüchterten Akademikern wieder klar, was sie bei dem Versuch, ihren Status zu sichern, verloren hatten. In sorgenvollen Reflexionen über die Zeit ihrer Komplizenschaft stand nun, nach der Erfahrung der »Tyrannis des Dritten Reiches«, zu lesen, daß die Freiheit der Advokatur eine »*ethische* Frage« sei, die »uns mahnt, daß jeder einzelne von uns *politische Mitverantwortung* trägt.« Um aus »Untertanen« »Staatsbürger« zu machen, sollten sich Pädagogen engagiert »gegen jede autoritative Neigung, komme sie, woher sie wolle, zur Wehr setzen« und die Redefreiheit als Grundlage des Unterrichts verteidigen. Statt allein der Rationalität, Spezialisierung und Technologie zu vertrauen, sollten die Ingenieure »Ehrfurcht vor dem Unerforschlichen« hegen, den Universalitätsgedanken in der Wissenschaft beibehalten und die »Gesinnung edlen Menschentums« in sich aufnehmen. Das nur fachkundige Expertentum war gewogen und für zu leicht befunden worden. Um Verantwortungsbewußtsein und Humanität erneut in den Professionen zu verankern, bedürfe es eines neuen »Menschentums, das zu diesem geistigen Aufbruch bereit ist«. Nach der teilweise selbst verschuldeten Katastrophe war es diesen klüger gewordenen Überlebenden endlich gelungen, die unerläßliche Verbindung von Professionalisierung und Freiheit zu erkennen[30].

[30] Die drei Zitate aus W. Lewald, Freiheit der Advokatur – die wir meinen, in: Neue Juristische Wochenschrift 1, 1947, S. 2–4, hier S. 3; H. Fechner, Der Erzieher – Untertan oder Staatsbürger?, in: Die Höhere Schule 2, 1950, Nr. 9, S. 2–4, hier S. 2; W. Hellmich, Der geistige Aufbruch der deutschen Ingenieure, in: VDI-Zeitschrift 90, 1948, S. 2–7, hier S. 7.

Youssef Cassis, geb. 1952; Dr. phil., Maître assistant an der Universität Genf.

Ute Frevert, geb. 1954; Dr. phil., Professorin für Neuere und Neueste Geschichte an der Universität Konstanz.

Patrick Fridenson, geb. 1944; Docorat de 3e cycle, Professor für Wirtschafts- und Sozialgeschichte an der École des Hautes Études en Sciences Sociales, Paris.

Konrad H. Jarausch, geb. 1941; Ph. D., Lurcy Professor of European Civilization an der University of North Carolina in Chapel Hill.

Wolfgang Kaschuba, geb. 1950; Dr. rer. soc., Professor für Europäische Ethnologie an der Humboldt-Universität zu Berlin.

Hannes Siegrist, geb. 1947; Dr. phil., Privatdozent für Neuere Geschichte mit besonderer Berücksichtigung der Wirtschafts- und Sozialgeschichte und Leiter der Arbeitsstelle für Vergleichende Gesellschaftsgeschichte an der Freien Universität Berlin.

Richard Tilly, geb. 1932; Ph. D., Professor für Wirtschafts- und Sozialgeschichte an der Universität Münster.

Band I – Inhalt

Vorwort

Jürgen Kocka
Das europäische Muster und der deutsche Fall

Auswahlbibliographie

Eric J. Hobsbawm
Die englische *middle class* 1780–1920

Hartmut Kaelble
Französisches und deutsches Bürgertum 1870–1914

Marco Meriggi
Italienisches und deutsches Bürgertum im Vergleich

Ernst Bruckmüller und Hannes Stekl
Zur Geschichte des Bürgertums in Österreich

Albert Tanner
Bürgertum und Bürgerlichkeit in der Schweiz.
Die »Mittelklassen« an der Macht

György Ránki
Die Entwicklung des ungarischen Bürgertums vom
späten 18. zum frühen 20. Jahrhundert

Band III – Inhalt

Vorwort

WERNER MOSSE
Adel und Bürgertum im Europa des 19. Jahrhunderts. Eine vergleichende Betrachtung

CHRISTIANE EISENBERG
Arbeiter, Bürger und der »bürgerliche Verein« 1820–1870. Deutschland und England im Vergleich

HEINZ-GERHARD HAUPT
Kleine und große Bürger in Deutschland und Frankreich am Ende des 19. Jahrhunderts

SHULAMIT VOLKOV
Die Verbürgerlichung der Juden in Deutschland. Eigenart und Paradigma

URSULA VOGEL
Patriarchale Herrschaft, bürgerliches Recht, bürgerliche Utopie. Eigentumsrechte der Frauen in Deutschland und England

UTE GERHARD
Die Rechtsstellung der Frau in der bürgerlichen Gesellschaft des 19. Jahrhunderts. Frankreich und Deutschland im Vergleich

MIROSLAV HROCH
Das Bürgertum in den nationalen Bewegungen des 19. Jahrhunderts. Ein europäischer Vergleich

ALLAN MITCHELL
Bürgerlicher Liberalismus und Volksgesundheit im deutsch-französischen Vergleich 1870–1914

DIETER LANGEWIESCHE
Liberalismus und Bürgertum in Europa

Zur Geschichte des Bürgertums

Wolfgang Hardtwig · Nationalismus und Bürgerkultur in Deutschland, 1500 – 1914
Ausgewählte Aufsätze. 1994. 328 Seiten, Paperback. Sammlung Vandenhoeck. ISBN 3-525-01355-8

Lothar Pikulik · Leistungsethik contra Gefühlskult
Über das Verhältnis von Bürgerlichkeit und Empfindsamkeit in Deutschland. 1984. 343 Seiten, kartoniert. ISBN 3-525-20758-1

Hans H. Gerth · Bürgerliche Intelligenz um 1800
Zur Soziologie des deutschen Frühliberalismus. Mit einer Einführung und erg. Bibliographie von Ulrich Herrmann. 1976. 155 Seiten, kartoniert. Kritische Studien zur Geschichtswissenschaft 19. ISBN 3-525-35970-5

Franz J. Bauer · Bürgerwege und Bürgerwelten
Familienbiographische Untersuchungen zum deutschen Bürgertum im 19. Jahrhundert. 1991. 328 Seiten mit 2 Tabellen, kartoniert. Schriftenreihe der Historischen Kommission 43. ISBN 3-525-35945-4

Ute Frevert (Hg.) · Bürgerinnen und Bürger
Geschlechterverhältnisse im 19. Jahrhundert. Zwölf Beiträge. Mit einem Vorwort von Jürgen Kocka. 1988. 216 Seiten, kartoniert. Kritische Studien zur Geschichtswissenschaft 77. ISBN 3-525-35739-7

Hannes Siegrist (Hg.) · Bürgerliche Berufe
Zur Sozialgeschichte der freien und akademischen Berufe im internationalen Vergleich. Acht Beiträge. Mit einem Vorwort von Jürgen Kocka. 1988. 223 Seiten, kartoniert. Kritische Studien zur Geschichtswissenschaft 80. ISBN 3-525-35742-7

Manfred Hettling / Paul Nolte (Hg.) · Bürgerliche Feste
Symbolische Formen politischen Handelns im 19. Jahrhundert. Sieben Beiträge. 1993. 232 Seiten, Paperback. Sammlung Vandenhoeck. ISBN 3-525-01352-3

V&R
Vandenhoeck
& Ruprecht

Kleine Vandenhoeck-Reihe

1420 **Klaus Vondung (Hg.)**
Das wilhelminische Bildungsbürgertum
Zur Sozialgeschichte seiner Ideen. 1976. 208 Seiten, kartoniert. ISBN 3-525-33393-5

1414 **Gerhard A. Ritter (Hg.)**
Das Deutsche Kaiserreich 1871-1914
Ein historisches Lesebuch. 5. Auflage 1992. 387 Seiten, kartoniert. ISBN 3-525-33384-6

1380 **Hans-Ulrich Wehler**
Das Deutsche Kaiserreich 1871-1918
Deutsche Geschichte Band 9. 7., bibl. erg. Auflage 1994. 292 Seiten, kartoniert. ISBN 3-525-33542-3

1497 **Reinhard Rürup**
Deutschland im 19. Jahrhundert. 1815-1871
Deutsche Geschichte Band 8. 2., durchges. und bibl. erg. Auflage 1992. 274 Seiten, kartoniert. ISBN 3-525-33584-9

1502 **Hans-Werner Hahn**
Geschichte des Deutschen Zollvereins
1984. 214 Seiten mit 1 Tabelle, kartoniert. ISBN 3-525-33500-8

1495 **Rainer Bölling · Sozialgeschichte der deutschen Lehrer**
Ein Überblick von 1800 bis zur Gegenwart. 1983. 193 Seiten mit 11 Tabellen und 1 Schaubild, kartoniert. ISBN 3-525-33489-3

1543 **Wolfgang R. Krabbe**
Die deutsche Stadt im 19. und 20. Jahrhundert
Eine Einführung. 1989. 224 Seiten mit 10 Tabellen, kartoniert. ISBN 3-525-33555-5

V&R
Vandenhoeck
& Ruprecht